聚通与共谐

乡村治理的社会教育力培育

田夏彪——著

九州出版社
JIUZHOUPRESS

图书在版编目（CIP）数据

聚通与共谐：乡村治理的社会教育力培育 / 田夏彪著. —北京：九州出版社，2023.3

ISBN 978-7-5225-1453-6

Ⅰ.①聚… Ⅱ.①田… Ⅲ.①农村—群众自治—研究—中国 Ⅳ.①D638

中国版本图书馆CIP数据核字（2022）第221542号

聚通与共谐：乡村治理的社会教育力培育

作　　者　田夏彪　著
责任编辑　周红斌
出版发行　九州出版社
地　　址　北京市西城区阜外大街甲35号（100037）
发行电话　（010）68992190/3/5/6
网　　址　www.jiuzhoupress.com
印　　刷　天津中印联印务有限公司
开　　本　710毫米×1000毫米　16开
印　　张　19.5
字　　数　288千字
版　　次　2023年3月第1版
印　　次　2023年3月第1次印刷
书　　号　ISBN 978-7-5225-1453-6
定　　价　69.00元

序言
PREFACE

随着乡村社会向外开放和交往的增多，尤其是以人口外出打工为主要形式所带动的经济收入增多背景下，社会成员中不乏形成了一种主动放弃农业的心理意识，在他们看来农业是没有什么奔头的，要想过上好日子必须得离开乡村。民族地区乡村社会成员有这种想法是可理解的，毕竟单纯的农业劳作及粮食收成所获得的经济回报在一定区域和时期是不及外出打工或经商所得的。然从长远来看，乡村社会将农业作为一种“副业”来对待的家庭越来越多，而愿意从事农业生产和具有良好农业生产劳动素质的青壮年越来越少，加之不少社会民众受到市场经济和现代化价值观的负面影响等，从而使得当前乡村社会发展潜存着一些动力不足和消极不和谐的现象，诸如，现实中不少乡村社会成员往往将外出打工或劳动所得倾其所有用于房屋扩建、汽车购置以及物质性消费上，尤其是过年过节时更是有着“炫富式”的铺张浪费和“补偿式”的非理性支出行为，甚至乡村流行的“赌博”行为也是出于一种“我家有钱”的心理作用。其中，一部分人短暂的返家“挥霍”和“辉煌成就”的炫耀，却要让其再次远走他乡进行长时间的工作积累，如此的金钱观、消费观使得很多社会成员没有将资金用于家庭教育文化的营造、家庭未来发展规划等方面。又如，乡村不少的青少年儿童在家庭物质经济日益向好的趋势下，他们在从幼儿园直至大学的学习成长中很少参与乡村的农业劳作实践，在家庭和学校共同关注他们的知识学习的过程中，他们却在知识、能力和情感上与农业劳作渐行渐远，其中很多人即使大学毕业后也不愿意回到乡村进行创业。无疑，这些现象和问题如果不加以积极转变，会造成未来乡村社会发展缺乏代际之间的层叠累进和纵深绵延推进的生机活力。

为何如此？其中，很重要的原因与乡村社会教育力薄弱相关，社会民众缺乏终身学习的资源内容和空间平台，过往尊师重道的中华民族优秀文化传统未能得到积极的弘扬，社会民众的思想价值观念陷溺于物质经济增长的追求而在一定程度上忽略了自我和乡村精神文明的建设。比如当前乡村社会发展中一部分社会民众并未将现代文明精神很好地内化在自我的生产生活中，法治、民主、自由、平等、公正等价值观在其生产生活中呈现一种非统一状态，他们对这些价值观的理解往往诉求于外而不内省于己，当自己要争取自我利益时往往可以不讲规则，而当自我处于弱势状态时则往往又高呼公平、平等等。这可能是包括乡村社会成员生活中呈现出的“非现代性”一面，人们在经济收入增多之后虽有了更多的地域流动性和社会参与性，且自我权利意识不断增强，但社会成员关于权利与义务、民主与集中、自由与责任、平等与宽容等缺乏一种理性意识和行动，他们由于缺乏反思、自律、宽容而往往不知不觉中逐步形成了“暴戾”心态，形成人人争抢“话语权”的状态，解决生产生活中的矛盾关系常常诉诸感性的“财富”或“权力”等。此外，当前民族地区传统文化面临着代际传承的危机，传统文化逐渐失去了年轻一代在心理上的认可和在人们现实生活中的重要性。这有着客观的社会原因，如中老年人在村落和家庭中缺乏经济话语权，他们往往成为青少年儿童或房屋建筑的“看管人”，无暇也无力去组织传统文化活动的开展；而村落外出打工的青壮年在接触和接受了现代价值观念和生活的影响之后，也日益表现出对传统文化活动的不热心乃至拒斥；正在成长发展中的青少年受现代化科技产品、丰富多彩的物质生活的诱惑而无心于学，勤俭节约、吃苦耐劳等优良传统难以在其身上孕育生长。面对种种现状，当前和未来乡村社会治理要从根本上加以解决，须得注重乡村社会成员身心健康的培育，转变他们的价值观念和思想意识，树立爱农爱乡、科技兴农的情感和自觉意识，在不断学习中促进乡村物质文明和精神文明的共同发展与和谐。

那么，如何来实现这一转变？著者认为，一个较为有效的基础性的工作在于夯实乡村社会教育力，通过在村落中心区域规划公共活动空间，创建体育健身中心、图书阅览室、电子信息中心以及体育、文化表演舞台等，让乡村民众在闲暇时间有着“活动去处”，而不似过往不少乡村民众在农闲时节往往“聚众赌博”“聚餐吃喝”等。当下乡村社会成员生活中不乏时兴“广场舞”一类的娱乐活动，可似乎又滋生了“拉帮结伙”或“排挤他者”的不良现象，这又在一个侧面折射出民族地区乡村社会学习活动和娱乐资源、平台缺乏或过少，社会成员往往只能在比较有限的“自我展示”活动中进行着“不良竞争”，其为了在活动参与和表演中“出场”“胜出”而滋长了“说闲话”“搞小团伙”“攀比”等陋习。因此，当前乡村治理与建设中提升社会教育力水平是十分必要的，通过丰富多元的文体平台搭造和科技、卫生、法治、环保、道德等活动的组织引导，积极发挥政府、村落、学校和村民的联动协作合力，渐进地把社会主义核心价值观和民族文化精神在乡村社会成员的生产生活中加以内化、传承和创新，让少数民族地区社会成员形成积极学习、反思的自觉性，不断将法治、民主、自由、平等、公正等价值观结合着村落社会组织活动、乡村社会发展项目建设而逐渐进行培育渗透，让社会成员在经济活动、资源分配、公共交往活动中来认识理解“我”与“他者”作为一个共同体的关系，进而将法治与道德、民主与集中、自由与慎独、平等与个性、公正与差异等较好地统一于乡村社会及成员的生产生活中，如此才能推进乡村社会全面和谐的发展。

总之，乡村治理和建设要以丰富多元、联合聚通的社会教育力为基础，让社会成员在学习、奋斗、反思和创新中立足和情系乡村，充分发挥自我的才能，与全国各民族兄弟一道携手同行，经由党和国家的坚强领导而积极展开交往交流交融，不断开放进取、自立自强，将民族地区乡村创建成富足文明、安定和谐而有乡愁记忆的宜居之境。

目录
CONTENTS

第一编　乡村治理与优质发展教育

第二编　乡村治理与核心价值观教育

第三编　乡村治理与全民化终身教育

第一编

乡村治理与优质发展教育

引 言

乡村要振兴，治理是基础，人才是关键，教育得先行。何谓社会教育力？“社会教育力”指的是一个社会所具有的教育力量，由教育系统内正规和非正规开展的教育活动所生成的“教育作用力”，以及教育系统外其他各类社会系统进行活动所内含的“教育影响力”两大部分构成，也包括作为一个完整系统中整体意义上存在的教育力。社会教育力培育要讲求“聚通”与“提升”来实现发展“自觉”。“聚通”指社会教育力发展要逐渐改变孤立的线状、块状和条块间尚缺乏聚集与沟通的零散局面，建立起不同教育力之间的内外网络状架构，进行同类和异类相关聚集，加强渠道的沟通和链接。“提升”指我国社会教育力不能只满足于教育事业数量扩展，还要注重质的转变，社会各行各业要以自身的诚信、品牌对在行业之中、与行业发展相关联的每个人，产生行业精神和尊严的教育及影响力，把职业培训的要求，提升到不只是为了生存，而是为了有尊严的生活和使劳动成为实现人自由发展手段的高度[1]。党和国家积

[1] 叶澜. 终身教育视界：当代中国社会教育力的聚通与提升［J］. 中国教育科学，2016（3）：41-67.

极推动落实乡村振兴战略背景下，构建乡村优质的社会教育力，让社会成员践行终身教育和形成学习自觉，有效推进乡村治理和实现乡村社会可持续和谐发展，这是新时代给我们提出的大课题。

2019 年党的十九届四中全会通过的《中共中央关于坚持和完善中国特色社会主义制度 推进国家治理体系和治理能力现代化若干重大问题的决定》提出必须健全幼有所育、学有所教、劳有所得、病有所医、老有所养、住有所居、弱有所扶等方面国家基本公共服务制度体系；构建服务全民终身学习的教育体系及健全学前教育、特殊教育和普及高中阶段教育保障机制，完善职业技术教育和继续教育统筹协调发展机制；构建覆盖城乡的家庭教育指导服务体系；发挥网络教育和人工智能优势，创新教育和学习方式，加快发展面向每个人、适合每个人、更加开放灵活的教育体系，建设学习型社会，以满足人民日益增长的美好生活需要。2020 年中央 1 号文件《关于抓好“三农”领域重点工作 确保如期实现全面小康的意见》提出培养更多知农爱农、扎根乡村的人才要求，以为乡村社会实现全面小康打下人才基础。2022 年党的二十大报告指出，加快建设农业强国，扎实推进乡村产业、人才、文化、生态、组织振兴；加快义务教育优质均衡发展和城乡一体化，优化区域教育资源配置以及建设全民终身学习的学习型社会等。可以说，围绕乡村社会政治、经济、文化、生态发展基础和资源条件，通过政府、学校、村落、企业、基层党组织和其他社会力量协调发展，构建系统化社会教育结构体系及其聚通融合保障机制，切实形成学习型乡村社会，培育有利于社会成员价值意识、道德品质、知识技能、创新能力提升的优质乡村社会教育力之研究尤为重要，它是事关乡村全面建成小康社会及其可持续发展和中华民族伟大复兴的基础性问题。

第一章　新时代乡村治理的“五力”共育

《中共中央关于制定国民经济和社会发展第十四个五年规划和二〇三五年远景目标的建议》指出，“坚持把实现好、维护好、发展好最广大人民根本利益作为发展的出发点和落脚点，尽力而为、量力而行，健全基本公共服务体系，完善共建共治共享的社会治理制度，扎实推动共同富裕，不断增强人民群众获得感、幸福感、安全感，促进人的全面发展和社会全面进步。”[1]这为今后我国社会建设水平和人民生活品质改善明确了方向，就乡村治理而言，要以社会成员身心素质能力发展为基础，在党和国家、社会各行各业以及全体社会成员的凝心聚力下，积极培育乡村“社会生产力”“社会再生力”“社会教育力”“社会文化力”和“社会审美力”，有效构建起德治、法治、自治互补交融的乡村治理格局和体系，促进乡村社会物质文明和精神文明发展的协调共进，在乡村社会主体的奋进和创新中建设山清水秀、经济兴旺、安定有序、文明向上、充满活力的新时代美丽乡村。

一、村落、市场、政府互动共建，打造品牌特色的“社会生产力”

乡村要发展，最为直接和重要的任务是解决好老百姓的衣食住行问题，让他们创业和致富有门路，通过自身的勤劳付出不断提升经济收入水平，能够在担负起家庭医疗、教育开支和日常生活消费之外而有所宽余，从而过上安居乐业的幸福日子。因此，乡村治理必须“实”，其首要任务在于将乡村经

[1] 中共中央关于制定国民经济和社会发展第十四个五年规划和二〇三五年远景目标的建议［EB/OL］.（2020-11-03）［2021-1-27］. http://www.gov.cn/zhengce/2020-11/03/content_5556991. htm.

济搞活，让乡村社会成员有盼头。如何才能更好地推动乡村经济的发展？要采取什么样的路径方能长久和普遍地提升乡村经济生长活力和质量？这一问题，还得从乡村经济发展的内外动因和环境来回答。“现代治理理论对我们有一定的启发，该理论反对传统的政府中心论的研究视角，主张从政府、市场、企业、公民和社会多维度来观察问题，以克服市场局限和政府局限；认为治理是一个互动过程，通过合作、协商、伙伴关系等方式实施对公共事务的管理；主张建立与市场、社会自治组织、社会中介组织等的多元合作关系。毫无疑问，中国乡村治理体系在结构上要往多元方向发展，逐步增加治理体系的民主要素、合作要素”[1]。村落、家庭、社会成员，他们是乡村社会发展的内因和主力，政府、企业等是乡村社会发展的外因和助力，但只有村落、企业、政府之间齐心协力，乡村物质经济方能又快又好地得到发展。长期以来在党和国家各种扶农惠农政策和项目的实施下，乡村社会成员物质经济生活日益向好，乡村的农田水利工程、房屋、道路交通、新型医疗合作和养老保险以及各种三农补贴等方面均有改善，乡村社会成员的生产生活得到实实在在的进益。不过，总体而言，当下乡村物质经济仍困守于“两头”：一头是依靠奔赴他乡的外流打工或小本经商，一头是依靠传统农业生产和家庭自营的手工制品、农副产品种养植销售等，之所以将乡村目前的经济发展状况称之为“困守”，是因为这种发展往往是村落家庭“各自为营”或“原子化谋业”，它依然延续着传统自然经济的身影，存在着“盲流”和“靠天吃饭”的现象，没有很好地将乡村社会人力资源充分整合利用起来，依托市场而发挥乡村本土特色品牌的经济和社会效益。《中共中央关于制定国民经济和社会发展第十四个五年规划和二〇三五年远景目标的建议》指出，“坚持把解决好‘三农’问题作为全党工作重中之重，走中国特色社会主义乡村振兴道路，全面实施乡村振兴战略，强化以工补农、以城带乡，推动形成工农互促、城乡互

[1] 朱新山. 中国治理体系现代化研究［J］. 毛泽东邓小平理论研究，2018（4）：16-23.

补、协调发展、共同繁荣的新型工农城乡关系，加快农业农村现代化。”[1]那么，如何在现有基础上，进一步推动乡村经济发展的升级与转型呢？

首先，加强党和国家乡村振兴的政策教育宣传。乡村建设发展的主体是当地民众，党和国家扶农惠农支农有哪些政策和项目，目的是什么？具体包括些什么内容？该如何申请和使用等？作为乡村发展主体的社会成员理应知晓明白，以此才能更好地基于自我发展需求和实际而展开创业构想，因而县、乡镇基层行政部门和村委会要花力气做好宣传、讲解、动员工作，让社会成员比较详细地了解诸如各种种植、养殖等扶持项目在资金、技术乃至销售管理以及政府、乡村、社会成员落实政策需要什么样的权责关系等，而不能直接将之简化为由村委会“打包处理”，把政策变成“行政命令”或“数字指标分解”进行分派，结果或使得政策没有精准落实，或使得政策被人情关系所“私用”。为此，当下乡村治理过程中一个很重要的方面就在于做好党和国家政策的宣传教育工作，有针对性地结合村落环境资源、人口结构等，利用和发挥好政策的指导和帮扶作用，让社会成员领会创业创新的精神，做到“心中有数”而充分把政策“用好用活”。其次，开展乡村社会成员市场融入能力培训。从当前乡村社会成员创业来看，其中一部分外出务工者属于“盲流”，他们并没有清晰的“打工意向”，很多是跟从亲戚去外地“走走看看”而随意地选择某种“工作”，其并非主动地认识到自己“能做什么”才去选择和行动。对此情况，乡村基层行政部门要积极组织外出务工“培训会”，从市场对务工需求结构、流入地基本社会发展状况以及各种职业技能方面给予乡村社会成员帮助，并根据他们的疑惑进行相应的指导，确保外出务工的质量和效率。对于留在乡村并一定程度上参与乡村周边城镇化发展的社会成员来说，他们或者拥有手工艺，或者有着一定的经商资本，十分有必要对其进行有关市场经济的教育培训，让其能够实现其诸如手工艺品的市场化流通，为城镇市民提供集旅游、餐饮、住宿为一体的休闲服务等。总之，乡村社会发展要立足

[1] 中共中央关于制定国民经济和社会发展第十四个五年规划和二〇三五年远景目标的建议［EB/OL］.（2020-11-03）［2021-1-27］. http://www. gov. cn/zhengce/2020-11/03/content_5556991. htm.

于本土，用现代化的思路激活本土发展，基层政府有必要让社会成员熟悉了解乡土自然人文地理概况，以便其根据自己的兴趣、基础及市场环境来进行生产经营规划，有效利用乡村土壤、气候、河流、湖泊等资源进行多种生产经营，形成具有品牌特色的生产力和产品，促使乡村社会发展建设的市场化，并在融入市场和不断学习中形成竞争、平等、法治、合作等能力品质。

二、老人、儿童、妇女优先关怀，孕育持续绵延的“社会再生力”

乡村社会发展的质量水平如何？其中很重要的一项指标就是作为“弱势群体”的老人、儿童、妇女的身心权益和生活处境有无得到积极保障和关怀，这是事关乡村社会能否可持续发展的关键。老人、儿童、妇女身上承载着社会代际相传的智慧潜能，积极保存、激发、呵护、发挥和提升他们的身心能力，有助于乡村社会建设的历史传承与时代创新。从实际来看，在党和国家长期的关心和支持下，乡村公立幼儿园建设、义务教育“两免一补”、养老保险和新型医疗合作补贴以及老年福利院覆盖人群和力度日益扩大，此外各级政府定期组织下乡义诊、义演、支教、支农等活动，让乡村老人、儿童、妇女在疾病治疗、教育学习、文化生活等各方面都得到了实实在在的提升。然而，随着乡村现代化发展的推进，老人、儿童、妇女在传统文化、伦理道德、心理情感等方面也遭遇了社会转型带来的负面影响，比如，相较于传统农业社会，老年人在乡村基本上失去了“话语权”，对于什么样的生活方式、人生价值才是“好的”，他们已经无力左右，以其为代表的传统文化生活已经不再受到年轻一代的认可和追逐，由此也引发乡村优秀传统文化精神、智慧等如何在代际之间传承的问题。而乡村儿童，由于父母外出打工缺少亲子陪伴和情感交流，其成长发展中的各种认知、心理、行为得不到有效的监督和指导，往往形成对父母关爱的既渴望又躲避的矛盾心理，容易滋生各种叛逆的行为。至于妇女，长期以来受传统重男轻女、男尊女卑思想观念的影响，在家庭中缺乏独立的经济权力，更容易受到婚变、丧偶等变故带来的身心负担。“农民家庭结构的不完整，甚至破裂，一方面导致了广为人知的留守儿童和空巢老人问题，另一方面也致使家庭文化和传统的断代，传统的家风家训被抛弃，家庭意识日渐淡化，维系乡村秩序和谐的乡规民俗和传统的文化受到瓦解。对原本就十分脆弱的集体意识和公共经济精神造成致命的打击，而这恰恰是实现乡村治理现代化的社会根基。”[1]因此，当前乡村治理十分有必要优先关怀老人、儿童、妇女的生活、学习和工作，通过搭建和夯实医疗健康、文化学习、公共参与平台，让老者康健睿智、幼者好学向上、妇女独立自强科学育儿，构建起和睦文明的家庭和村落环境，充分激发他们身上的“经验智慧”“禀赋潜能”“关爱生命”的人性能力，从而为乡社会发展孕育良好的“社会再生力”，让其积极投入到生产生活实践中，通过代际之间的共同努力和奋斗保证乡村社会传统与现代、历史与未来绵续统一的生机活力。

可以说，乡村社会发展是持续性的动态实践过程，它要在历史和代际之间通过继承衔接与创新转化来实现，年长一代的老人、未来一代的儿童和孕育、抚养、支撑家庭发展的妇女也要参与其中。老年人身上沉淀的是乡村的文化传统，他们是历史智慧经验的守护者，现实中很多传统文化活动也是由其来参与完成的；青少年儿童则是未来乡村社会发展的生力军，其健康成长离不开作为家庭教育主力的妇女和老年人的精心陪伴和教导。《中共中央关于制定国民经济和社会发展第十四个五年规划和二〇三五年远景目标的建议》指出，“坚持男女平等基本国策，保障妇女儿童合法权益。健全老年人、残疾人关爱服务体系和设施，完善帮扶残疾人、孤儿等社会福利制度”“制定人口长期发展战略，优化生育政策，增强生育政策包容性，提高优生优育服务水平，发展普惠托育服务体系，降低生育、养育、教育成本，促进人口长期均衡发展，提高人口素质。积极开发老龄人力资源，发展银发经济。”[2]所以，为了更好地激发乡村老年人、儿童、妇女身上积聚的智慧潜力，需要通过良好的社会组织引导、法治规范宣传、学习平台搭建、道德价值倡导，为老人、

[1] 郑万军.贫困、空心化与乡村治理现代化［J］.党政视野，2016（8）：108-109.

[2] 中共中央关于制定国民经济和社会发展第十四个五年规划和二〇三五年远景目标的建议［EB/OL］.（2020-11-03）［2021-1-27］. http://www. gov. cn/zhengce/2020-11/03/content_5556991. htm.

儿童和妇女学习、生活和劳作创造良好的环境基础。一方面，政府要继续加大乡村养老保障工作的投入力度，从乡镇、县一级养老院的设立到村落乡村文化活动空间场所的构建，再到各种文体活动的丰富，逐渐培育起乡村强身健体、文明健康的生活新风；另一方面，县、镇（乡）基层行政部门要联合村落乡贤，积极开展新时代“送教下乡”运动，借助已建成的村落公共活动场所，加强党和国家的方针政策、法治普及、卫生疾病、教育理念等的宣传，让老人、儿童、妇女知时事、懂科学、重教育，孕育学习型乡村社会风气；再者，村委会要做好乡村优秀文化的保护传承和弘扬工作，对诸如家谱、碑刻、文献、节日习俗、历史人物等传统文化资源进行搜集和整理，形成文字文本媒介，在村落中进行宣传普及，让乡村老人、儿童、妇女感知、了解和认同自我的优秀传统文化。总之，乡村治理在实践中要注重对老人、儿童、妇女发展的优先关怀，通过为其提供宜于身心和谐的环境条件和学习平台，从而为乡村社会孕育持续绵延的“社会再生力”。

三、学校、家庭、社会协调参与，营造聚通融合的“社会教育力”

乡村发展是“形”与“质”的统一，“形”是物质经济、居住环境、村容村貌等的不断改善，“质”是社会成员价值、道德、法治、知识等人文科技素养的不断提升，前者是乡村发展的“血肉”，后者是乡村发展的“灵魂”。“新农村建设的当务之急就是要加快对人的建设，提高农民的整体文化素养，培养出一批农村精英和农村经济的领头羊，解决农业和乡村后继乏人的问题。”[1]无疑，乡村发展要能得以高质量进行，基础在于以社会成员为本，通过其良好身心素质能力的发挥来推动乡村社会的发展。那么，如何才能提升乡村社会成员的身心素质能力呢？非端赖教育不可，然此教育不能止于学校，其形式集家庭、学校、社会教育之整体；其面向的对象不单指向青少年儿童，也包含妇女、青壮年和中老年人；其影响和作用是不同教育形式、力

[1] 李梦莹，吴锦城. 论社区教育服务乡村治理现代化［J］. 继续教育研究，2018（3）：101-104.

量之间的聚通融合，故可言其为乡村社会教育力，指的是乡村社会所具有的教育力量，它由乡村“教育系统内正规和非正规开展的教育活动所生成的‘教育作用力’，以及教育系统外其他各类社会系统进行的活动所内含的‘教育影响力’两大部分构成”[1]。那么，当前乡村治理如何营造聚通融合的乡村社会教育力呢？乡村建设的目的是为民谋福祉，是为了让全体乡村社会成员都过上好日子，而不可顾此失彼或遗落一部分人，同时不同年龄、性别的社会成员也是当下乡村建设不可或缺的主体，为其搭建终身学习的教育资源和平台，有效满足其创业发展、学习生活需求，让其能获得增进自我人文、科学和法治素养的机会和条件，在不断学习、反思、创新的基础上，推动乡村社会的全面和谐发展，这就要求乡村教育要改变以往只面向青少年儿童的学校教育观念，切实打牢家庭教育和社会教育的基础，形成学校、家庭、社会教育的共生共谐关系，让三者各安其位的同时，也能相互补充渗透，真正孕育生成学习化乡村社会。《中共中央关于制定国民经济和社会发展第十四个五年规划和二〇三五年远景目标的建议》指出，“健全学校家庭社会协同育人机制，提升教师教书育人能力素质，增强学生文明素养、社会责任意识、实践本领，重视青少年身体素质和心理健康教育”“完善终身学习体系，建设学习型社会”[2]。具体而言，学校教育的根本任务是立德树人，施之青少年儿童全面发展的个性化教育，为其一生发展打下良好的素质能力基础；家庭教育则要积极发挥优良家风，营造睦、勤劳、尊师重道的生活环境，让孩子在父母和长辈的影响下形成积极的人格品质；社会教育要革旧习树新尚，禁惩赌博、攀比、浪费之风，强化体育健身和卫生预防观念，将社会主义核心价值观融入人们的意识中，形成科学的生产生活理念和行动实践。从乡村建设发展的现实角度看，三者统一起来将直接有益于乡村社会成员的身心发展以及整体

[1] 叶澜. 终身教育视界：当代中国社会教育力的聚通与提升［J］. 中国教育科学，2016（3）：41-67.

[2] 中共中央关于制定国民经济和社会发展第十四个五年规划和二〇三五年远景目标的建议［EB/OL］.（2020-11-03）［2021-1-27］. http://www. gov. cn/zhengce/2020-11/03/content_5556991. htm.

教育风气的改进，创建和夯实乡村文体活动场所、设施和学习资源平台，诸如篮球场、文娱表演台、图书和电子阅览室、健身设施等，让乡村民众在劳作和学习之余有所去处，在村落公共活动空间中运动、阅读。此外，在乡镇和村委会组织引导下，可积极开展各种文体比赛，比如传统歌舞、手工技艺、篮球、书画、演讲比赛等，也可开展职业技能、养殖耕种技术和信息网络技术、国家方针政策和法制培训和宣讲等，从而逐渐改变乡村社会成员的价值观念，形成健康向上、乐于奋进、勇于创新的身心品质能力。总之，乡村要发展，治理是基础，人才是关键，教育须先行，而教育的优质发展是要与乡村社会建设紧密结合的，不能仅仅着眼于基础教育，虽然乡村基础教育也比较薄弱，但如果缺了良好家庭教育和社会教育的补充，其质量也难以从根本上得到改观，所以集学校教育、家庭教育、社会教育为一体的社会教育力，其着眼的是整个乡村人力资本结构，让全体民众能够在多元一体的网络化教育体系中获得终身学习的机会、资源和平台，形成乐学好思的品性，为乡村社会发展打下坚实的人力资源基础。

四、德治、法治、自治互补交融，构建文明生气的“社会文化力”

乡村社会发展是一个系统工程，它不仅仅是单纯的物质经济，还包括乡村社会生态环境、道德法治、卫生健康以及民族文化等。同时，乡村社会发展又是连续性的历史实践过程，它要处理继承与创新、传统与现代的统一关系，因此，乡村治理要兼顾历史与现实，充分发挥乡村社会历史经验，也要促使乡村社会成员与时俱进，积极融入现代化、全球化发展之中，不断汲取科学知识和技术，在生产生活中自觉践行社会主义核心价值观。中共中央国务院《关于实施乡村振兴战略的意见》明确指出：“建立健全党委领导、政府负责、社会协同、公众参与、法治保障的现代乡村社会治理体系，坚持自治、法治、德治相结合。”[1]《中共中央关于制定国民经济和社会发展第十四个五年

[1] 中共中央国务院关于实施乡村振兴战略的意见［N］. 人民日报，2018-02-05（1）.

规划和二〇三五年远景目标的建议》指出："实现政府治理同社会调节、居民自治良性互动，建设人人有责、人人尽责、人人享有的社会治理共同体。发挥群团组织和社会组织在社会治理中的作用，畅通和规范市场主体、新社会阶层、社会工作者和志愿者等参与社会治理的途径。"[1]当前，基于乡村社会发展的综合性、全面性，乡村十分有必要确立和形成德治、法治、自治互补交融的治理格局和体系，构建具有文明生气的乡村"社会文化力"，将乡村优秀传统文化加以传承绵延，汲取时代精神，并加以内化，形成良好的文化认同自觉，以促使乡村社会生产生活实践的和谐有序。

其一，德治、法治、自治统一是乡村社会发展的历史选择和现实诉求。在乡村治理中之讲求三者统一，"法治"是现代社会人们生产生活交往的基本规范要求，法治讲求公共性，它是保护共同体的利益，要求每一个体都必须遵守，毫无例外，违者将受到法律制裁，如此人们才能自由地进行创业奋斗；"德治"是人们对历史实践中积淀的彰显人性善之价值的肯定，其核心是作为具有自由意志的个体能够自觉地从善，为了共同体的福祉和理想信念而克己自律，具有利他性；"自治"是人们基于自然地理环境而历史地形成的文化系统，它反映在人们的语言、建筑、服饰、饮食、节日和信仰等方面，体现了不同民族或地域的人们处理人与自然、社会和自我关系的独特个性。可以说，立足现实、继承传统而又面向未来的乡村社会发展，德治、法治、自治并举是社会和谐有序的保障。

其二，做好文化传承创新工作，增强乡村社会人文底蕴。乡村社会发展是动态的，作为长期生活于斯的民众来说，其身上烙印着浓厚的社会历史文化痕迹，人们通过各种社会生产实践、民间结社活动、节日习俗、信仰祭祀等获得社会交往规范，进而形成特定的价值观念。要重视积极的传统文化资源对社会成员认知、心理、情感等方面的影响作用，不能一味地追赶经济发展步伐抛弃传统文化的传承，只有让优秀的传统文化扎根在人们的生产生活

[1] 中共中央关于制定国民经济和社会发展第十四个五年规划和二〇三五年远景目标的建议[EB/OL].(2020-11-03)[2021-1-27]. http://www. gov. cn/zhengce/2020-11/03/content_5556991. htm.

中，一代又一代社会成员在历史实践中积淀的“集体智慧”结晶才不会遗失，通过社会成员在新的时代背景下生产生活实践进一步的丰富和提升经验智慧，丰富乡村人文底蕴。在此基础上，也要宣传普及时代精神，做好乡村道德法治引导工作，通过县、镇基层政府组织宣讲团，根据乡村社会成员的发展需求，定期为其宣传党和国家的价值导向和方针政策，让其学习了解各种知识技术、市场信息，在相互合作与分工中形成权利、责任、义务的观念意识，从而积极认同和践行乡村优秀传统文化和时代精神，促进乡村生成有序、淳厚、充满活力之文化环境。

五、科技、体育、信念齐抓并举，营创健康个性的“社会审美力”

乡村社会发展的宗旨是为了让社会成员过上健康幸福的生活，它是现实具体的，而不仅仅是停留在概念上。当前乡村社会加快追赶现代化科学技术和物质经济发展的步伐是必要的，这是人们对衣食住行等物质生活质量水平提升的基本需求，也是长期以来乡村社会成员、家庭的奋斗目标和动力。时至今日，在党和国家不断加大乡村发展投入和扶持力度下，取得了巨大的成就，众多村落旧貌换新颜，人们过上了较为富足的生活，住房的“楼层化”、交通的“汽车化”、通讯的“手机化”、饮食的“鱼肉化”、村容的“洁净化”、村道的“水泥硬化”、健康的“医疗合作化”、老年人生活的“社保化”等，乡村社会成员物质生活较之传统社会有了大变样。然而不可忽视的是其发展进程中的一些不良现象也凸现出来，“由于各种新的外生性制度不断地进入乡村社会，冲击、荡涤着乡村社会的小传统，在传统与现代的碰撞与交织中，乡村治理所面对的原有的规则体系正在发生巨大的变化，而新的规则和体制尚未建立或成熟。村落社会的解体和乡村社会的衰落趋势难以阻挡，乡村秩序的基础面临着来自社会转型的冲击”[1]，比如部分民众为了赚取更多的金钱，往往无暇关注疾病健康、生活价值和理想信念等，一些社会成员常年奔劳而

[1] 毛秀娟. 现代化视角下的乡村治理之道［J］. 中共山西省委党校学报，2016（2）：86-90.

又缺乏相应的保健预防意识，因劳成疾而没有及时治疗，以致病入膏肓的事例不乏少数；一些社会成员则对文体、手工技艺、健身活动等无兴趣，在物质经济收入增加后抵挡不住赌博、酒色、毒品的“诱惑”而染上恶习，致使积累的财富快速消散甚至负债累累。总之，当前乡村在整体发展的同时，也存在着与文明和谐相背离的各种问题，诸如理想信念的缺失，生命生活健康的忽略，攀比炫耀和铺张浪费行为的盛行，这些显然与美丽乡村建设不相符。

所以，什么样的生活才是美好的？这成为乡村治理中必须关注的议题。《中共中央关于制定国民经济和社会发展第十四个五年规划和二〇三五年远景目标的建议》指出，“面向世界科技前沿、面向经济主战场、面向国家重大需求、面向人民生命健康，深入实施科教兴国战略”“弘扬诚信文化，推进诚信建设。提倡艰苦奋斗、勤俭节约，开展以劳动创造幸福为主题的宣传教育。加强家庭、家教、家风建设”“深入开展爱国卫生运动，促进全民养成文明健康生活方式。完善全民健身公共服务体系。加快发展健康产业”[1]。因此，乡村治理在不断注重物质经济生活水平和条件改善的同时，也需要加强乡村社会在“科技、体育、信念”方面的健康有效发展，让社会成员的知、情、意得到和谐培育，营创出充满活力和深情的乡村“社会审美力”，将美好的生活建立在物质与精神的和谐统一之上，让乡村社会成员在挣钱谋富的同时，也要积极发扬乡村传统文化中尊老爱幼、邻里和睦、扶危助困、守望相助的精神品质，在生产生活中将民主、自由、平等、公正、法治、敬业、诚信、友善等社会主义核心价值加以贯彻落实，让自我的生命不被外物所捆绑异化，能圆融地协调身体与心理、现实与理想、物质与精神、法治与道德、创业与创新关系。为此，基层政府如县、镇（乡）行政部门要积极组织大众化的科技、体育竞赛活动，类型可以是手工艺、歌舞、球类、种养殖等项目，目的是培养乡村社会成员对知识、科技、运动、审美的兴趣，将之作为重要的基础纳入其创业的实践选择之中。同时，村委会要积极牵头组织，在村落各家

[1] 中共中央关于制定国民经济和社会发展第十四个五年规划和二〇三五年远景目标的建议［EB/OL］.（2020-11-03）［2021-1-27］. http://www.gov.cn/zhengce/2020-11/03/content_5556991.htm.

庭之间开展“清洁户”“和美户”“创业户”“进取户”“德惠户”的评比，借助奖状、匾额等庄重的形式激励社会成员去奋斗拼搏，将他们的聪明才智用于美好生活的创建正道上。此外，乡村“社会审美力”的培育也离不开村落基层党组织的模范先锋作用，“在乡村治理体系中，党的基层组织居于中心地位，发挥核心作用，是实现乡村治理现代化的关键”[1]，要积极发挥基层党组织民主选举的重要作用，把品行端正、以身作则、实干担当、德才兼备者推选出来，为乡村社会发展尽心尽力谋策出力，公平公正地宣传、落实党和国家的各项政策。这些新型乡村领袖能够结合当地自然人文资源实际寻求技术、人才、项目或资金方面的支持，带领乡民创业进取和奋斗，从而形成守法、合作、宽容、诚信的品质，在好学求知中有理、有情、有度地发挥自我的聪明才智，真正将美好生活建立在求真、向善、逐美的实践行动中。

综上所述，新时代乡村治理要以人为本，着重乡村社会成员身心素质能力的提升，充分凝聚和齐集政府、村落、家庭、学校、市场及全体乡村社会成员的智慧力量，在继承乡村传统文化的基础上汲取时代精神，积极促成“社会生产力”“社会再生力”“社会教育力”“社会文化力”“社会审美力”五力共育气象，不断提升乡村社会成员物质经济生活水平，继而关注和推进代际之间充满生机的文明传承实践，营造全体社会尊师重道的良好风尚，形成德法互融、通情达理的乡村治理秩序规范，真正实现少有所志、壮有所用，妇有所长、老有所乐，切实将新时代乡村建设成为宽裕有足、情意浓厚、创业可期、身心健康的和谐社会，使得乡村社会成员在生产生活中获得积极的幸福感和认同感。

[1] 蔡文成．基层党组织与乡村治理现代化：基于乡村振兴战略的分析［J］．理论与改革，2018（3）：62-71.

第二章　新时代乡村治理的“四重”关系

新时代乡村治理要注重社会发展中经济与文化、人才与教育、社会与自然、道德与法治的“四重性均衡”，切实推动由乡村政治、经济、文化、教育、生态构成的自然人文社会系统的全面和谐，把乡村建设成为适宜人类生活居住的自然资源丰富、人文气息浓厚、现代科技融入之场域，让乡村社会成员在创业奋斗中去追逐和实现美好的人生理想，在学习、反思、创新中过上富足安宁、健康文明的幸福生活。

一、经济与文化共兴：新时代乡村治理的美好生活导向

乡村治理的着眼点和动力在于促进乡村社会物质经济又好又快地发展，当下乡村社会成员都在努力提升自我或家庭经济收入增长，而且在党和国家各种优惠政策扶持下，他们的物质生活水平有了较大的改观，但较之社会总体来说，乡村物质经济相对落后，其经济发展结构和活力存在不足，比如，有些乡村中青年社会成员往往外出打工，老人、小孩、妇女则留守乡村，他们肩负起看守和维护家园的责任，但难以担负起建设家乡的重任，其更多只能完成基本的农业耕种、房屋建设监工和学校学业等，而无力承担也缺乏建设乡村社会发展的能力。“外出流动的主体人员以在年龄、知识、才能等方面都居优势地位的农村精英为多，他们是乡村发展的紧缺资源，而在家务农的只剩下老人、妇女和儿童，这直接导致传统的农村生产方式由于缺乏知识、技术等先进生产要素的注入而只能维持原有水平的简单再生产，各项基础设

施建设不足，文化教育事业发展停滞不前，农民生活水平提高缓慢。”[1]因此，当下乡村虽然呈现出家家户户房屋旧貌换新之状，但还要在社会公共服务、人心友爱凝聚、产业联动等方面促进乡村发展质量和水平，在现有基础上推动乡村经济结构调节升级，确保其发展的健康可持续性。为此，县、乡镇基层政府要为社会成员提供各种致富信息、技术培训、知识学习等服务，并结合当地自然地理气候环境特点，有针对性地对乡村经济发展进行组织规划，借助于国家政策和资金的扶持，积极优化农业产业结构，形成具有鲜明特色和竞争力的品牌产品，逐渐构建起以农业生产为基础的可供选择的就业创业的致富门路，让乡村社会成为一个人们愿意走进来，同时乡村社会成员又有能力走出去的地方，使其真正成为具有财富增长和市场生机的场域，如此乡村经济才有了生长的良好环境。

单纯的物质经济增长往往会使得乡村社会陷入僵化无生气活力和情感麻木的困顿中，虽然人们的物质经济收入不断上涨，可生活的质量水平却并未见得同步上升，甚至在一定程度上倒行而退。何以见得？社会生活是系统的，而不仅仅是物化的，物质财富往往满足的是人们的生理需求和欲望，但并不是幸福生活的必要条件。一个很明显的现象是：即使乡村社会成员有了越来越多的经济收入，其衣食住行等较之以往有了很大的变化，房屋居住、交通工具、道路设施、农田水利、生活消费都越来越现代化，但人们的生活却越来越为物质所捆绑，人与人之间的交往也日益围绕着经济利益来展开，逐渐滋生出攀比炫耀、争强好胜等不良心态。此外，乡村社会共同的文化生活失去了人心，传统文化在人们生产生活中呈现出不断消逝的态势，这在一定程度上意味着人们价值意识发生了改变，其文化认同有了新的转向，这本无可厚非，毕竟社会在不断发展，有必要因时因地对文化系统加以调节更新，但文化系统的变化理应是一种继承基础上的发展，而非完全地抛弃传统，否则会因为缺乏文化底蕴和厚重而使得自我发展处于悬浮无根的状态中。所以，当前乡村治理要把保护传承与创新开发乡村优秀传统文化作为一项重要工作

[1] 毛秀娟. 现代化视角下的乡村治理之道［J］. 中共山西省委党校学报，2016（2）：89.

来抓，乡村社会成员在乡村优秀传统文化熏陶下，既能够习得适应社会生活的各种经验、技能、规范等，也能形成处理人与自然、人与社会、人与人之间矛盾关系的价值意识和思维心理，其中很多乡村优秀传统文化内容内涵都彰显着人性的真善美，比如谦和、礼让、勤奋、诚实等，这些是做人做事理应持守的基本品质，而它们的孕育生成、传递绵延离不开人们参与到各种文化实践活动中去，经由人与人之间的情感交往、问题解决、达成共识的过程来凝聚人心，形成良好的自我文化认同。

总之，当前乡村治理在物质经济和文化精神上要坚持两手抓，设立诸如乡村文化传习所等民间机构，使得乡村文化传承有着专业人员来加以组织实施与宣传教育，对有利于社会成员心灵沟通的文化内容要加以规范，将之开发和转化成为人们健康文化生活的组成部分，同时对铺张浪费、好逸恶劳等不良社会现象则加以取缔和改造，确保人们的物质经济和文化精神生活得到协调统一发展。

二、人才与教育共谐：新时代乡村治理的主体素养升华

乡村建设的根本在于人才，人才的兴旺则离不开良好乡村教育的支持，故乡村治理要注重乡村人才的培养和乡村教育的优化提升，通过具有良好综合素质和能力的生命主体来推动乡村社会主义现代化发展。随着城镇化进程的加快和深入，乡村家庭及村落物质经济发展日益向好之余，人们的教育价值观念也发生了一些转变，呈现由过往的重视到如今的轻慢倾向，不少社会成员或家庭认为投资教育已经不再值得，他们所持的理由是即使读了大学也未必就能找到一个好工作，以及有些大学生的收入待遇还不及打工人员所得，于是教育在乡村社会成员心目中的地位发生了动摇，他们不像以往把教育当成崇敬的“对象”来对待，相反比较轻视其在人们或青少年人生发展中的作用，用他们的话来说就是“不读书也能通过其他途径挣到钱，而且还比读书求学后的工作收入要多”，在这种价值意识影响下，人们对教育不再热心和热情了，此种状况在当前乡村社会中已悄然成为一种风气，父母忙着工作去挣

钱而无心无力去关注教育，孩子则在良好物质经济环境条件下失去了刻苦求学的动力。可以说，当前乡村教育的危机不在于乡村学校教育质量与城市之间的悬殊问题，而是由于尊师重道的教育传统被抛弃，人们对教育不再怀有敬崇之意，这无疑影响着乡村未来发展的走向。

不可否认，乡村社会发展只有围绕着以经济建设为中心，才能确保乡村社会成员物质生活水平的不断提升，但不能因之而不顾及人们生活和生命发展的完整性，比如，为了增进家庭经济收入而宁可牺牲健康、亲情也在所不惜，这种状况在乡村社会是普遍存在的，它所潜藏的负面影响往往波及整个乡村家庭生活，其中，老年人、青少年要承受亲情分离的孤独之痛，他们的身心受到的负面影响无疑是存在的，尤其是青少年因缺少父母的陪伴引导，在很大程度上造成亲子关系的非健康化，而以金钱弥补父母缺席的方式更多造成的是青少年对人生态度和教育学习态度的扭曲，他们中不少人认为有钱才是正道，读书无用不如早点挣钱，有些青少年儿童没有接受完义务教育就早早退学，跟随父母远离家乡去挣钱，过年过节回家则衣着光鲜、出手大方，以成功者的形象影响着正在求学的其他青少年，往往形成动摇他们继续苦读求学的意志，以致引发乡村辍学人数的增多。显然，此风盛行势必带来“教育与灾难之间存在激烈竞争”的较量，对此有必要防患未然，最为根本和有效的是为乡村社会构建起良好的教育结构和环境风气，让社会成员把教育当成自我生命的存在方式和生活的重要组成部分，把教育学习自觉地融入自我的日常生产生活中。“实现乡村社会治理体系和机制的创新与完善，在改善农村硬件设施的同时也要体现以人为本，将农村中的人培育成有文化的人，通过人的建设最终实现农村社会稳定、和谐的秩序。”[1]

首先，乡村基层政府要加强乡村文化教育培育工作，通过设立乡村图书室、组织“阅读文明奖”的评比，积极倡导乡村家庭及社会成员热爱学习的良好习惯，在相互阅读交流中实现信息分享和智慧启蒙，诸如社会主义核心价值观也会在人们相互学习交流中而逐渐获得认同，并在行动中加以践行内

[1] 李梦莹，吴锦程. 论社区教育服务乡村治理现代化［J］. 继续教育研究，2018（3）：102.

化，这是最为重要的关键性环节。只有借助于基层政府的有力推行，并在长期坚持推行的基础上，才能真正收到效果。其次，乡村学校教育也要转变办学取向，在注重对青少年进行现代科学文化知识传授的同时，也要重视对其的人文精神培育，为其潜能个性发展提供全面的学习资源服务，既包括面向历史、现实和未来的人类经验智慧，也包括乡村优秀传统文化在内的全人类文化遗产，让他们在多元的教育刺激中探寻到适合自我天性潜能的学习方向，通过师生用生命交往的方式来活化教育内容和过程，真正促进自我的全面和个性化发展。总之，当前乡村治理必须积极培育和构建起以人为本的乡村教育结构和环境风气，将乡村建设成学习型社会，重塑社会成员尊师重道的价值意识，让社会成员在不断投入物质经济建设的同时，也能注重自我身心素质能力的提升，通过不断学习来内化和践行社会主义核心价值观，推动乡村社会的文明和谐发展。

三、社会与自然共依：新时代乡村治理的工具技术反思

乡村治理是系统的，它除了要关注乡村物质经济发展以外，还要注重乡村社会成员身心健康，要在开发利用自然生态资源和环境的同时，对其加以保护，这反映出的是乡村建设中社会与自然生态环境之间的共依关系。一方面，乡村社会物质经济发展要依托于自然环境资源，主体通过现代科学技术的运用而充分发挥和形成乡村物产的品牌和经济效益，以增加和提升人们的收入和物质生活水平；另一方面，乡村社会成员要形成良好的环境保护意识，避免破坏乡村自然生态系统而导致某些资源的不可再生，或使得乡村中的水、气、土壤受污染而变得不洁净，从而影响到人们的身体健康和稳定的社会生活。如何才能破解这一矛盾或困境呢？怎样有效地利用现代化科学及技术手段来发挥其对人们生产生活和生命健康的积极意义？这是乡村治理在处理乡村社会发展与自然生态环境关系所必须思考和应对的。当今时代是一个技术的时代，到处都充满着现代科学技术的身影，偏远的乡村也都在享受着现代科学技术所带来的益处，比如，乡村基本普及电视、电话、信息网络，道路

桥梁等工程项目建设让乡村社会成员更好地融入现代社会发展中，乡村社会成员与外在世界的联系越来越紧密，正是科学技术的普及和运用使得为外出打工、销售农产品、吸引外商或游客等各种乡村致富渠道提供了良好的发展条件。

当前和未来乡村治理要明确和树立的一个意识是：乡村社会发展一定要融入现代化和面向未来，不应以文化或环境保护的名义而抵制科学技术在乡村的普及，如此只会违背历史潮流而难以促进乡村社会发展的与时俱进。从文化发展而言，现代科学技术能将彰显人类生命能力的多元文化加以数字化保存和传播，通过录影录像和网络媒介让人们了解认识他文化，经由教育学习而形成尊重他者、认同自我、相互欣赏借鉴的思维心理，如此文化发展才能与时俱进，不同文化所凝聚的精神才能逐渐被人们吸收内化，在交往借鉴中提升自我的素质能力。人们在谈到现代科学技术时，对其的否定批评还集中于造成对自然生态环境的破坏，这也是一个值得思考的问题，在生产力及其科学技术落后的年代，人们抱怨的则是物质财富的匮乏和生活水平的低劣，于是要不断学习现代科学技术，而今天当人们发现资源枯竭、环境污染等问题之后，反过来将板子打在科学技术身上，可真正的问题症结所在并不是技术与环境之间的矛盾，而是人的发展出现了问题，在人性的贪婪以及个性的无节制放纵下，人们把技术变成了实现自我欲望的工具，而一旦人们的生命生活价值观发生了扭曲，则技术可以为其行动实践提供强有力的手段支持，如此才有了人们利用技术来制造各种不利于人类可持续发展的行为实践，既包括一系列的违法犯罪活动，也包括各种在效率追求下的对环境的污染破坏等。基于此，基层政府和村委会要积极引进农业生产、种养殖技术，并积极组织村民进行科学培训，并就新技术使用提供持续性的指导服务，让乡村社会成员切身感受到科学种养殖所产生的经济效益，从而在见证科学技术力量的基础上而对其加以认同。同时，也要加强生态环境保护的宣传教育，通过以往人类过度砍伐、开采和滥用科学技术所造成的对自然环境的破坏及其所引发的动植物濒危、河流污染、水源干枯、土壤重金属化、空气雾霾和人类健康疾病等的展示，借助于影视录像的直观形象而给予社会成员警示，并借助于乡村卫生室、农科站进行环境与健康、环境与生产等方面的宣传介绍，逐渐培养起乡村社会成员相信科学、爱护环境的观念意识和生活习惯。“大力发展生态有机农业，持续开展植树造林，严格控制和减少农药化肥等使用量，增加生态健康产品和服务的供给，保障和提高农产品质量以及食品安全质量，加强乡村生态文明体制建设，加大影响人们身心健康的环境问题的治理力度，从严整治和惩处一切破坏生态环境、损害身心健康的行为。”[1]

总之，当前乡村治理要大力倡导科学及技术在乡村社会主体生产生活实践中的运用，毕竟科学技术发展代表着人类生产力的现代化方向，它同时也是人类理性精神的彰显，但也要注重社会主体科技伦理意识培养，切实让科技造福于人们生命生活质量品质的增进，以实现其乡村社会和自然生态环境之间的共依发展关系，让人们过上健康美好的幸福生活。

四、道德与法治共促：新时代乡村治理的文明规范自觉

乡村治理立足于传统、现实和未来的统一，它要将乡村优秀传统文化和时代精神加以融合统一，以积极促进乡村社会物质和精神文明的协调共进。当前，除了从产业结构调整、科学技术引入、教育服务供给等方面来提振乡村活力以外，乡村治理还要从道德与法治的互补共促来实现乡村社会发展的文明规范自觉，把历史进程中乡村积淀的经验智慧内化为社会成员的身心素质能力，形成其对真善美的价值认同；同时乡村社会成员应遵循党和国家、社会的法律法规，促使其公共生产生活交往的公正、平等、民主、自由，从而让乡村社会在道德的滋养和法治的规范下得以和谐有序发展，使得乡村社会成员在奋斗中心怀乡愁，在创业中追逐梦想，将权利与义务、自由与责任统一于自我的实践行动中，在守法自觉中去增进道德的提升，从而促进乡村社会人们生产生活的有情有理。这如何实现呢？先从道德本质说起，与法治相较，道德并不是对人的束缚和捆绑，它是主体对自我身心发展的剖析审视

[1] 张英洪. 推进乡村治理现代化必须坚持问题导向［N］. 社会科学报，2019-10-24（3）.

和改造解放，道德自觉意味着主体通过对历史和现实中涌现出的各种优秀人物学习，汲取他们身上的闪光点，从而在交往学习反思中形成开放、进取、内省的心理意识和实践取向，在行动中不因物质经济、科学技术的迷幻或者各种艰难困境的挑战而失去对真善美的自律，而是在逆境苦难前不退缩，在物欲横流中不放纵，与他人携手同行去开创文明美好的社会生活。

当然，乡村社会成员道德发展走向自觉是一个动态生成过程，其只有在生产生活交往中厘清权利和责任、自由和义务关系，依循法律法规来处理公共交往关系，才能在此基础上不断去求真向善，也即法治是道德自觉的前提。首先，道德发展并不是单向线性地直升递进，毕竟社会主体会受到诸如名利的诱惑、灾难的打击而有放弃底线原则的可能，从而在生活和工作中不惜以身试法而终至身陷牢狱之后果，现实中的确也不乏杰出优秀的人才走上了类似的道路，近年来各行各业存在的贪腐和违法事例即是明证，这从一定程度上折射出良好道德品质生长的不容易。其次，社会生活并非完美无瑕，当中也会存在假丑恶现象，它们是社会主体道德品质生成与发展过程中的“阻力”与“动力”。“阻力”是因为其往往对社会成员人性中的自利、安逸等天性给予刺激，诱使人们将学习和工作心思投放在物质名利获取和身体感官享受上；“动力”则是因为如果少了这些因素对人性的考验，真善美之说辞则无所出，正是人们对假丑恶或本能物欲的战胜、克服和批判而使之凸显和珍贵。当前，乡村治理为了更好地将实诚、勤劳、礼让、平和、仁义等乡村优秀传统文化精神以及体现时代精神的公正、法治、民主、文明等价值观内化为乡村社会成员的道德品质，“要加强乡村道德建设，重视村规民约、公序良俗的规范作用，建立健全农村社会信用体系。深入推进文明村镇创建和移风易俗行动，使传统道德与现代法治良性互动，以德治滋养法治。”[1] 为此，基层政府有必要净化乡村社会风气，大力加强乡村法治宣传，树立、弘扬和宣传新时代乡村道德榜样和先进事迹，让社会成员在学习生活中了解、接触正义良善的人

[1] 中央党校（国家行政学院）省部级干部进修班乡村治理课题组. 推进乡村治理现代化［N］. 学习时报，2018-11-5（4）.

和事物，而对诸如赌博、欺凌、贩毒等扰乱乡村社会文明秩序行为给予严厉打击和取缔，通过县、乡镇、村委会等三级联动在乡村设立社会治安工作队，形成常规性和制度化的工作机制，其主要职责在于将党和国家的最新方针政策进行宣讲，并对有悖于国家法律法规的现象及时发现和纠治，为乡村社会家庭及成员生产生活和青少年儿童营造和谐安宁的村落环境，让人们在认知醒悟、行动反思、自律自觉中生成良好的道德品质和法治意识，从而促成乡情浓厚、乡风文明、乡治有序的充满朝气的新时代乡村社会。

第三章　新时代乡村治理的“四新”路向

党的十九届五中全会指出，“坚持以社会主义核心价值观引领文化建设，加强社会主义精神文明建设，围绕举旗帜、聚民心、育新人、兴文化、展形象的使命任务，促进满足人民文化需求和增强人民精神力量相统一，推进社会主义文化强国建设。”新时代背景下乡村治理须走一条和谐之道，充分激发乡村社会成员人性潜能，注重其真善美品性的陶冶；社会成员之间应凝心聚力，有志于乡村社会的建设而团结奋斗，在老中青少代际传承有序中推动乡村优秀传统文化的与时俱进；结合乡村既有资源而创造性地开发出具有良好经济、社会、文化、生态效益的产业品牌，形成“新乡人、新乡情、新乡风、新乡计”为内容目标的乡村社会发展路向，切实推动乡村社会成员过上充满活力的文明健康之新生活。

一、教育与健康：树立文明和谐的“新乡人”，夯实文体卫活动实效

乡村建设和乡村生活的主体是社会成员，乡村发展的质量最终得由他们的生命体验来加以印证，如今他们逐渐过上了物质经济丰裕的日子，其住房、家用电器、通信手段、交通工具、生产生活设施日益体现出现代化的趋势，丰衣足食已然成为大多数乡村社会成员生活的常态，此方面是值得肯定和令人欣喜的。但同时，也相应有着发展的隐忧和困境，比如生活中人们把对金钱的追求似乎当成了一切，为了经济收入的增加而不顾及其余，于是乡村社会成员“身”的健康和“心”的澄明问题在当下越来越凸显出来；除了遭遇和延续着“三留守”（留守儿童、留守老人、留守妇女）之外，不少人或家庭

因疾病而又陷入了生活上的困顿，也有的人因纵身于酒色、赌博、吸毒而坏乱了家庭的美好等，虽然这些在乡村只是个别现象而不是普遍的现实，但作为个别现象的发生在总体上也呈现出一种倾向，其所反映出的是乡村“世道人心”的转向问题，对其不得不加以关注。

具体而言，随着乡村社会成员外出打工人数的增多，很多返乡者把在外打工所挣到的金钱都投入房屋建设和实体性的物质（尤以轿车一类为主）购买上，他们这样做的目的有着强烈的“名利”色彩，也即在其看来唯有盖起高楼或好房子，方能证明自己在外面是“混得”好的，其成功须要借助于实实在在的“房子”来体现，这在很大程度上确实起到激励乡村社会成员拼搏奋斗的积极意义，但也在无形中引发了乡村社会成员之间的“攀比之风”，而且呈愈演愈烈没有止息的迹象，从房子“豪华”的比拼蔓延到“名车”的比较，为此乡村社会成员要承受着太多的来自不良社会风气和价值观念的重重压力，生活变成了一种活在他人“影子”里的状态，为了追逐和“别人一样”或比“别人好”的“影子”而生成了既“自负”又“自卑”的心理和生活方式，使自我远离理性、平淡、健康的生活和工作之中，在与别人攀比竞争中无限放大了自我的经济实力或基础，透支性地将金钱、身体健康用于比较性的房屋、车子等的开销上。不少家庭或社会成员年复一年地陷入支付房屋建设和车子购买的还贷之中（向信用社或亲戚好友借贷），为此他们不得不将外出打工的年限拉长以谋取更多的钱财来应对，这使得留守之“痛”在很多家庭父母和子女生命历程中占据了很长时间，他们努力克服着亲情分离甚至身体病痛的压力来支撑家庭的发展，家庭居住环境和物质经济生活的确越来越好，但同时也滋生和衍生出不少隐患和问题，比如身体疾病、价值观念、留守关怀等。因此，当下乡村治理很重要的一个内容是面对乡村现代化发展进程中出现的这些问题，如何采取相应的纠偏举措，让其负面影响得到有效的消解，以促进乡村社会和谐发展。正所谓治标须治本，针对当前乡村社会发展中“重物不重人”的现象，乡村治理要以人为本，着重于树立文明和谐的“新乡人”，让其身心健全地投入乡村社会主义现代化建设中去，虽怀致富的梦想和雄心斗志，但也要注重自我的身体健康和道德品性的修养，形成良好的人生价值观和创业观，积极关注学习和践行社会主义核心价值观，让自己的心灵和精神变得更为充实，而不是被单纯的物欲所捆绑。正如梁漱溟先生指出的，“推进整个社会向前进步的工作，表面上是经济建设为主，骨子里无在不是社会教育工夫。建设、教育二者，不能分开”“从人一面说，就是教育；从物一面说，就是建设。物待人兴；建设必寓于教育”[1]。《中共中央关于制定国民经济和社会发展第十四个五年规划和二〇三五年远景目标的建议》中也对教育发展给予高度关注，并着眼于全体社会成员身心健全发展而提出了要求，诸如“健全学校家庭社会协同育人机制”“完善终身学习体系，建设学习型社会”“健全覆盖全民、统筹城乡、公平统一、可持续的多层次社会保障体系”“保障妇女儿童合法权益。健全老年人、残疾人关爱服务体系和设施，完善帮扶残疾人、孤儿等社会福利制度。”“深入开展爱国卫生运动，促进全民养成文明健康生活方式。完善全民健身公共服务体系。加快发展健康产业”。为此，乡村治理有必要注重和夯实乡村社会教育力，让乡村社会成员接触、了解和参与积极向上的文化生活，通过图书阅览室、健身和文化娱乐场所的构建，让乡村社会成员劳作之余有公共交往的落脚地，能让他们学习和体验到更加丰富的精神生活。其中，乡村基层行政部门要充分利用和组织好乡村文化娱乐公共空间的组织培育，切实让其变为促进乡村社会成员健康身心发展的重要教育力量，通过文艺汇演、读书活动周、书画手工才艺展示、篮球和乒乓球比赛等，使得乡村社会成员身心智慧得以积极舒展，以取代以往聚众打麻将赌博的不良恶习。同时，除了从乡村文体娱乐设施和活动的组织之外，乡村基层行政部门也要从人们生产生活中存在的矛盾困境入手，为其提供积极的教育指导服务。首先，就留守人群来看，乡村基层行政部门要倡导积极关心留守儿童、老人的社会风气，可通过慰问联谊、走访帮扶等形式在乡村培育和发扬尊老爱幼的优良传统，给予他们在参与乡村公共事务和生活上的优先关怀和具体保障，让其充分感受到乡村社会的温馨和友谊；其次，

[1] 熊春文. 以理性复兴中国、以学校组织社会：对梁漱溟乡村建设及乡村教育思想的社会学解读［J］社会，2007（3）：26-43.

就疾病健康来看，随着人们生活节奏的加快，以及社会心理压力的加剧，再加之生活饮用水、食物等的不洁净等，乡村社会中患上各种恶性疾病的人日益增多，由此也会造成整个家庭生活负担的沉重。

为此，乡村基层政府十分有必要展开人口健康普查工作，给予和制定乡村社会成员定期体检和健康跟踪的资金、政策和制度，确保社会成员身体疾病的早预防和及时治疗，并积极开展疾病防控的相关宣传教育，让社会成员形成良好的健康意识和养成良好的生活习惯；再次，就生态环境来看，为了使乡村良好的自然生态环境和民族文化可持续地得以绵延发展，作为基层政府要加强资源利用、开发和保护规划，不宜走纯粹的工业化项目开发方式，仅仅着眼于当前的经济收益而忽略了当地的诸如山体、水体和空气所造成的破坏，通过设立乡村河道清洁、树林防护、垃圾清扫等的管理规范，培育起乡村社会成员的生态环境保护意识和行为自觉。总之，新时代乡村治理要以人为本，要注重乡村社会成员身心发展的健康和谐，通过乡村多元形式的教育服务供给，让乡村社会成员形成良好的生产生活习惯，乐于学习、喜于运动，有着积极的人生价值观，在奋斗拼搏中过上健康文明的好日子。

二、全体与协作：形成凝心聚力的“新乡情”，设立规范化管理队伍

乡村社会主义现代化建设是一个现实的系统工程，它不是也不能仅仅停留于应然的理论抽象中。乡村社会要发展得好，离不开社会成员积极参与到乡村政治、经济、文化、自然生态发展变化的推进行动中，只有通过他们相互之间的联合，充分发挥其聪明才智，才能更好地将乡村社会导向和谐，没有全体社会成员的共同努力和携手共进，乡村社会发展是难以实现全面和谐的。不可否认，在党和国家的关怀扶持和社会成员自身的努力奋斗下，当下乡村社会在物质经济上已然取得了巨大的成就，社会成员生活水平和质量较之以往有了大幅提升，人们不再为穿衣吃饭而犯愁，且其安居出行、饮食消费之便利和丰富是今非昔比的。然而，乡村社会物质经济与日俱增和人们的

生活日益向好的同时，也出现了和遭遇着一些发展的消极现象和困境，比如乡村社会缺乏共同发展的价值理念和行动目标，人们都各自奔忙于自己的生计，乡村社会生活呈现出“原子”化倾向，以往来自社会成员间、不同家庭间守望相助的乡情难以再续，各自只顾着“自家”而忘了“他家”，在乡村公共事务面前大家都不愿尽心尽力参与，而一旦有一点利益可得却又能争个不休，甚至会大动干戈，而与乡村“原子化”发展倾向的相伴生的是乡村社会的暴戾心态，社会成员往往持有着“谁怕谁”“我要比你强”的观念和心态，乡村传统社会中谦卑相让、宽容仁爱、通情达理的风气不再，如此乡村社会发展是缺失生命温度的。与此同时，在乡村社会还存在着另一种“人心不齐”的状况，人们之所以对乡村村落公共事务鲜有热情，一个重要的原因还在于乡村干群关系不好和乡村基层行政不力，用乡村社会成员的话来说，他们对诸如党和国家的各种政策总体上是“不明就里”，其认为村里的公共事务管理是私底下几个村干部在“私谋”的，对于各种事关村落福祉的发展问题，社会成员仅仅将其当为围拢闲聊时的一种“谈资”或“调侃”来对待。换言之，在这种状况中个体家庭、村落乃至村委会、乡镇等基层组织之间显然没有形成“一条心”，他们之间似乎更多的是平行站位，也可称之为所谓的“各安其位”，正如老百姓常说的“各有各的门道”。于是，乡村社会成员个体和家庭在大好时代环境中努力去拼搏，大家都为了把自己和家庭的生活“过好”而“无所顾忌”或不及其余，忙碌于、沉溺于、迷失于名利的追逐中，都将生活过得只剩孤单的自我个体和自我家庭的存在，这虽难以简单地用是非或对错来加以界定，但至少是不健康的，因为个人和个体家庭最终都要生活在“共同体”内部，没有“共同体”的团结凝聚为基础和保障，乡村社会个体和个体家庭发展终究是局促的。

所以，当前乡村治理有必要积极调动全体社会成员的积极性，实现社会民众和基层行政部门及村干部的上下齐心、通力合作，在各自的岗位上兢兢业业，在村落公共事物上“劲往一处使，心往一处想”，促成全社会力量联合共举的乡村建设局面。“深入挖掘乡村熟人社会蕴含的道德规范，结合时代要求进行创新，强化道德教化作用，引导农牧民向上向善、重义守信，实现家庭和睦、邻里和谐、干群融洽”[1]。具体而言，可以在村委会设置社会民意民情服务窗口，聘请熟悉乡村社会生活且具有一定文化水平的村民作为兼职工作人员，积极配合县乡镇负责乡村治理发展工作，并把这一活动在形式、内容、考核上加以组织并形成制度化，从而积极有效地推动乡村社会各项工作的开展。当然，要取得实质性的成效，不是单纯的规范化制度管理所能实现的，更为关键的是乡村基层行政管理服务要深入民心，其工作要取得乡村社会成员的认同，唯有乡村干部一心一意为民谋福利，为了带领村民共同致富而奔走策励，切实为解决乡村社会成员疾苦而费心出力，才能带领乡村社会成员在生产生活中同心同德，大家一道满怀激情而又充满自信地去建设乡村。《中共中央关于制定国民经济和社会发展第十四个五年规划和二〇三五年远景目标的建议》指出，“完善基层民主协商制度，实现政府治理同社会调节、居民自治良性互动，建设人人有责、人人尽责、人人享有的社会治理共同体。”是故，当下乡村治理要培育和塑造凝心聚力的新乡情，使得乡村社会成员既有着理性的功利考量，不断去拼搏奋斗，也有着浓厚的亲情、友情、乡情的关怀，与他者一同去克艰攻难、体验和分享人生的悲欢离合，在喜怒哀伤中不忘生命的宝贵、尊严和情义。那么，要形成这样的效果，在路径方法的选择上须将集合全体社会成员热情和智慧的规范化管理制度融入社会成员的日常文化习俗活动之中，实现“信仰与民俗”的统一。所谓的“信仰”是社会成员要转变观念，从纯粹的物质经济追求导向过美好幸福生活，将身体的健康、社会的有序、精神的志趣等作为生命发展的旨归，积极在生产生活中自觉奉行和践行自由、民主、平等、公正、法治等价值观，实现待人如己的自觉自律，从思想认识、情感态度以及意志行为上认同真善美的价值观；所谓的“民俗”是对制度化的治理规范内容的“融化”，社会成员把客观化、对象化的价值形式、内容要求内化为自我的生活形态，将诸如社会主义核心价值观渗透于民俗文化活动之中，使其潜移默化地发生化育民心之功效，从而逐渐培育起诚信友爱、爱岗敬业、德法兼和的新乡情。

[1] 刚察县委组织部.凝聚村级组织推动乡村振兴[J].青海党的生活，2018(11)：52-53.

三、传统与创新：构建认同自觉的“新乡风”，培育理性化民间组织

乡村社会是在动态的历史实践中走向未来的，故乡村治理须得处理好“转化”与“创新”这一对关系。“转化”意味着乡村社会发展要弘扬优秀文化传统，将彰显人性真善美的乡村文化内容加以系统梳理，使之在代际传承中滋养社会成员的身心发展，并结合当下人们的生产生活新风貌而使其焕发活力；“创新”意味着乡村社会发展要立足当下而迎接未来，其不可能复制过往走过的道路，有必要在既有传统的基础上进行突破，创造性地进行新文化的培育，以彰显文化发展的时代精神，而不能只知道遵循传统而违逆历史发展潮流。那么，乡村社会发展中的“转化”与“创新”关系要怎样得以协调统一呢？乡村社会从过往一直发展至今日，其在绵延中积淀了自我的文化传统，社会成员在与特定自然地理环境的互动调适中创生了一套生存之道，形成了处理人与自然、人与社会、人与自我关系的文化系统，其价值意识、思维心理、道德规范、生产生活实践能力等都在这个文化系统的濡化中生成，造就了诸如人们常常言及的合作、仁爱、坚忍、勇敢等具有共通性的传统文化精神，其是任何社会发展都离不开的社会主体应具的品质，它们也是乡村社会代际能够不断绵延久远的重要力量。同时，从文化的个性而言，不同乡村社会的文化是有别的，也即人们常说的文化是多元的，作为一种生活方式的乡村文化是社会成员适应不同环境的反应系统，它是人类人性能力多元性和弹性的显现和象征。所以，众多乡村传统文化的价值和意义不在于其“先进与否”，或者其在现代社会发展中的“实用性”，而是多元复杂的环境刺激与人类发生关系时，社会主体能够有着不同的应对方式，通过不同个性或差异的文化系统能够彰显人性能力的多样性、丰富性。因此，可以说众多乡村传统文化的丧失和抛弃，不仅仅丢掉的是物质性和形式上的文化内容和活动，更重要的是导致人类应对不同环境刺激之人性能力的萎缩。换言之，如果整个社会生产生活或文化系统都是一样的，那么人类在交往中相互学习的可能性降低，这也恰恰是今天现代科学技术日益发展，并不断将人们的生活推向统

一的情况下，为何乡村或民族文化旅游会受到人们喜好的重要原因，因为它不仅仅是一种消遣娱乐，也在很大程度上折射出人性心灵对多元个性的渴求。“我国乡村政治、经济都得到了快速发展，但乡村文化却相对落后。无论是乡村综合文化站的数量、古村落文化遗产的保护还是村民的文化素养，都有很大的提升空间。文化生活的贫乏在很大程度上制约了‘三农’的发展。”[1]基于此，乡村治理要注重当前依然在民间兴盛的传统文化活动之保护，对其进行积极引导开发，而之所以强调“保护”和“引导开发”，是由于一方面乡村传统文化在内容和形式上处于消逝之中，另一方面是依然在民间运行的文化活动往往又介入了很多经济要素，人们更多关注的是物质经济消费和娱乐体验，而文化本身具有的“化人”意义却比较淡薄或几近于无，而此种状况的形成有着历史与现实的原因。

长期以来乡村社会以农耕为主要生计模式，社会成员在守望相助的农业劳作生产交往中形成了“熟人关系”，他们共同遵循着一套相对稳定的处理人与自然、社会、自我关系的生产生活文化系统，反映在婚丧嫁娶、信仰祭祀、社会组织等方面，作为身处其中的人们包括青少年正是在参与乡村文化系统生活过程中习得相应的知识经验。然而，当下越来越多的乡村社会成员对于乡村文化系统是“陌生者”，他们无心也无力承担起创新乡村传统文化的重任，其中很重要的原因在于越来越多的青少年和青壮年都远离了农业和农村，对于青少年而言，他们在学校应试教育背景下很少去真正参与、体验和反思乡村社会的生产生活，其生命时空更多地被学校中书本知识的学习所占去；对于乡村青壮年来说，他们中的很多人离开故土去外地打工，长年累月地打工使得其身体和心理不再愿意参与和适应农业生产实践。此外，如今信息技术和便利发达的交通工具（比如汽车）等在乡村也逐渐得到普及，由于没有相应的规划和组织引导，信息技术在众多乡村村落并未得到很好的应用，尤其是将之与农业生产技术学习、农产品销售以及乡村社会成员生活身心素质能

[1] 徐顽强，于周旭，徐新盛. 社会组织参与乡村文化振兴：价值、困境及对策［J］. 行政管理改革，2019（1）：51-57.

力提升等建立起联系。相反，许多网络世界里的各种丰富多彩的“娱乐信息”扰乱了乡村社会成员的心智，尤其是青少年往往会形成一种错误的价值观，对于劳动、节俭、勤劳、平凡等视之为落后，而对所谓的权力、资本、地位、明星、奢华等大加赞赏。凡此种种，使得当前乡村传统文化的转化和创新比较艰难，从长远来看最为根本的在于乡村治理要重塑乡村尊师重教的传统，让人们确立起对真善美价值的认同，利用信息技术和联合学校力量让乡村社会成员学习、了解自我和中华优秀传统文化，在学校、村委会、村落公共活动场所设立传统文化传习馆、农业科技和市场信息服务站等，在乡村基层行政部门的组织下，基于乡村社会成员生产生活发展实际和需求，积极开展文艺、经济、道德、法治等各种主题宣讲、培训活动，让人们形成良好的文化认同，既能认清自我，对本民族传统文化进行积极保护，也能反思自我不足，以一种开放进取的心态学习和接纳包括现代科学技术在内的他文化优点，从而不断提升自我。此外，当前乡村治理要注重民间组织的理性化引导，因为乡村社会生产生活和文化实践活动中这些民间组织扮演着重要的功能，其是人们对活动的内容、形式、方法、过程等进行商讨、交流、议论的重要媒介。《中共中央关于制定国民经济和社会发展第十四个五年规划和二〇三五年远景目标的建议》指出，“发挥群团组织和社会组织在社会治理中的作用，畅通和规范市场主体、新社会阶层、社会工作者和志愿者等参与社会治理的途径。”总体而言，乡村民间组织根据性别年龄而有着比较明确的区分，这是由于乡村社会文化生活有很多内容由不同年龄和性别的社会群体承担，年长者可能更多地承担着祭祖、丧葬、生育、婚嫁等与传统人生信仰习俗相关的文化活动，中青年人可能更多承担着与农业生产及生活消费相关的文化活动，比如大理白族的“班辈组织”、丽江纳西族的“化窑”组织等，它们既组织朋辈好友间的娱乐消费活动，同时也承担着关于乡村社会生活发展的议事和规则制定的功能；而青少年也有着基于志同道合基础上的朋辈组织，比如大理、丽江一带的“打老友”等，当然也有着专门的中老年妇女参加的如白族的“莲池会”，专事乡间重大文化事项活动中的“祈福求善”等。对于这些民间组织，乡村基层行政部门要积极加以引导，除去其铺张浪费、拉帮结派的恶习弊病，将其变为参与乡村治理的理性化民间组织，并结成由老中青成员参与的基层文化传承与创新机构，积极组织实施乡村传统文化收集整理、认定筛选及学习创新等活动，不断促使乡村传统文化在新时代与时俱进，从而孕育出认同自觉的文明新乡风。

四、资源与效益：生成活力特色的“新乡计”，开发协同化产业品牌

乡村社会成员对于自我家庭经济收入增加有着十分强烈和迫切的愿望，舍此或不以此为基础则是违背他们的价值诉求的，毕竟好日子好生活要以物质条件为保障，所以以经济建设为中心是乡村社会发展长期所要坚持的根本，只有树牢经济这个“轴心”，才能围绕其“画出”美丽和谐的乡村发展蓝图，让社会成员心有余力和安心投身于自我实现及乡村社会的文明构建之中。然而，时至今日，不少乡村是通过大量的外流打工方式来改善乡村家庭物质经济生活条件的，其成效也是显著的，这从当下乡村人们衣食住行等方面的改善中可略见一斑，但其中也引发了诸如留守人口、农地荒芜、社会秩序混乱、疾病健康等连锁问题，而这些问题无疑是当下和未来构建文明和谐乡村社会所必须正视和解决的。为此，当前乡村治理须要有效拓展和推进乡村社会物质经济发展的渠道和质量，让社会成员能够获得更加稳定和有效益的经济创收来源，而这最终须得走内源内生的致富新路方能实现，结合乡村农业和其自然地理环境资源来开发绿色、特色产业品牌，为乡村社会成员提供当地致富的产业平台，根据其自我意愿和发展需求而理性地做出留乡创业或外出打工的选择。《中共中央关于制定国民经济和社会发展第十四个五年规划和二〇三五年远景目标的建议》指出，“强化绿色导向、标准引领和质量安全监管，建设农业现代化示范区。推动农业供给侧结构性改革，优化农业生产结构和区域布局，加强粮食生产功能区、重要农产品生产保护区和特色农产品优势区建设”“发展县域经济，推动农村一、二、三产业融合发展，丰富乡村经济业态，拓展农民增收空间”“加快培育农民合作社、家庭农场等新型农业

经营主体，健全农业专业化社会化服务体系，发展多种形式适度规模经营，实现小农户和现代农业有机衔接”。那么，要如何才能开发、组织和培育具有良好经济和社会效益的乡村产业品牌呢？比如可以依靠政府扶持、企业合作来打造集自然风光、餐饮住宿、手工艺、歌舞娱乐为一体的生态旅游产业链，实现农业和服务之间的有机融合；或是基于乡村特殊的地理气候物产，政府、企业、村落之间形成合作关系创建标识性农特产品系列，乡村社会成员通过原材料提供、制作加工环节参与、土地参股等各种方式来获得收益。总之，乡村经济发展要走一条协同化产业品牌振兴之路，通过政府、社会、村落及社会成员共同的沟通、协商、研究来确定产业项目内容，议定和形成三方在产业项目的资本投入、收益分配、管理运行等的权责利关系，以便把乡村产业经济发展建立在“政府、社会、村落”共同体利益维护之上，共同为产业发展贡献智慧力量，如此方能使得产业项目的开发、运营有着坚实的政策、市场和资源的支撑，从而形成原材料供给、产品深加工、销售一体化的乡村产业经济联动效应，更多的乡村社会成员可持续地能从中受益。概言之，当前乡村治理要着手乡村产业经济的规划、设计，注重产业结构的合理化，充分利用好乡村自然地理、物产、人文资源等，形成多元合理的产业结构，拓展乡村社会成员致富和就业渠道，让他们有着相对自由的选择余地，根据自我的基础、兴趣能够最大程度地发挥自我的聪明才智，并通过自我的勤奋努力来创造美好的生活。

不过，要能够真正在乡村培育起协同化产业品牌经济发展，很重要的前提在于要转变乡村社会成员的观念意识，让他们积极关注和学习了解党和政府的诸如产业扶持政策，而不是将其视为直接的物质或金钱的补给，也正因如此才使得一部分乡村干部把扶贫政策进行“信息封锁”，在他们看来村民是没有意识、意愿和权利来了解这些政策的，因而不向全体村民进行公开宣传讲解，以致或挪为己用或将之变相地进行“利益寻租”，进而使得政府扶持政策没有真正发挥好利于乡村发展的作用效果。在乡村干部、社会成员缺乏自觉主动地产业发展认同和实践行动下，乡村经济产业化发展之路是比较难走的。“乡村基层政府和公共组织只有把本不属自己控制的资源和权力放还社会，让市场在中国乡村资源配置中真正发挥决定性作用，才能真正启动治理体系的现代化建设。”[1]于此，十分有必要推行诸如“教育下移计划”思路和取向，亦即“将农村基础教育与职业教育的知识技能培训有机结合，指导农户家庭成员接受相关的教育活动”“解决农户家庭发展的日常卫生保健、种植养殖等紧迫且重要的知识与技能需求，为其提供具体的就业或开展经济发展活动指导服务，提高教育与生产劳动效益，促进家庭经济发展”“能够将教育发展成果的邻近影响效益惠及农村的各层面，带动农村发展理念和发展方式的变革。”[2]当然，欲使其成为可能，离不开乡村社会及全体乡村社会成员的共同努力，具体可以从三个层面来进行思考和落实：其一，党和国家各级政府的扶持政策与每个乡村社会成员息息相关，乡村基层行政部门理应以广播、宣传栏、村民大会等方式将政策公之于众并对其进行讲解说明，让社会成员真正了解政策的具体内容，只有他们有了积极的认同，方能主动争取和认真贯彻落实各种帮扶政策，放弃“等靠要”的惰习；其二，乡村经济发展立足本土，并不意味着不走向市场，乡村基层行政部门要充分利用和激活村落公共资源价值，让其成为社会成员融入市场经济的重要平台，比如村落中的集体土地通过租赁获取租金，或是以投资入股的方式与企业合作，既使得每个家庭和社会成员能获得良好的利益回报，也有益于其市场意识的培养；其三，乡村社会是一个整体，其发展离不开村干部的垂范引领，故有必要优化村委会干部选拔机制，发挥好乡村基层党组织示范引领作用，让党员和村干部尽心尽力地为民谋福利，在乡村产业经济发展中积极做好引进、宣传和组织工作，在其实际行动中促发诚意齐心、团结奋进的干群关系生成。总之，乡村治理要以经济建设为中心，在党和国家扶农惠农政策的支持下，乡村基层行政部门要与乡村社会成员一道，有效地利用、开发当地自然、人文资源，构建具有地方特色和竞争力的产业品牌，为乡村社会成员生计渠道拓展和效益

[1] 朱新山. 中国乡村治理体系现代化研究［J］. 毛泽东邓小平理论研究，2018（4）：16-23.

[2] 蒙泽察，郝文武，洪松松，王中晓. 教育对精准扶贫的重要作用——西北连片贫困地区从村经济与教育发展关系的实证分析［J］. 华东师范大学学报（教育科学版），2020（12）：109-120.

提升营造良好的市场和人文环境。

综上所述，新时代乡村治理要走一条和谐之道，实践中注重“四新”路线的落地生根，夯实乡村社会文教体卫等综合社会教育力量水平，以社会成员身心素质能力提升为本，培养新型的现代化建设者[1]，在乡村设立规范化管理队伍和营建理性化民间组织，通过全体社会成员的合力协作，积极推动乡村传统文化的传承与创新，打造具有活力特色的乡村产业品牌，从而形成文明和谐的“新乡人”、凝心聚力的“新乡情”、认同自觉的“新乡风”和活力特色的“新乡计”，切实推动乡村社会发展的欣欣向荣。

[1] 陈晓琪. 现代性进程中的学校教育与地方知识——评《学校教育·地方知识·现代性——项家乡人类学研究》[J]. 民族高等教育研究，2019（2）：10-13.

第四章　民族地区村落治理“四重矛盾”及突围

民族地区社会主义现代化建设的基础和重难点在于乡村，村落发展繁荣兴旺，社会成员过上富足丰裕、文明健康的物质与精神生活，这既是衡量民族地区发展质量的重要标尺，也是民族地区村落治理的方向目标。正如习近平所说，“农村绝不能成为荒芜的农村、留守的农村、记忆中的故园”[1]，“美丽中国要靠美丽乡村打基础”[2]。然而，当前我国民族地区村落建设陷入经济收入与农业生产、精神文化需求与优质文化服务供应、个体意识与制度规范、学习需求与教育供给的“四重矛盾”困境中，对此，应审视其成因并探寻突围路径，以促进村落社会政治、经济、文化发展的全面、协调、可持续。

一、民族地区村落治理“四重矛盾”表现

民族地区村落治理是个综合性系统工程，它涉及村落发展和社会成员生产生活的方方面面，其宗旨在于要协调和形成村落发展各要素之间互动互促的合力关系，以营建一个美丽富饶、和谐文明的乡村社会。但是，当前民族地区村落发展水平较之以往有了大幅提升之后，也日益遭遇着产业结构单一、道德信仰冲突、制度规范孱弱、教育供给质量低效等方面的发展困境，并往往以对举矛盾关系表现出来，给村落发展和社会成员生活带来一些潜在危机。

[1] 习近平. 农村决不能成为荒芜的农村［EB/OL］.（2013-07-22）［2016-04-15］. http://news. xinhuanet. com/politics/2013-07/22/c_116642856. htm.

[2] 习近平. 美丽中国要靠美丽乡村打基础［EB/OL］.（2015-05-27）［2016-04-15］. http://news. fjsen. com/2015-05/27/content_16144024. htm.

（一）经济收入与农业生产之间的矛盾

当前民族地区村落发展的最大动力是什么？毫无疑问，是人们对过上美好生活的渴求，社会成员对增加经济收入、改善家庭物质生活条件有着十分强烈的愿望。也正是在这一动力驱使下，人们才在一定程度上主动融入城镇化发展进程中，且不少社会成员远走他乡去追逐致富梦。这也使得乡村社会出现留守现象。民族地区许多村落社会成员希望改善自家物质生活，在房子建设、婚丧嫁娶举办等方面不亚于他人，而这些无疑需要经济基础作支撑，需要增加经济收入，但是问题在于，当下众多社会成员所从事的农业生产收入无法满足社会转型冲击下他们对更好物质生活水平的欲求。相反，不少民族村落社会成员通过外出打工、经商等获得了经济收入增长，改善了整个家庭的生活条件，于是外出务工成为城镇化进程中越来越多村落社会成员的选择。因此，当前民族地区村落治理面临的一个重要矛盾关系是：如何解决经济收入与农业生产之间的矛盾。既不能无视城镇化发展对于民族地区村落社会成员经济收入提升之益处，也要正视其所客观带来的诸如留守等现象。基于此，当前城镇化进程中民族地区村落发展要注重拓宽和丰富农业产业结构，积极提高社会成员农业生产劳动的经济效益，让其在乡村故土也有实现财富梦、创业梦的可能。也就是说，当前民族地区村落治理要解决的矛盾之一在于社会成员“经济收入与农业生产”之间的协调性问题，确保人们经济收入的增长建立在农业自身所具有的经济价值基础上，依靠农业产业结构调整、转化升级来吸引人们对农业、农村的青睐，改变时下社会成员逃离农村、荒废农业进入城市以获得经济收入增长的现象，使人们乐意留在农村，使农业成为人们实现创业、成就事业所积极选择的行业，使民族地区村落社会成员可凭自身的兴趣、能力、特长对于“进城”还是“守土”进行理性的选择。

（二）精神文化需求与优质文化服务供应之间的矛盾

虽然民族地区物质经济发展相较于城市或发达地区有很大差距，但与过往进行纵向比较，当前民族地区社会成员生活水平有了大幅提升。这从人们的“衣食住行”上可以得到充分体现，诸如民族地区村落社会成员房屋居住的人均面积有所增加，结构质量都有了明显改善，人们的日用起居生活条件从温饱不断迈向小康水平。当然，单纯从生命对物质需求的角度而言，当前民族地区村落大部分社会成员是“衣食无忧”的，但他们也追求更高品质的生活，除在物质生活产品、设施上追求更丰富、更便利外，他们也怀有对娱乐消闲的强烈愿望，且这种愿望随着经济收入的增多而变为现实。民族地区乡村“文娱表演”活动越来越兴盛，尤其在以妇女为主体的村落社会成员中兴起一股“舞蹈演练”之风，她们在闲暇时间都积极参与演练，并时常去村落周边进行“会演”。无疑，对于民族地区社会成员而言，积极参与文娱活动既可以舒缓其因劳作而致的身体疲倦，也为其展现自我“风采”提供了机会，众多参与其中的社会成员能够获得愉悦的情感体验，这对于他们的身心发展是有益的。但是，随着人们物质经济生活水平的改善和闲暇时间的相对增多，以及人们对文化娱乐精神生活需求的不断旺盛，一些不良的“文娱活动”在民族地区村落也有所渗透，“黄赌毒”等现象有所滋生，给家庭甚至村落社会稳定和谐带来负面影响。因此，当前民族地区村落治理应关注社会成员日益增长的精神文化需求和优质文化服务供应不足之间的矛盾关系，将文娱繁兴建立在增强社会成员身体健康和陶冶其美好心灵的基础上[1],避免人们物质经济增长的同时却陷入道德信仰危机之中，这也是当前民族地区村落发展需要引起重视的问题。

（三）个体意识与制度规范之间的矛盾

随着民族地区村落社会成员交往范围的拓展，人们的生产生活经验已经跨越村落区域和纯粹的农业劳作之限，加之电视、手机、网络等媒介技术的普及，越来越多的社会成员从外面的世界获得丰富的信息，他们往往结合自己的经验而对之进行“加工构建”，并在各种场合积极表达着自己对周围世界的看法。当前民族地区村落社会成员个体意识日益凸显，它不仅仅表现在眼

[1] 任映红. 新中国成立以来村落政治精英的产生与乡村治理模式的变迁——以浙南XF村为例[J]. 江西社会科学，2011（11）：204-208.

界的拓展上，更为重要的是他们有着强烈的“创业、竞争、拼搏”劲头。也正因如此，他们才能克服种种困难去营造美好的生活。这无疑是民族地区村落发展的重要人力资源，因为社会成员在知识经验拓宽、认知能力提升和坚韧意志支配下会创造日益向好的物质生活。然而，在村落社会成员逐渐实现经济物质上的目标梦想之余，他们的个体意识逐渐膨胀，人人都想“争一口气”，不想在任何一方面输给他人，这种“个体意识”在个体与集体、家庭与村落或家庭与家庭之间涉及利益纠葛时可能会化为一种“戾气”，以非理性的方式表现出来。因此，当前民族地区村落治理应对社会成员个体意识进行规范引导，让法律法规成为其社会生活交往的基本原则，只有村落社会形成人人讲规则、守信用的风气，社会成员树立良好的法治意识，他们才能在合作互助中培育出道德自觉，从而产生“依法养德、以德促法”的德法并治成效，最终促成民族地区村落发展的文明和谐。

（四）学习需求与教育供给之间的矛盾

民族地区村落要持续发展，实现人们物质经济收入的增加和精神道德风貌的良好，切实让社会成员过上幸福美满的好生活，就要促进社会成员不断提升自我综合素质，包括从事农业生产的科技意识和能力、外出务工的职业技能以及自我身心平衡协调能力等。毋庸置疑，当前民族地区村落社会成员有着强烈的学习需求，他们都希望通过自己的努力来实现“人生出彩”，然而不少家庭及社会成员却苦于“无门路、无技能”而只能进行自然经济的传统农业生产，其收入水平往往停留于自给自足的温饱型状态，他们迫切需要学习掌握或可外出务工的职业技术，或可在当地进行一定规模的“农林牧渔”生产、管理的现代科学技术，从而提高其生产的经济效益。此外，即使那些通过外出打工收入大幅提高的村落社会成员，他们在城镇更多从事的是劳力型的工作，也有着转变生产理念和提升生产技能的需求，以便促使自身的劳动生产朝着“智慧型、服务型”转变。总之，当前民族地区村落社会成员有着多元的学习需求，既有“生存发展”技能方面的，也有“精神生命”理念意识方面的，只有让社会成员通过不断学习而成为“有技术、有文化”的时代公民，方可促使其生产生活的现代化，并通过其知识、能力等综合素质能力的增进来推动民族地区村落社会的良性发展。可问题在于，当前民族地区村落教育服务供给较为薄弱，除义务教育外，面向广大社会成员、以培育其综合素质能力的教育服务缺失，实质性的、连续性的、可供社会成员接受学习教育的资源条件并不成熟。当前民族地区村落治理中面临着社会成员学习需求与教育供给相脱节的矛盾。因此，当前民族地区村落教育服务供给应朝着多元化发展，以满足不同社会成员的不同教育需求，而不能将教育对象、内容缩窄化为唯一的学校教育，当然在具体实施过程中可充分利用学校空间场所、师资，结合村落社会成员发展需求而提供针对性和实效性的多元教育服务。

二、民族地区村落治理“四重矛盾”成因

民族地区村落发展变化是必然的，但如何使得其发展变化是和谐可持续的，不陷入非此即彼的异化之中，出现经济收入与农业生产、文娱繁兴与道德信仰、个体意识与制度规范、学习需求与教育供给之间的断裂脱节，以致造成人们心灵归属感和生命自主性缺失的状态，而这又事关民族地区村落未来发展的走向问题，一个缺失良好教育来滋养生命、道德法治维护社会稳定、物质精神文明托起生活希望的村庄是没有生机的。因此，当前民族地区村落治理要针对发展中的矛盾问题进行正本清源，对其成因进行探究，以便能够将村落社会导向兴旺发达的正途大道。

（一）社会主体缺位及无理性

当前民族地区村落日益卷入现代化或城镇化发展进程中，主要表现在越来越多的社会成员尤其是青壮年离开乡村进入城市，导致乡村出现所谓的“空巢、留守”现象。显然，民族地区村落社会发展主体的不断“流失”，不仅会影响留守老人、儿童、妇女过上充满亲情关怀的完整家庭生活，让其不得不承受骨肉分离的相思苦痛，而且还让他们在村落社会事务、交往中的话语权

等“身份资本”受到削弱，甚至会因“势单力薄”而受到排挤、欺凌等。此外，通过升学考试进入大学的年轻学子，毕业之后很少有选择回家乡创业的。虽然他们进入和留在城市是理性意志选择，而且他们在自我工作岗位上也为社会发展做出了贡献，但是，就民族地区村落而言，优秀青年学子的不断出走，是一种优质人力资源的“流失”，造成乡村优秀人才越来越稀缺，不利于乡村可持续发展。在这种社会主体多方流失的情况下，民族地区村落发展缺失了最为重要的“人力”基础。虽然随着村落社会成员外出打工，一定程度上改变了村落的物质经济面貌，但建立在交往实践之上的村落生活却少了人们互动而形成的“温情、互助”，以及对不良社会问题的“自我修复”功能，出现有学者所论及的“无主体熟人社会”[1]，有的甚至演化为“无主体邪恶社会”。对于时有报道的村霸作恶乡里、性侵留守儿童等犯罪现象，以及乡村赌博、奢侈浪费、攀比等不正之风，因为缺失共同体生活的参与构建，很多村民以一种“嬉戏、旁观、告诫”的心态来面对，而没有在日常化体验中化解上述问题，使其或迟滞或积压而不能得到及时有效的解决。总之，当前民族地区村落发展因社会主体的缺位而生发了诸多问题，它折射出人们在追求发展过程中的无理性。

（二）社会权力失衡及缺乏监督

任何社会的发展都离不开结构的稳定，只有社会各组成要素之间形成相互协调关系，方能使其良性有序发展。当前一些民族地区村落发展之所以出现多重矛盾的交织，很重要的一个原因在于社会权力失衡及缺乏监督，具体表现在以下几个方面：

其一，越来越多社会主体的流失，使得乡村生产生活中的话语权、村落事务活动组织实施被一部分人把持，留守家庭在村落中越来越“边缘化”。当然这种“边缘化”在一定程度上也是他们对参与村落公共生活的主动放弃，被其视为一种相对安全自保的生存之道，但这无形当中又增加了社会权力单

[1] 吴重庆. 从熟人社会到“无主体熟人社会”[J]. 读书，2011（1）：19-25.

极性发展的可能，助长了村落部分“恶霸、无赖、弄权者”的气焰[1]。

其二，当前民族地区村落发展以经济为导向，经济的力量已蔓延渗透到社会权力领域。以往村落社会活动中老年人或长者是“导演、裁判”，他们往往扮演着组织者、领导者的角色，但如今很多中老年人或长者因没有“经济实力”而转变为“观众、看门人”，在乡村各种公共事务活动中扮演“看客”的身份。其后果是，村落文化发展因老年人的逐渐退场而丧失传统的延续性。作为传统文化主要承载者的老年人“身份、权威”的丧失，使得优秀的传统文化及其精神价值没有较好地在年轻一代身上延续，引发村落传统文化的断裂及现代化冲击下的伦理道德危机。

其三，当前许多民族地区村落社会成员对村落基层行政的态度较为疏离。最为明显的特征是以村委会为代表的基层行政“做些什么”、乡镇或县政府部门职能“是什么”对于他们而言比较陌生，其认知仅仅停留于村委会干部发到各家各户的诸如各类补助现款名目上，至于政府对村落发展给予的政策扶持内容、技术方法等，很多成员并不清楚也不太愿意深究。这也使得村落基层行政处于一种缺乏监督的状态，给村落基层行政人员利用权力“寻租”谋取私利提供了可乘之机。

（三）社会组织薄弱及社会成员公共意识不强

社会是具体个人的集结，人们通过交往实践而逐渐形成共同认可遵守的制度、原则和规范，它确保了人们利益的公平获得和有效保护，从而促进社会成员生产生活的有序化，这也正是社会之于个体的重要意义。然而，当前民族地区村落社会的公共性存在不足，很多社会成员忙于增加经济收入，村落的农田水利设施、道路交通等更多是在国家财力支持下完成的，出自村落社会成员共商议定的公共事务较为稀缺，人们大都专注于自家的物质经济建设。虽然在村民们你追我赶的“向别人看齐”的奋斗过程中，村落新修建的“洋楼”越来越多，村落整体面貌“为之一新”，但是，人们走出家庭，以

[1] 杨华. 乡村混混与村落、市场和国家的互动——深化理解乡村社会性质和乡村治理基础的新视阈［J］. 青年研究，2009（3）：1-9.

村落主人的身份来关注整个村落儿童健康发展、老年人生活幸福以及村落公共生活秩序安定和谐的公共“责任担当”十分缺乏。对于村落存在的如攀比、婚丧大操大办的不良社会风气及赌博、吸毒等违法犯罪行为，很多村落社会成员存在“看客”心态，持观望态度。然而，没有良好的村落社会风气为基础，大部分家庭及社会成员都会潜移默化地受到不良风气和环境的伤害。因此，当前民族地区村落发展的一大难题是社会成员共同的价值理想生活缺失，维护共同生活秩序的社会组织发展并不成熟，村落社会生活“人情味”越来越淡薄。

三、民族地区村落治理“四重矛盾”突围

民族地区村落发展是整个民族地区乡村发展的缩影，只有民族地区村落发展富裕了、文明了、和谐了，社会成员过上了物质丰裕和精神富足的好日子，方可言说民族地区发展变好了，以及社会主义现代化建设在民族地区有了较为坚实的基础。因此，民族地区村落发展在党和国家大力扶持下有了显著提升的今天，为了让其进一步走向和谐美好，摆脱当前其发展中物质经济向好而道德伦理失守、传统文化失传、价值信仰失序的困境，有必要将诸如社会主义核心价值观内化为社会成员思维价值和外化于实践行动中，真正促使村落社会政治、经济、文化发展的全面协调性。

（一）回归教育本质，构建融入生命生活之活教育体系

民族地区村落要获得可持续且文明的发展，最为根本的是要培养具有社会主义核心价值观和较强综合素质能力的村落社会成员，唯有社会成员自身得到发展，才能确保其行动实践的理性化和方向性，也即发展是人自为之果，欲让“发展之果”甜蜜美好，则“正人正己”的教育基础必须打好。这需要从两大层面加以着手：

一是民族地区村落须转变教育观念，树立接受教育是为了人自身完整生命提升的价值意识，而不是功利地认为接受教育是“为学以求官致仕、达于

世、钱多多”。要让教育滋润生命，村落社会成员因教育而心性平和、生产能力加强、务实创新品质。当下，最为紧要的是村落社会要形成以人的生命、生活完整和谐为旨归的教育价值意识和风气，让社会成员不再把教育当成一种交换前程和金钱的“商品”，而是当成自我生命生活必须呼吸的“空气”，如此教育才能有效地促进村落社会成员的身心健康发展。

二是搭建融入社会成员生活的教育平台，让教育真正活在人们的日常交往中。可以在村落设立服务于最大多数社会成员学习需求的教育资源，如搭建村落图书室、村落电子阅览室以及有益于身心健康的体育文娱设施包括篮球、乒乓球等。这些教育资源能够缓减当前村落社会成员“闲暇无去处，只能打麻将”的负面现象，为人们从书本和网络阅读学习中了解外面世界及获得技术提供丰富的信息资源。民族地区村落教育不应仅是专属于青少年的学校教育，它应该是一个有益于村落社会成员共同学习和共同成长的活教育系统，是集家庭、学校和社会合力而形成的“教育场”，村落社会成员身处其中能够获得相互砥砺、相互模仿的，有益于身心发展的教育力量。这样他们才能以一种理性的态度来审视民族地区村落的发展，而不会纯粹为了物质利益而牺牲村落的文明和谐。

（二）提升行政效益，确立参与式联动化基层管理机制

村落是社会的基层单位，国家行政权力如何更有效地渗透和服务于村落的建设发展，是当前乡村治理中很重要的一个命题。随着传统乡村社会中“乡绅、乡贤”因社会转型而日益消逝，村落社会发展更须基层村委会起到组织、指导、规划、控制、调节等管理作用。当前民族地区村落治理要取得实效，就要让基层行政“动起来”，真正实现村落社会发展有组织、有引导，而非完全是“单子”式的自然运行，尤其要对那些不利于儿童成长，有害于家庭和睦以及危害村落安全的“黄赌毒”、偷盗、纵火等行为严加监控和惩处。可在民族地区村委会设置“村情巡逻点”，定期派政府人员轮流走访了解，结合其掌握情况举报给公安部门，并配合公安部门进行“扫黄打非”，而且要常抓不懈。在此基础上可考虑逐渐组织村落社会成员中部分德才兼备的创业能人、

技术能人等成立乡村建设委员会，挂靠在村委会，其主要职责是对村落发展进行“针砭时弊、出谋划策”，从而使得村落社会的发展更适于人们的共同生活和未来一代的持续发展。

（三）激活人力资源，设立公开化的“普及＋精准”式帮扶系统

民族地区村落社会发展动力在于社会主体能够积极发挥聪明才智，以敬业、乐业的状态投入生产生活中，从而为村落创造更多的物质财富，推动村落社会的文明和谐。可以说，当前村落社会成员身心发展潜力没有得到充分激活，不少人还困守于传统农业生产中，为其经济收入增长缓慢以致难以满足发展需求而苦恼。对此，民族地区村落发展要充分激活人力资源，让社会成员尽可能把自己的能力释放出来，确保他们通过自己的努力不断改善、提升生活质量。各级政府在不断加大民族地区村落发展投入和扶持力度的过程中，应充分发挥实效性，切实帮助村落社会成员“创业致富”梦想的实现和共同生产生活公共服务的改善，让绝大部分人都能深受其益。应建立公开化的“普及＋精准”帮扶系统。所谓“公开化”，是落实到村落的国家或政府帮扶资金、项目等要向所有村民公开，要设立村务“公务栏”加以公布。所谓“普及”，是在民族地区村落帮扶过程中应加强诸如道路、水利、学习娱乐等公共设施建设，使每一位村民的生产生活都更加便利，实现一种普及性的帮扶。所谓“精准”，则是针对村落社会成员发展的需要而实施针对性帮扶。这种帮扶可根据社会成员创业需求而提供包括资金、信息的综合服务，或部分社会成员外出打工的职业技术培训，或部分家庭发生特殊事故而给予相应的优先扶助等。但应坚持一个基本的原则，即要实事求是地根据社会成员创业、学习或遭遇事故的真实性而进行综合考虑。总之，社会成员是民族地区村落发展的重要力量，政府部门在展开对民族村落的帮扶过程中要将“物本”（物资、金钱）帮扶、“人本”（不同社会成员发展的实际需求）帮扶和“能本”（社会成员能力提升）帮扶结合起来，建立公开化的“普遍＋精准”帮扶系统，真正激活民族地区村落人力资源，通过社会成员聪明才智的发挥而推动民族地区村落的全面和谐发展。

第五章　农村教育扶贫开发究竟是什么？

农村教育扶贫开发要取得成效，有必要先厘清其内涵旨向，以避免陷入思路歧义模糊而实践散碎的泥淖之中，出现“农村教育扶贫”变为“扶贫农村教育”的现象，虽说这二者之间有着密切联系，农村教育不兴则难以实现真正意义上的教育扶贫，这也是人们常说的“扶贫先扶智”之理，唯有农村教育质量有了提升，培育了身心健全、综合素质能力全面的社会成员，致富方有了最为根本和基础的源头活水。[1]然而，农村教育扶贫开发的主旨不在于扶贫农村教育，尤其是农村学校基础教育的扶持，因为这与农村教育扶贫开发已是两个层面的问题，前者是农村教育特别是学校教育发展相对薄弱落后，其办学的综合质量水平与城市或发达地区之间存有差距，后者则是探寻适宜和利于农村社会成员致富的教育模式开发，从对象目的、内容形式、路径方法等层面确立起恰切的教育结构体系，有效促进和推动农村社会地区及社会成员生产生活的富足安康，此乃为农村教育扶贫开发之意旨所在。

一、农村教育扶贫开发的对象与目的

农村教育扶贫开发致力于农村社会及成员物质经济生活和生命质量之改善，其对象与目的具有整全性。从对象而言指向于农村社会中的每一个家庭和每一个社会成员，是集农村社会之大体，而不仅仅是所谓的积贫积弱之个别；从目的而言指向于农村社会物质经济、文化道德的系统发展和社会成员知情意行的统一协调。如此农村教育扶贫开发才具有着普遍性，并体现出农

[1] 谢君君.教育扶贫研究述评[J].复旦教育论坛，2012(3)：61-77.

村教育于农村社会及社会成员生产生活的普惠性、启蒙性、引导性价值意义。

（一）农村教育扶贫开发与农村家庭物质经济致富

农村是由一个个村落构成的，而家庭则为村落的细胞或最小单位，唯有众多的村落家庭生活变好了、富裕了，才可以说教育扶贫开发起效了，这对于农村社会成员来说是最为现实的目的所在。因此，农村教育扶贫开发无疑是要面向具体的农村家庭的，其价值诉求应反映在增进农村家庭物质经济之改变上，促使社会成员生活环境和基础能够不断向好或蒸蒸日上，没有这一点的发生改变则难言说农村教育扶贫开发的成功性，而这也是农村教育扶贫开发的难点所在，因为它既不等同于各种只面向于少部分家庭及其成员的贫困补贴，也并非止于改变农村道路、水利工程的营建，此些方面虽然为农村家庭发展经济和创造财富打下良好的设施条件，可那已经和农村教育扶贫开发有所区别，而是国家或政府的惠农、支农政策和项目在农村社会发展上的落实，但它显然是不同于从教育层面进行的促进农村家庭经济致富之扶贫开发。那么，农村教育扶贫开发的内涵和特征何以体现呢？从内涵而言，农村教育扶贫开发要面向农村家庭，以实现其经济致富为目的，农村家庭及成员能在参与教育中获得自我家庭经济收入的增加；从特点来看，农村家庭及其社会成员能够接受一定形式的教育活动，并通过活动参与而激发生成其原有家庭生活世界未曾发生的致富计划、方案和实践等，而且该教育活动是可持续的，农村家庭及社会成员能够往返于其中获得学习滋养，可以将其当成农村家庭经济致富的“充电器”，如此才体现出农村教育的扶贫开发意义。[1]

（二）农村教育扶贫开发与农村社会成员能力素养发展

农村家庭物质经济致富离不开社会成员的生产劳动实践，而生产劳动实践只有在不断提升效率和效益的情况下，农村家庭物质经济致富才有了可能。那么，如何提升社会成员生产劳动实践的效率和效益呢？无疑，最为根本的

[1] 霍永刚. 21世纪扶贫开发的战略重点［J］. 中共山西省委党校学报，2001（4）：56-57.

在于社会成员能力素质得以不断增进，使其生产劳动实践的技术性不断增强，以及进取和行动创新意识得以孕育生长，如此社会成员方可对自我的生产劳动内容、方法、资源加以整合设计，从理智辨识、意志情感等方面全身心投入其中，这也是为何当前农村劳动生产率相对滞后的原因。由于不少社会成员缺乏现代农业生产和拓宽创业增收的就业知识、信息、技术及其相关综合素质，他们往往只停留于传统农业生产种植或转向于以劳力为主的各种务工活动中，当然，这本身是整个社会生产力发展和社会转型给予农村发展带来的冲击和机遇，作为农村教育扶贫开发须正视这一处境，要积极培育农村社会成员的综合素质，令其具有适应现代化、信息化、全球化时代背景下的知识技能与意识心理，激发和养成其善于学习、敢于创新的品质能力，从而在生产实践中总结经验和创造萌生“新点子”，增添依靠智慧创造财富的比例成分，将农村社会物质经济发展建立在“人是目的、核心、关键”[1]的基础上，确保其有着可持续性的“人力素质”资本作为后盾。因此，当前农村教育扶贫开发要着眼于长远发展，将社会成员能力素养提升作为重中之重来抓，不断结合扶贫开发的教育活动，逐渐夯实社会成员的知识结构、意识判断和行动能力，让他们主动地、创造性地发挥聪明才智来面对生产生活实践，并在勤奋敬业中致富。

（三）农村教育扶贫开发与农村社会文化道德继承与更新

农村社会的发展是综合全面的，而不单单只集中于经济建设，因为物质经济增长的最终目的是让农村社会成员过得更好，但何谓是好生活呢？一旦这样追问，似乎好生活并不意味着仅仅只是物质经济，毕竟物质经济无法完全承载起具有丰富人性内容之生命全部，人的生命往往是要去追逐意义和价值，而意义和价值又是在社会成员进行的各种实践关系中展开的。一方面，农村社会成员要过上物质丰富和环境舒适的便利生活，在这种“自利”动机

[1] 周丽莎. 基于阿玛蒂亚·森理论下的少数民族地区教育扶贫模式研究 [J]. 民族教育研究，2011 (2)：98-101.

下人们会去追逐金钱财富，从而不断提升自我的物质生活水平；另一方面，农村社会成员还要过上身心健康、文明有礼的交往生活，确保农村社会生活中人与人之间互助友爱，真正使得自我的生命在与人合作共处中获得意义。因此，农村教育扶贫开发离不开农村社会文化道德的关注，唯有将优秀传统文化道德加以传承，让农村社会成员在拼搏追逐物质经济的过程中，能够将经过历史淘洗和检验的、体现了人性真善美的文化道德品质境界内化于身，而不是随同物质经济增加而消减乃至丧失，理应使得人性中的贪婪、欲望、自私战胜了节制、诚信、仁爱等品质，确保社会成员不因衣食住行等物质生活产品或条件的日益丰富和现代化而迷失自我，比如具体反映为人们之间的情感交流和生命交往减少了，相互在攀比竞争中过上了非自我的生活，而陷入一种以他人生活为“目的”的状态之中。[1] 所以，当前农村教育扶贫开发要重视农村社会文化道德发展，其既要将传统文化中的优秀精神加以传承，同时也要对传统文化进行改造更新，对不适应时代精神的文化内容进行审视，促进农村社会文化道德发展的与时俱进，令社会成员在学习反思中确立起自我和文化认同，以形成其积极的人生价值观，去创造和拥有真正富裕、安宁、和谐的幸福生活。

二、农村教育扶贫开发的内容与形式

农村教育扶贫开发对象与目的的厘定，是为了更好地使其实施进程中的思路和方向有着明晰性，能够切实将农村扶贫开发建立在教育发展的基础上，真正实现农村教育与扶贫之间的融合统一，而二者融合统一的落脚点在于具有实践性、参与性的教育活动的展开，进而催促着农村社会成员生命能力的增进和劳动生产效率的提升，以推动农村社会发展的繁荣和谐，而这离不开农村教育扶贫开发活动在内容与形式上的具体化，如此才能将其目的落实在行动之中。

[1] 秦瑞芳，闫翅鲲.“共生”视角下的农村教育扶贫路径探讨［J］. 教学与管理，2011（8）：16-17.

（一）注重精英人才培养，开发拓展农村产业结构

农村教育扶贫开发要体现出育人性和经济效益的统一，这是就其面向全体社会成员身心发展和农村物质水平提升而言的，但显然这并不意味着可以一蹴而就，因为农村教育扶贫实践活动结果反映在不同家庭、社会成员之间会有水平差异，同时又不能因这种水平差异的存在而使其成为阻碍农村社会继续发展的牵绊，所以为避免此种状况的发生，采取“先让一部分人富起来”，并借助于他们来带动其他人致富的策略是必要的，因为这是一个“共同富裕”的过程，而不只是让“一部分人富起来”，其余大部分社会成员则失去致富的可能，以致形成“贫富悬殊”不断拉大的局面，如此则背离了教育扶贫开发面向全体社会成员之对象与共同致富之目的。基于此，当前农村教育扶贫开发要注重精英人才的培养，其缘由在于农村村落社会中要有着致富的“组织者、引导者和创新者”，只有充分发挥其榜样带头作用，使其聪明智慧得以不断激活，能够生发出关于创造财富的各种“新点子”，以吸收和带动其他社会成员参与到“新兴”的生产内容结构中，逐渐孕育为当前人们所说的农业产业化发展趋势。相反，如果农村社会发展过程中缺乏优质人力资源的培育增长，则农村生产发展将惯性地延续着单一的传统农业劳作，这无疑不符合现代化时代背景下农村、农业发展的方向。[1] 因而，当下农村教育扶贫开发在重视农村精英人才培养的过程中，激励其积极投身于农村农业的创新创业上来，不断培育农村新的经济增长点，在开发拓展农村产业结构过程中带动和促进社会成员共同富裕，其缘由在于一方面通过精英人才率先垂范所起到的榜样力量而激发孕育出致富的激情，从而在生产生活中萌生各种思考，另一方面则是农村社会成员参与到精英人才创建的产业项目中来，通过生产劳动来实现自我经济利益的获取，并在不断地学习提升中促进和推动产业项目的不断发展，形成精英人才、产业项目和农村社会成员互惠共赢的局面。总之，农村教育扶贫开发要突出人才智力在创造财富中的作用，并在逐渐开发拓展

[1] 单丽卿. 教育差距与权利贫困——基于连片特困地区扶贫开发实践困境的讨论［J］. 中共福建省委党校学报，2015（3）：22-28.

农村产业结构的基础上，让农村社会成员经济致富渠道增多，从而在勤劳务实中提升自身物质生活水平。

（二）孕育学习互助组织，催生理性自主创业行动

农村教育扶贫开发并非一项刚性工程，可以直接等同于某种可对象化、量化的物质性实体项目，如水利、道路、房屋改造等，虽然我们不能否认这些工程于民生改变所具有的基础性作用，但农村教育扶贫开发重在“启智”以及之后的行动选择上，以促使社会成员能够理性自主地进行创业实践，将致富建立在自我主体的能动性和综合素质能力基础上，而非一种外在的物质或金钱“直接补贴”，这个关系或道理是显然的。那么，如何才能保证农村社会成员致富是建立在理性自觉的基础上，使得其生产生活实践行动是有效益的？这离不开一个良好教育学习环境和风气的熏陶，只有人们在逐渐耳濡目染基础上形成良好的学习反思和行为实践习惯，在相互影响带动下“爱智慧”，过一种“思考”的生活，真正将理性融入人们的日常生产生活中，促使社会成员不断通过学习、思考、行动理性地解决自我所遭遇的矛盾问题，在农村社会形成人们勤学好思的良好习惯，不断在人们自觉学习和实践行动中促进农村社会的积极进步，如此农村教育扶贫开发才真正明确了方向，从根本上为农村社会物质经济发展打下人力资源基础。为此，农村教育扶贫开发要如何应对？采取什么样的形式来实现农村社会成员理性自主创业行动的真正发生？较为可行的是在农村社会建立学习互助组织，采取“虚”“实”结合的形式加以展开，所谓的“虚”是通过诸如乡村阅览室、电子阅览室等为社会成员提供学习获取新知识、新信息的平台媒介，为其生产生活中遇到的困难提供释疑解惑的可能；而所谓的“实”则指的是农村村落中设立的类似于“生产指导与交流中心”的机构，一方面当社会成员有了生产发展指导需求时，可前往该中心进行求助咨询，另一方面该中心还可组织社会中“成功者”与其他社会成员进行经验交流分享，让他者有了学习借鉴、省思和提升自我的机会或空间平台。总之，农村教育扶贫开发要以培养理性自觉的主体为中心，通过学习互助组织平台不断增长和开阔自我的知识能力、眼界意识，能

够适时地和创造性地对生产生活进行调节，进而提升其劳动致富的水平。

（三）设立文体卫服务队，增强生命生活健康水平

农村教育扶贫开发是以人为中心的，要促进农村物质经济、文化道德发展的可持续性，离不开身心健全和谐的社会主体，毕竟人才是目的和根本，只有人得到了发展，农村社会方能发展得从容不迫，虽然农村教育扶贫开发在具体的目标上重视致富，但这并不意味着不以人的生命生活健康和品质为前提，否则会陷入"功利主义"的泥淖中，而这恰恰也是今天人们在谈论农村社会发展的时候，除了担忧其物质经济贫困之外，还不断发出农村社会文化道德失传、蜕化之批评的原因所在，诸如在人们物质经济生活殷实的同时，其生命发展也呈现出许多不健康状态，诸如赌博、奢侈、攀比等不正之风在社会中的蔓延，它所产生的不良后果是农村社会物质经济虽然发展了，可社会成员之"身与心"却受到了侵蚀腐化，显然如此的物质经济发展的社会效益是低下的，甚至在一定程度上变为一种危机，以渗透的方式蔓延到农村社会发展的众多方面。因此，当前农村教育扶贫开发要改变这一现状，要切实抓好农村社会物质与精神文明发展的统一性，确保物质经济发展是服务于人的生命生活的。从具体实施的内容来看，可通过设立稳定的"文体卫"服务队，定期组织农村社会成员学习、参与到健康文明的文化活动中来，包括图书报刊、电子信息及国家大政方针的学习了解，竞技体育健身活动的参与，日常饮食健康和疾病预防的重视等，而非仅仅将心思投向于金钱挣取而"忘乎所以"，忽略诸如子女教育、老人赡养和身体健康等指向于代际传承的重要问题。所以，当前农村教育扶贫开发要关注农村社会中的"文体卫"发展问题，形成有计划、有组织的队伍机构，为农村社会成员身心发展提供良好服务，为其持续性地投入生产实践奠定积极的身心状态和条件。

三、农村教育扶贫开发的路径与方法

农村教育扶贫开发是以"教育"为基础，以"扶贫"为目标，以农村社

会成员为主体，以平台资源构建为内容形式，以调查、行动、实验为路径的系统结构整体，最终要形成社会成员理性自觉地去获取、开创有益于自我致富之机会、渠道的素质能力，并实现农村社会物质经济与教育发展之间的良好互促关系。

（一）以扎根调查为基础，形成“普及化”+“精准式”扶贫问题诊断

农村教育扶贫开发对象、目的、内容是什么？这个从理论假定层面而言是清晰的，但一旦要付诸实践就显得尤为复杂，比如理论上农村教育扶贫开发要面向全体社会成员，如此才能保证农村教育扶贫开发是面向整个农村社会发展的，可难题在于很难找到适宜于所有社会成员的统一的农村教育扶贫模式，不得不采取或考虑类似于“先让一部分人富起来”的思路，有针对性地将农村教育扶贫开发对象优先集中在“一部分人”身上；此外，农村教育扶贫开发要借助或依托于一定的主题内容，那么什么样的主题内容才是适宜的？如何才能使其与扶贫对象的环境特征相匹配？这也是农村教育扶贫开发在具体实践中不得不考虑的，否则就变成了一种“玄思”而无可行性的“臆想”。因此，为了确保农村教育扶贫开发具体可行且有针对性，其实践路径先要建立在深入细致的扎根调查基础上，研究者要真正走进农村社会生活中去，认真观察、了解、获取当前农村社会成员生产生活的真实状况，方能有针对性地开发设计相应的扶贫方案，能够切实将“教育扶贫开发”渗透、融入农村社会发展结构当中。为何这是重要的呢？农村社会既是“整体性”存在，也是“个性化”的具体存在，所谓的整体性存在是指农村社会或乡村乃至一个村落，其有着一个总体的发展水平，因而农村教育扶贫开发有必要为整个乡村或村落发展提供服务指导，使其生产力水平、生产生活质量总体上得以提升，从而惠及农村社会所有成员和家庭，此为“普及”；所谓的个性化存在则又指的是农村社会存在着“凸显、重要和急迫”的须得优先发展或解决的矛盾问题，以及不同社会成员、家庭发展所面临的特殊情况，这是农村教育扶贫开发所要重视的，唯有通过积少成多、见微知著的改变、推进和促进农村社会一个个方面问题之发展，以及一个个农村家庭生产生活发展之增益，

农村社会发展方能在整体上得以提升，此为“精准”。总之，农村教育扶贫开发要有实效，离不开主体深入细致的扎根调查作为基础，摸清楚了农村社会发展的症结、主要矛盾、难题等之后，才能够制定和形成“普及化”+“精准化”的教育扶贫方案、行动计划，从而为农村社会发展从宏观整体上和微观具体上提供有效的帮扶支持。

（二）以行动研究为过程，形成“多主体”+“意义化”扶贫形式设计

农村教育扶贫开发是一项长期和动态的实践活动，从其对象而言理应是双向的，包括作为农村教育扶贫开发的研究团队和作为其对象存在的农村社会成员，他们共同是农村教育扶贫开发的主体，如果二者之间没有形成交往互通、磋商共识的合作关系，则往往会产生“有形无实”的局面，也即农村教育扶贫“实践活动”虽进行了，但其效果却是有问题的，往往会出现双方都不满意的局面。于研究者团队而言是完成了一种任务，可他们对农村社会成员在活动中的配合、执行等方面会存有不满，将扶贫实践活动的无效归因于农村社会成员的“无知”；于农村社会成员而言，他们则是被动地或半信半疑地接受着“外来者”的“指点”，先是对其有着“好奇”“期待”，并在所谓“利益预期”下而充满激情，然而这一状态缺乏可持续性，终因对于“实惠”的过于“急求所得”而“未得”之后，他们逐渐会对扶贫活动失去兴趣与支持，很大程度上还是按照自我原有的习性、思维来面对，甚至以逃避、抵制的方式来应对。而要避免这种状况的出现，农村教育扶贫开发在过程上势必要采取行动研究的方法，从确定农村教育扶贫开发的问题内容、成因探寻、方法制定、付诸实践等整个流程都须上述双方的共同参与交流和探讨，建立起相互之间一致的价值认同和行动意志，具体表现为参与者双方都能够自觉理性地对待扶贫开发活动，本着学习敬业的态度来参与到扶贫活动中，而不是抱着“一蹴而就、即行即得”或“将就应付”的心态和行为来对待，相反，双方要在不断遭遇新的矛盾问题涌现时能够携手共进，在相互理解中将扶贫开发活动向前推进。而在这个过程中，活动主体双方的收获是多向度的，不只反映在对问题的厘清和解决上，还体现在主体人性的检视和陶冶上，他们

各自在知识经验的交流、情感态度的理解宽容、行为意志的坚忍、自律的活动参与中提升了自己的综合素养，此又是作为未来农村社会发展过程中重要的人力资本素养，它是农村教育扶贫开发所产生和具有的教育意义，是在解决农村物质生产生活贫困问题中形成的意义转化，从而促进农村社会成员综合素质的提升，也为农村社会可持续发展奠定了良好的人力基础。

（三）以实验总结为启迪，形成“育人性”+“学习化”扶贫资源供给

农村教育扶贫开发最终要落实在农村社会主体身上，也即要由农村社会成员自身来完成或实现脱贫的任务和结果，这也就意味着农村教育扶贫开发作为一项科研或行政任务来说，其在时间上是有限的，而这种时间任务的“有限”要能转化为意义上的“无限”，使得农村社会成员获得在“致富或脱贫”上的“身心”能力增进，如此才能真正产生上述所言的意义性。那么，如何才能更好地确保“有限”向“无限”的过渡呢？这得从两个层面来进行考虑：其一是在农村教育扶贫实践活动过程当中，研究团队和农村社会成员要善于总结反思，在不断实验修正推进中获得启蒙、启迪、启示，这是一个相互学习影响与自我内省的教育形式，只有农村社会成员用心去体验扶贫实践活动的内容及过程，在从活动本身的认知、困惑及与团队成员交流分享经验中获取启发，进而在启发中产生意见、想法，并在表达中再次融入扶贫开发实践活动中，既贡献了自己的所思所想，有利于农村教育扶贫开发实践活动的调适改进，同时也能使得自我在不断向他者学习的基础上更新认知观念、思维方法和行为习惯等；其二是农村教育扶贫开发的“遗产”问题，这主要指的是为了保证扶贫活动的有效开展，比较起活动内容本身而言，要为社会成员提供日常化的学习资源，通过学习来提升自身发展的综合素质，以为更好地完成扶贫开发活动任务奠定能力基础，并且这种学习的价值功能不仅仅停留于扶贫开发活动任务层面，而是农村社会人们的一种基本生活状态，他们有着热爱学习和尊重知识的良好品性，在生活中形成一种好学乐学的认知心理和行为习惯，如此农村社会发展走向富足、文明、和谐才有着最为坚实的人力资源保障。因此，农村教育扶贫开发在路径与方法上要以实验总结为启迪，

在实践活动逐渐展开的基础上开启、发挥社会成员聪明才智，并培育其好学好思的学习行动能力，为其提供诸如图书资料阅读、互联网信息获取、市场经济意识的“育人性”和“学习化”扶贫资源，可结合扶贫开发进程的需要和社会成员长远发展的需求，投入一定的财力、物力和人力资本来建设“实体”化的学习场所和平台，让其在不断学习发展中实现终身教育的自觉化，从而能够理性、勇敢、创新、自律地进行实践行动，不断构建幸福美好的家庭和社会生活。

第六章　农村教育优先发展什么?

长期以来，农村教育受到学术界的普遍关注，诸如有着“农村教育是教育系统的重中之重”“加大农村教育投入改善办学条件”等论点或呼吁，然而当前农村教育在得到优先发展的同时却遭遇着文化自觉、价值信仰等社会问题。因此，要切实发挥农村教育对农村社会的文明引领作用，就得厘清农村教育优先发展内涵，明确优先发展内容，处理好其各种发展关系的本末轻缓之别。

一、当前农村教育优先发展的意识观念

随着市场经济对农村社会的席卷和高等教育扩招、教育质量滑坡及就业问题的日益严峻，农村社会成员对农村教育不再趋之若鹜，而是要“掂量掂量”看“划不划算”，也就是说，相对于过去，农村教育已不再是“香馍馍”，农村社会成员对其的热情或崇拜不如往昔，但这是否意味着农村教育真的不重要了？或能否因农村教育问题丛生而任其自灭？答案显然是否定的，甚至可以说教育较之以往对一个人、一个社会的可持续发展影响更为明显，只不过其形式、内容有了新变化。

（一）农村教育对象之全员化

在农村社会，当人们言及教育时，绝大多数社会成员将其与学校教育联系起来，这也意味着或折射出农村教育对象的“缩窄化”，仅仅将中小学生当成是受教育者，在这种思维意识下，农村学校教育成了农村教育的代名词，农村老年人、中青年社会成员、幼儿等都似乎与“教育绝缘”，农村教育“凋

敝”为农村中小学生“孤军奋战”的战场，这无疑是不正常的。首先，农村教育作为农村社会的子系统，其要承担着促进农村社会文明进步的重任，而主体必然离不开全体农村社会成员的推动，绝不可能仅仅依靠尚未成年的农村青少年来承载，毕竟在应试升学体制下胜出的农村中小学生走的是“逃离农村融入城市”之路，他们“无心也无力”来发挥推动农村社会进步的重要作用。其次，农村学校教育的质量与农村家庭教育、社会教育密不可分，只有作为农村中小学生父母或家长一辈重视教育，并有着自我的教育“坚守”，方能配合学校教育之实施，并纠正或减少学校教育之“弊”。总之，当前农村教育要变成农村文明发展的一部分，有必要让所有农村社会成员都成为接受教育的对象，让其能够通过教育“明辨是非、判断善恶”，促使农村社会生活的和谐化。

（二）农村教育目的之“为己”化

毋庸置疑，当前农村教育依然定尊于学校教育一端，之所以如此，是因为只有通过学校教育才能获得“正名”，这可从两大层面明显反映出来：其一，受“学而优则仕”传统思想的影响，一直以来，“为学以求官至仕”“光耀门楣”观点左右着农村社会成员对教育的态度，“十年寒窗、一朝闻名”激励着一代又一代的农村学子，而这种目的恰恰能在很长一段时间里借助于应试升学体系得以实现，所以，读书求学是农村家庭的头等大事，它寄托着一个家庭的所有希望；其二，自20世纪90年代末以来，随着市场经济对农村社会的裹挟，加之高等教育大众化发展的蔓延，农村社会成员对农村学校教育的热情降温，虽然不少家庭依然出于“名望”之虑让子女考入大学，但不再寄托着改变家庭生活的“奢求”，甚至成为一种被拖着走的“无奈之举”，因为他们清楚教育的经济投入和产出不再成为正比。可以说，上述两大层面都显示了当前农村教育目的的功利化色彩，人们接受教育的目的是“功名利禄”而非“成人成己”，也即农村教育成为一种“为人之学”，人们与之发生关系不是为了使“自己生命整体”完善起来，而是想借助它实现“致富成名”的目的。因此，在这样的功利目的或思维心态下，农村教育注定是要失败的，因为教育毕竟不是一个纯粹的功利活动，其价值或意义更多的在于能够“为己”，使自我成为不断超越生命意义的人。所以，当前农村教育务必要从“事物”中摆脱出来，只有农村社会成员将教育变为自我生命的组成部分或存在方式，方可将教育回归到育人的本质上来。

（三）农村教育过程之生活化

在现实中，农村教育被农村学校所“代表”，而在科层制管理之下的农村学校教育是计划性的，农村中小学生围绕着学校设计的教学计划，接受着系统化的教育过程，这的确也是学校教育的优势所在，然而因农村教育被封闭于学校围墙之后，其教育过程就被“固型化”，也就是说，农村教育已然独立于人们的“生命生活”之外，其过程由“理论知识系统”所占据，这可以从身处学校教育之中学生“一心只读圣贤书”的身心状态得以显现，也可从农村社会成员“无意”于去关心学校教育的发展，仅仅将小孩的教育当成一种“应付或交差”而已得以折射。换言之，无论是农村中小学生还是社会成员，在其看来，教育仅为一项“任务”罢了，是外在于己而被迫执行完成的“事件”。

因此，当前农村教育发展要能够转变社会成员的观念态度，让其以一种习惯化、日常化的自觉省思来看待教育，将之当成是自己生命生活的重要组成部分，只有如此，农村教育才能与每一个家庭或每一个人发生关系，以其生活中遭遇的问题为一种资源来构建教育意义生境，也即唯有农村社会成员都学会过一种“反思的生活”，农村社会发展才能真正充满潜力。所以，当前农村教育要优先发展的是一种环境气氛，一种农村社会成员都对教育充满崇敬的意识心理，不再把教育当作一种工具，而是如同空气一样须臾不可离，这样，农村教育才能真正扎根于农村大地上，才具有基础性价值意义。

二、当前农村教育优先发展的内容结构

农村教育要成为促进农村社会文明进步的力量，离不开农村社会成员确

立起正确的意识观念，将教育内化为一种激发生命进取、创新和超越的力量，而不再将其当成“算计”的对象，理应使之化为人们生命生活的一种存在方式。那么，农村教育除了要优先发展“观念意识”层面之外，其在内容结构上又作何选择取舍呢?

（一）农村教育与乡村个性凸显

当前农村社会在物质经济层面有了较大的改善，农村社会成员基本过上了温饱有余的生活，加之国家财政对农村道路交通、水利设施等建设的投入，不少农村地区或村落大有“旧貌换新颜”之变。然而，在农村社会发展越来越呈现出“物质景观”之现代化的同时，“乡村何处去”日益成为一个问题凸显出来。虽然国家层面有着“城乡一体化”“农村城镇化”的发展战略，并提出要让农村“望得见山、看得见水、记得住乡愁”的要求，但现实中的农村社会在发展之余却不断出现农村生态系统恶化之势，包括耕地的挪用或荒芜、河流河道及湿地的填塞或污染、传统文化内容和活动的缩减或凋敝，加之农村留守儿童、老人、妇女的不断增多，农村社会物质经济虽然“蒸蒸日上”，可往昔乡村的温情、宁静、缓慢的“个性”不复存在，人们在“物欲”面前难以安顿自我的身心，相互之间有了更多的攀比，为了所谓的名利而不惜牺牲健康、亲情等。总之，当前农村社会在热衷于追逐经济的同时，一个必须正视的严峻问题是如何保留住“乡村个性”，让农村社会富裕了之后依然保有美丽的田园、洁净的水源空气、互助守望的乡情。因此，当前农村教育的价值应该兼顾促进经济增长和保护传承传统文化的统一，让农村社会成员热爱乡土，尤其是将乡土文化中体现农村社会成员优秀精神品质的内容加以发扬创新，真正使农村社会成为中华多元文化的“保留地”。

（二）农村教育与法治民主建设

如果说传承与创新农村优秀传统文化是一种“守”，那么农村与时俱进追逐时代精神则是一种“攻”，农村社会只有处理好“攻守”关系方能和谐发展。然而，在农村社会不断“修桥搭路、盖房买车”的经济繁荣中，农村社会秩序却变得“不稳定”起来。其一，随着农村城镇化进程的加快，农村社会留守儿童、老人、妇女数量庞大，其身心除了受到留守本身带来的亲情隔离之苦外，还受到农村“家族力量”的“威胁”，所谓“仗势欺人”依然在当下农村盛行，留守家庭在农村事务或公共活动中的话语权、参与权等都受到无形摆布或影响，更有甚者会招致偷盗、故意设害等行为事件的伤害。其二，随着农村社会物质生活水平的改善，人们也滋生了一股“不正之风”，诸如赌博、铺张浪费、拉帮结派以致吸毒等恶习、恶行在农村“风生水起”，严重侵蚀着农村社会成员的身心健康和农村社会的安定和谐。换言之，当前农村社会的民主法治环境是相对恶劣的，人们往往凭着“争一口气”的心态来处事，常常伴以埋怨、愤怒、报复的暴戾情绪和行动，宽容友爱、和睦谦逊的文化传统不断流逝。所以，当前农村教育要特别重视农村社会成员民主法治意识的培养，使其生产生活实践依法而行，充分尊重他人的权益，在追赶物质经济步伐的过程中本着“自立自强、互助合作、利人利己”的原则行事，积极参与村落公共事务的建设等。总之，当前农村教育要积极关注农村法治民主建设，不断激发社会成员人性中的“真善美”品质，促使其心诚意实地做人、做事，进而推动农村社会发展稳实有序。

（三）农村教育与道德文明生长

法治民主建设是保证农村社会正常运转的基础，但要使其发展有生气活力必须得依靠农村社会成员“主体性”的发挥，其中较为重要的是要将农村传统道德文明在社会成员生活中延续下来，用“仁爱、谦让、互助、勤劳”美德来滋养生命，如此，农村社会发展才不会被导向歧路。然而，在实践中，农村社会道德发展是失序和失范的，具体表现在两大层面：其一是农村社会成员生活日益“内卷化”，一个个家庭或个人变成“原子化”存在，使得道德生长的人际关系时空缺失，造成所谓“只有故乡而无乡情”的现状，农村社会成员都在算计着“利益”，农村传统的“守望相助”，现今演化发展为“待价而沽”的交易，如农村以前的“帮工互助”，现在变成了“计价而劳”“缺席村务者罚款代之”等，对此，虽不能说全无合理之处，但其功利之心亦是显露无遗。其二是农村社会成员贪逸恶劳性情不断滋养放大，他们似乎难以安心于农业生产，都在“急躁”地向外打工去赚钱，这本无可厚非，但随之引发的是人们对农村文化或价值的“蔑视”，农村传统的勤俭节约、忠厚老实等都被视为是“落后”的。因此，作为孕育和启蒙人之心智的农村教育要积极关注传统道德文明的生长，将人与人交往中能暖心慰人的仁善美德内化于心和外化于行，如此，农村社会发展才不至于被所谓的金钱、权力所蛊惑，人们的生活也才能以生命的升华为旨归，真正利用物质经济来服务于生命生活的圆满。

三、当前农村教育优先发展的路径方式

农村教育是一个系统工程，除了在意识观念上促成社会成员对农村教育认识的自觉和凸显当前农村教育优秀发展的内容结构之外，还得从具体的路径方法上加以落实，真正将农村教育嵌入农村社会发展之中，以促进农村社会的内生和谐发展。

（一）凸显基层力量，优化农村教育主体队伍结构

在以学校教育为唯一形式的农村教育结构之下，农村教育主体是单一的和封闭的，主要集中于中小学校中的学生和教师，而广大农村社会成员或家庭只扮演着“观众”的角色，他们可以“谈论、批评或讥笑教育”，却从未真正融入教育之中，既表现在未能以参与者的身份来促进农村学校教育的发展，也未能以自我教育者的身份来进行反思学习。因此，当前农村教育要注重学习型社会的构建，让每一个农村社会成员都在能获得教育机会的同时，把教育当成是“自我成长”的必要存在方式，当然，这不可能在朝夕之间一蹴而就，真正实现教育在每一个社会成员身上力量或意义的生成，但可逐步展开关于农村教育组织的设立和设计管理，让村落中有一定文化水平或身份地位的老人、中青年社会成员及学生代表参与其中，主要进行与学校教育的沟通、农村优秀传统文化内容和活动的收集组织、国家政治方针政策的宣传等。总

之，农村教育是活的，是具体的，是生活化的，因而，建立组织化、常规化的农村教育组织是较可行的举措，虽然一开始会凌乱或不成规矩，但如果不断加以政府、学校力量的引导，定能成为活跃于农村的基础性的有效教育形式或存在。

（二）夯实基础教育，提升农村幼儿教育的专业性

不可否认，当前农村教育或整个教育系统存在的问题不少，尤其是应试教育体制下大部分人都多少受到了教育的“伤害”，无论身处学校教育系统中的学生还是校外的父母都围绕着“分数、名校”而“煞费苦心”，人人弄得“筋疲力尽”却又“身不由己”，这的确是很长时期以来人们面对教育的“痛”，但必须清楚的是，包括农村教育在内的教育系统“有问题”并不构成人们“躲避、逃避或敌视”教育的理由，反而恰恰表明，农村社会的和谐发展及社会成员身心的健康更离不开教育，或者说离不开“以人的完整生命发展”为目的之教育。那么，试问如何才能使农村教育发挥出“育人”的本质呢？显然，在市场经济不断裹挟农村社会的今天，教育几乎彻底溃败，其在人们心里已变得“无足轻重”，因而，要想让农村教育强大起来，成为实现促进中华民族伟大复兴的基石和社会主义核心价值观生成的力量，有必要夯实农村基础教育，特别要加大对农村幼儿教育的投入和引导，让农村儿童和青少年真正“赢在明天”，成为未来和谐社会的主人，从这个意义而言，拯救农村教育或中国教育的是基础教育，特别是在农村城镇化进程加快和深入的当下，农村幼儿教育需求旺盛，可质量却堪忧，所以，目前要根据农村村落布局情况适当增多幼儿园办学点，并配置以优秀的教育师资、环境资源等，让“好教育”深深地种在幼儿心中，让其真正喜欢教育，以教育来立身处世，让“百年大计教为本”的理念成为现实。

（三）注重公共空间建设，丰富农村社会文娱活动

作为单一形式的农村学校教育很大程度上是独立于农村社会成员生命生活之外的，而好的农村教育应该起到“化民成俗”的功效，让农村教育浸润

其身心之中。因此，当前农村教育要走“大众化”道路，让教育融入人们的生产生活实践中，最为现实和有效的方法是注重农村公共空间建设，让农村社会成员走出家门，过一种“交往的生活”。毕竟，随着农村物质经济的发展，人们越来越被“名利”吸引，而人与人之间的关系也变成一种“商品交换”，在这种情况下，“人心涣散而无凝聚力”，所以，当前农村教育要夯实服务于农村社会成员身心“舒展”的公共空间建设，让其有“吐露心声和交流思想”的公共平台，而这种平台的建设尽可能面向全体成员，而不仅仅是诸如“老年人活动中心”，以致不少村落使之变相为村民们赌博的场所或空置场所而成摆设。为避免此等现象发生，农村社会需要对公共空间进行规划，从布局、数量、活动主题等方面进行通盘考虑，在保证全体村民有着集体议事或活动参与的场所之外，还得根据不同年龄、不同事务内容而组织文化娱乐教育主题，让每一个村民都与有意义的教育发生关系，而不应像现在农村的文化娱乐活动专属于农村中老年妇女，她们茶余饭后或农闲时节都忙着“排练集体舞”，而农村青少年或男性社会成员则无活动“选择性”。因此，目前农村教育十分有必要拓展和丰富农村文化娱乐活动，集阅读、健身、舞蹈、职业技能培训等系统内容，让所有农村社会成员都“有所为”并从中受益，而不再像当前农村社会成员文化娱乐生活的匮乏或单调，并不断固化、异化或遮蔽了农村社会成员人性中的“意识、能动”等类特征的发挥。

第七章 农村教育与经济发展负效应的成因及消解策略

关于农村教育与经济关系的认识，人们更多时候以经济增长促进教育发展或教育发展促进经济增长关系给予解释，却较少关注农村教育与经济在发展过程中存在着负效应现象，及其背后原因的探寻，而对此进行研究无疑有利于更好地促进农村教育的改革与发展。

一、农村教育与经济发展负效应的表现

经过 30 多年改革开放，伴随着现代化、全球化进程的推进，我国农村经济社会发展水平较以往有了较大提升，但同时与城市之间的发展差距也日益扩大。农村教育总体上处于这样一个社会发展格局中：一方面人们对其提出缩小与城市教育在条件、质量方面差距的要求；另一方面还寄望它承担起促进农村经济社会发展的功能，然而这种理想如同上述城乡社会经济二元结构一样，农村教育与经济发展存在着“进步与倒退、繁荣与颓废”并存交织的错位关系[1]。

（一）经济增长中的“教育颓废”

毋庸置疑，大部分农村或农村家庭，较之过去其经济收入有了较多增长，甚至不少农村借助于文化资本，通过旅游服务输出而成为小康村，人们有了将更多经济收入用于教育支出的可能性。的确，当下农村家长舍得花钱在孩子身上，为其良好发展提供有利的经济保障，然而，许多时候他们投到孩子

[1] 赵志勇. 农民教育与农民弱势处境的改善［J］. 前沿，2007（2）：192-193.

身上的经济支出没有成为积极的教育资源，相反，过多花费在孩子漂亮着装、昂贵玩具以及各种游玩活动上，较少家长将经济支出用于学生的课外阅读、兴趣特长和个性培养上。显然，在这种思维之下，农村孩子在家庭经济改善的过程中得到了物质享受，却失去了智育、美育的乐趣[1]。如果将此现象中的众多家庭和孩子串联起来，并与学校教育发展过程中出现的困境进行对照，我们就很容易解释为什么现在农村学校教育中学生辍学和流失严重、师生关系不和谐、家校关系紧张，造成这些现象背后的一个思维逻辑是人们认为经济收入增加了，应该满足孩子过幸福生活的愿望，至于学习好坏、品德优劣、行为习惯优良与否并没有引起家长多少关心和重视，形成消费于孩子身上的经济开支负面地影响了他们健康成长的局面，不少农村孩子在学校里学习表现差强人意、违纪违规挑衅教师成为家常便饭。可想而知，如果整个农村社会、家庭及成员在经济增长、收入增加、物质生活水平改善的过程中，将孩子的教育视为一种消费而非投资、一种任务而非责任、一种被迫而非自觉，那么经济增长带给教育的绝非是一种希望，而是一种戕害。

（二）教育发展中的“经济危机”

20 世纪 90 年代中后期以前，教育在农村社会成员和子弟眼中是神圣的，它是晋身仕途、改变命运、振兴社会的重要力量，因而受教育的启蒙是一件令人向往和值得珍惜的事情。但随着义务教育普及化、高等教育大众化，教育不再是一种稀缺资源了，人们在教育的繁荣和发展中少了一份激情或幻想，多了一些理性[2]。这种理性反映为农村社会成员的教育权利意识觉醒，他们从教育公平、教育功效等方面对教育寄予了更多期待，而不再像过去将孩子交给学校、教师就一切了事，他们会思考子女接受教育值不值、好不好、对不对？可以说，这也是一种社会教育进步在农村社会成员身上的体现。

另外，近年来农村教育在经费投入、校舍建设、招生人数等方面都有了

[1] 邹小华. 农民的教育需求与农村教育改革[J]. 江西科技师范学院学报，2006（1）：121.

[2] 陈举. 农民的教育观念和农村教育选择[J]. 伊犁师范学院学报（社会科学版），2010（2）：110-111.

综合性长足发展，但与这种规模扩张相反的是农村社会成员对教育的热情或信心降低，对教育与就业的不对接往往抱以“白读了、白供了”的心态，漠视子女或学生的学习生活，进而助推了学生的辍学和流失动机，造成所谓“读书无用论”思想在农村社会的蔓延。换言之，农村社会、家庭及成员眼中，农村教育对农村社会发展的价值或推动作用日益降低，重要的理由是农村教育没能带来直接经济回报，却在教育过程中承担了巨大负担，于是农村社会主体对教育表现出逃避心态和行为选择。然而，不同于此的是农村教育自身却对功利价值加以献媚，一切与升学考试无关的教育内容、思想、方法都在学校教育过程中剔除，目的在于使学生尽可能考入最好的大学并找到一份较高报酬的工作，以实现教育的工具价值。因此，农村教育在牺牲农村社会成员综合素质的情况下“爬行”，而没有实施以人的全面发展为宗旨的教育复兴。这无疑为农村经济发展埋下了危机，即农村经济发展可能呈现出加速度的量的增加，但缺乏附加值，如许多农村父母外出打工赚了钱，其用途主要倾向于修建、扩建房屋、添置高档家具等以显富裕，满足孩子无控制的物质欲，而在其离乡打工的过程中对自身素质提高、孩子健康成长等方面没有给予有意的自觉关注，其生活完全被金钱所控制。同时，农村村落中出现大量良田荒芜或挪占他用等现象，以及只有老人和儿童独守农村的空巢景象，可以说农村经济发展为一种失重的、空虚的、远离文明的异化怪兽，吞噬着农村社会健康的肌体。

二、农村教育与经济发展负效应的成因

如果我们在关于农村教育与经济发展的关系上，抛弃应然的辩证统一观，从现实来直视它们的真实面目，得出的结论会大不一样，如农村教育在经济发展中沉沦，成为社会各种“平庸恶”的推动力量，经济增长带给教育的不是希望，而是让教育在经济的“关怀”中异化。同时，教育如产业一样膨胀、扩张，为社会经济发展添砖加瓦之余，丧失了其促进经济持续良性发展的人文精神基础，经济在异化的教育中陷入了畸形发展。那么，是什么原因使教

育与经济发展逐渐背离了正向关系，使得二者发展之间出现了诸多负效应？

（一）教育与经济关系的认识偏差

许多时候，教育学理论在阐述教育与经济关系时，往往抽离教育与经济之外的复杂的自然、社会、文化环境因素，而单纯对二者进行函数关系论证或解释，给学习者造成教育与经济之间相辅相成的关系的印象。当然，我们重视教育对经济发展的促进作用和经济对教育发展的制约作用，但这一关系会因教育、经济之外的因素影响而出现滞后性、负面性、不对应性等可能[1]。比如，在农村地区，农村教育发展明显受到濡染了农村文化的农民观念、价值的影响，即使他们收入增长了，也并不意味着能出现重视教育的转向，相反会蔑视教育以致让子女较早辍学。因此，我们在对待农村教育与经济关系的认识上，需要确立起对二者的正确认识，明确教育的本质在于培养人，其宗旨和目的是培养一个健全的生命主体，所以教育的关键不在于促进经济的发展，经济的价值是依附于教育对象。换言之，教育是促进包括经济在内的农村社会发展的基础，而农村经济社会发展的直接推动力在于打破城乡二元经济体制壁垒，使农村社会发展有着一个公平的市场和政策环境，充分发挥农村社会自然、文化资源的经济价值和调动农村社会成员的生产、生活积极性。

（二）农村教育结构的基础和重心错位

农村教育是一个笼统的概念，不少时候人们对农村教育的指称是模糊的，不加区分地混淆农村基础教育、农村学校教育、农村成人教育、农村职业教育等，也即我们在谈论和认识农村教育过程中没有找准农村教育结构的基础和重心，因为不同类型和层次的农村教育所扮演的角色与农村社会发展之间的关系是有区别的。其中，农村学校教育理应有着城市化取向，为农村子弟提供接受所谓的精英教育或向社会上层流动的机会和渠道。当然，这并不意

[1] 李录堂，张藕香．农村人力资本投资收益错位效应对农村经济的影响及对策［J］．农业现代化研究，2006（4）：255-256.

味着农村学校教育在实施过程中可以漠视农村社会自然、文化资源对学生的重要性，但必须坚持的是加强农村学校教育与城市之间在水平上的看齐，农村学校教育的作用是打基础，重心在于培养学生对待自然、社会、世界的科学与人文知识、意识和情怀。而与农村经济发展有密切联系的是农村成人教育和职业教育，可在现实中作为农村经济发展主体的农村社会成人或农民却少有接受教育的机会、条件或载体，只有农民转变教育观念或教育认识，并接受良好教育，提高自身素质，才能更好地促进并确保经济的可持续发展。然而，现实中的农村教育似乎只有学校教育独尊，而社会或人们却偏偏将经济发展重任扣其头上，这显然是不合时宜的。因此，农村教育与经济关系需从微观多元层面加以剖析，区分农村普通学校教育、农村成人教育、农村职业教育各自发展的重心与任务，而不应对它们不加区分地求全责备。

（三）农村文化个性的褪色

农村教育与经济发展的负效应，除了来自教育、经济自身之外，还有一个重要的原因在于农村文化个性的退场。农村文化是农村社会成员基于当地的自然地理、气候而在生产、生活实践中所形成的一整套反应系统，表现为语言、服饰、饮食、建筑、生产方式、风俗习惯、宗教信仰等构成的“文化心理场”[1]，它们以一种潜移默化的方式作用于农村社会成员思维、价值。也就是说，农村文化的存在使得农村社会成员对自然、社会、自我有着独特的认识，它成为农村社会成员精神生命的支撑。但随着现代化、全球化浪潮的席卷，并在社会工具理性价值的主宰下，农村社会慢慢以经济建设为中心并走向唯一化，人们逐渐被经济、物质占据了头脑，生活的一切都围绕着物质经济展开，农村各种文化元素不断被现代文化取代而消失，农村社会成员生活没有了退守的精神家园，只有不断地被物质经济现代化拖着前进[2]。在这种

[1] 张诗亚. 强化民族认同：数码时代的文化选择［M］. 北京：现代教育出版社，2005：110-111.

[2] 刘铁芳. 乡土的逃离与回归：乡村教育的人文重建［M］. 福州：福建教育出版社，2011：6-7.

背景下，农村社会成员所看重的是农村教育的经济功能，而又由于农村经济功能的依附性、滞后性、周期性而被农村社会成员视为一种负累。总之，农村文化个性的丧失，加剧了农村教育与经济发展的裂痕，一方面农村社会及成员将物质经济发展当成生活的重心甚至全部，在物欲的追求中，传统文化孕育之下的“知足、平和、互助、宽厚”精神被“竞争、攀比、焦虑、心计”等包围。可以说，农村社会经济的发展往往以牺牲农村文化精神为代价，包括教育在内的整个农村文明都被淹没在物质经济浪潮中。

三、农村教育与经济发展负效应的消解策略

农村教育与经济发展在实践中表现出一些负效应，而二者之间和谐关系的形成并非单一靠某一方的力量促成，理应从农村教育、经济、文化及整个国家社会发展层面来加以考量。

（一）回归真、善、美相统一的教育本质

农村教育与经济发展之间并非线性关系，农村教育发展有着自己的本质和特点，它不应单纯变为促进农村经济发展的因变量，而应该是一种自变量的存在，体现出农村教育的育人性。众所周知，包括农村教育在内的任何教育都以人为对象，而人的发展是多方面的，包括物质与精神两大层面，且统一于人身上。因此，农村教育尤其是学校教育应以学生的全面发展为目的，教育教学要有助于学生心智的开启，培养其良好的学习习惯和独立思考的能力，教育内容要兼顾科学和人文的统一，教学方法宜采取对话式，通过师生围绕以自然规律探索为目的的科学知识，以社会现象、人类信仰、价值相关的真、善、美为目的社会人文知识，并结合农村当地的人文地理等乡土知识的对比学习，将学生塑造成有着自由思想、独立精神、情感丰富、道德自律的生命个体。农村教育只有培养出正确对待经济与生活关系、树立起正确人生观、世界观的生命个体，才能将农村社会在未来发展中导向和谐之路。

（二）构建多元分类的农村教育体系

农村教育与经济发展要形成互促共谐局面，对农村教育而言需要建立起合理的农村教育体系，并明确各自的重心与任务。对农村基础教育、普通教育而言，其对象是未来国家与社会的主人，对其培养要求需与城市教育对等，也即不能因受教育对象身处农村而有着所谓农村教育与城市教育的区别，农村学生和城市学生都应具备能承担起未来社会建设的综合素质。而作为当下农村社会建设主体的农民而言，无论是提高其获取经济收入的技能素质，还是传承与创新农村文化的能力，都应通过农民教育、成人教育、职业教育来实现，而非借助于农村基础教育、学校教育的经济功能来完成。为此，目前需要大力加强农民教育、成人教育、职业教育的发展力度，从教育机构、形式、内容、师资等方面加以切实落实与开展[1]，而且突出对农村社会成员综合素质的培养，使他们在意识和情感上认可、重视、热爱农村，在技能和能力上注重农村自然地理资源和现代科学技术的结合，在文化传承与创新上形成对主流文化与农村文化的自觉关注。

（三）优先发展农村及农村教育

长期以来，党和国家都十分重视“三农”问题，将“三农”问题的解决作为社会发展的重中之重，可这种观念上的重视并不等同于现实中城乡发展二元差距的消失。事实上，城乡发展差距在城乡一体化进程中有着拉大的趋势。为此，从公平和正义视角来看农村及农村教育发展问题，就必须实行农村及农村教育优先发展战略，这种战略的实施有着迫切性和必要性，原因在于除了城市和农村社会整体和谐发展之外，还在于当下以城市主流文化为主导的社会发展遇到了各种问题，如环境恶化、诚信缺失、道德滑坡等。因此，作为后发的农村及农村教育更应避免陷入类似的泥淖之中。党和国家理应将农村、农村教育的优质发展作为整个国家发展战略的优先考虑对象，从经费、政策及各种物质、人文方面给予支持。

[1] 杜育红，梁文艳. 农村教育与农村经济发展：人力资本的视角［J］. 北京师范大学学报：社会科学版，2011（6）：74-75.

第八章　迷失与方向：农村教育城镇化转型误区的突围

农村城镇化的核心是“人的城镇化”，只有农村社会成员具有了适应和调节城镇化建设的生产生活理念、方式和能力品质，才能确保农村政治、经济、文化和谐发展的可能性。因此，农村教育作为农村社会的组成部分，一方面，其内容、方法、条件等要不断达到城镇化的发展要求；另一方面，它需要自觉培养具有较高综合素质并能推动农村城镇化和谐发展的社会主体。

一、农村教育城镇化转型误区的表现

农村教育城镇化转型是历时性的动态实践和结构化的空间存在，也就是说，农村教育与农村城镇化发展之间应是共协互促的。从时间纵向来看，农村教育要在办学条件、质量上不断得以现代化；从横向空间来看，农村教育要积极满足城镇化进程中农村社会成员对其的多元需求。然而，现实中的农村教育城镇化转型却是非理性或有误区的，结构上沦为一种“单子化实体”，意识目的上呈现出浓厚的功利化色彩，给农村社会发展造成了极大的危害。

（一）农村教育价值取向的“倒错”

什么是农村教育？这是农村教育城镇化转型过程中必须厘清的，否则，农村教育实践就会发生偏向。农村教育无论怎样界定，它首先是一种培养人的活动，其理想是促成人发展过程中求真、向善、逐美的统一。此外，既然是农村教育而非城市教育，其必然有着自己的个性，而个性则来源于农村教育对象的社会文化属性，所以，农村教育将农村社会成员培养成健全和谐的生命主体，有必要使他们既具备面向现代化和未来发展的各种能力和素质，又有着热爱、保护并践行农村优秀传统文化及精神的自觉意识。可是，现实中的农村教育在城镇化进程中往往追求“规模化”“优质化”“效率化”，从而存在着明显的工具化倾向。从“规模化”而言，农村学校经过“撤点并校”将很多村落中的学生“赶往”城镇中小学校就读，由此造成不少农村学生及家庭在交通、食宿、心理、金钱、时间等方面负担的加重，导致一部分学生“辍学”的后果；从“优质化”而言，农村中小学校硬件设施的确较之过去有了很大的改善，校园环境、多媒体配备等也体现出现代化的特征，可这些并未带来学生快乐学习、兴趣探究的实质性转变和助益，学校依然围绕着升学应试分数展开，将各种设备当成一种“防控”的因素封闭起来；从“效率化”而言，农村学校、教师、学生将教育看成是改变命运的工具，而非提升人的生命质量的存在方式，农村社会成员则更多地以金钱、权力等各种资本的“换取”来评价教育质量。当然，农村教育价值取向的“倒错”除了学校教育方面的原因之外，也表现在农村社会环境整体的功利化倾向上。人们视教育为“商品”，企图通过它带来“朝为田舍郎，暮登天子堂”的“积极”价值。教育如果没有经济增值的功效，它在人们心目中就没有“尊严”，只会遭到“攻击、讥笑”并被漠视或逃避。总之，农村教育城镇化转型中，其价值取向是“物化”的，它把人降格为一种“工具”，将人们导向为一种敛取“金钱、权力”的“巨兽”，而人的身心和谐和生命的启蒙意义遭到了弃置。

（二）农村教育结构功能的“无序”

农村教育的对象是人，包含了中小学生在内的所有社会成员，他们是有着不同发展需求的具体生命个体，农村教育城镇化转型过程中理应给他们提供适切的教育服务，让每一个农村社会成员都能获得素质上的发展，这也与农村城镇化的核心——“人的城镇化”主旨相吻合。然而，在城镇化进程中，农村教育在结构功能上处于一种失衡状态，应试升学的学校教育主导着农村教育的发展，也就是说，农村教育是“单条腿”走路，农村职业教育、成人教育等是薄弱虚无的。在这样的农村教育结构下，绝大多数农村中小学生成了“牺牲品和陪衬品”，因为在攀爬考试升级的阶梯上只有部分人能够胜出，且从各级学校教育分流出来的学生因农村职业教育缺乏资源、质量的保障而放弃求学，从此走上一条与教育“终身绝缘”的道路，他们在后续的农村社会生活中也很难受到系统的成人教育。此外，随着城镇化进程的加快，越来越多的农村青壮年外出打工，造成了农村留守幼儿、儿童和老人的增多，他们是城镇化转型中的受害者，其内心承受着“亲情隔离”的巨大痛楚，而当下相应的农村幼儿教育、老年人教育机构却薄弱不堪，只有村民为了营利目的而“私设”的只能算是“应景之作”的“复式教学点”，以及零星散落在部分村落里提供老人“打麻将”的所谓活动中心。毋庸置疑，如此的农村幼儿教育和老人教育与其说是一种“幸事”，倒不如说是一种“灾难”，它使得农村幼儿早早失去了学习的兴趣和动力，造成农村老人精神的不断萎靡。总之，农村教育城镇化转型中，其结构功能应是和谐互补的，从纵向的一个人生命的始终来看，幼儿阶段至晚年都需要相应的教育滋润其生命生长，确保其物质生命和精神生命的统一；从横向不同行业的社会成员发展而言，他们的行业和跨行业方面的能力、素质、品质都需要教育来培育和提升。然而，当下的农村教育结构体系是混乱失序的，它没有很好地满足农村社会成员的实际教育需求：基础教育培养的是学生的应试能力而缺乏对于“为人”的基础素质的关注；职业教育或学校因质量低劣虽到处“花钱雇人”招生却依旧萧条；成人教育则处于虚无空白之状。

（三）农村教育主体权益的“失真”

农村教育是一项社会事业，有着福泽所有农村社会成员的公益属性。因此，农村教育城镇化转型过程中，有必要检视其与农村社会成员之间的“效益”关系，如果农村教育只有利于少部分农村社会成员及家庭的发展，或其实践运行有悖于人们学习、生活、生命的健康和幸福，那么，它就是不公平或有缺陷的。然而，在城镇化进程中，农村教育的确没有积极发挥其促进农村社会成员权利的维护和利益的获取享用的功能，农村社会成员的权益不断呈现出弱化以致失真的状态。首先，就农村中小学生而言，现行的农村教育是以应试升学为导向，它给予学生的是“整齐划一”的环境影响，在知识内容、学习方法、评价考核甚至思想、语言、服饰、发型方面都讲求标准化。毋庸置疑，在模式化的教育文化背景下，学生这一“产品”没有参与自我的“产出”过程，他们没有权利选择参与和构建符合、满足自身兴趣、需要的教育生活，为了所谓的“不输在起跑线上”和赢得未来“遥不可及的美好生活”，农村中小学生牺牲了属于自我的生活，不断在家长、教师、学校的各种要求下“艰难度日”，他们的小学、初中、高中以致大学及后续的人生对其而言都变成了“被选择”的过程。其次，从农村社会成员的角度而言，在农村教育城镇化转型过程中，其经济增长的收益呈下降趋势，农村社会及家庭整体物质、经济、生活水平的提升更多的是通过人们外出打工、文化资本输出等途径实现的，加之应试教育的封闭性和社会阶层流通渠道的狭窄，教育投入的经济回报对个人尤其是家庭而言则呈现出日益减弱的趋势，这在一定程度上引发或加剧了农村社会成员将农村教育的投资或付出当成是一种负担的错误认识。此外，如上述所言，因农村教育结构的单一，留守儿童、老人及农民工子女的受教育权利和质量无法保证的，他们成了城镇化进程中的弱者，或者说，农村城镇化、农村教育城镇化转型阵痛通过“转嫁”以后由他们来承受，这显然是非正义公平的。总之，农村教育城镇化转型中教育主体权益处于一种“失真”状态，农村社会成员没有享受和获得优质的教育服务，其生活生命质量不是随着经济收入的增长而同步提升的，相反，农村社会存在着大量的孤独留守者、游离无定所的城市打工者群体、无人耕种和居住的“空巢”乡村等。

二、农村教育城镇化转型误区的成因

农村城镇化要和谐发展，不宜选择先发展有形可视的“造城上楼”，后治理各种非公平正义及生态环境方面的社会问题的思维路径，如此只会延缓或阻滞城乡一体化进程。所以，农村教育城镇化转型中应彰显其自我个性，摆脱长久以来依附于政治、经济的困境，积极发挥不断引领人们突破农村社会

“平庸恶”滋长的正能量。

（一）农村政治民主实践的“薄弱”

农村教育尤其是农村学校被称为“村落中的国家”，它理应发挥推动农村社会政治民主向文明方向发展之功能，可实践中的农村学校又变成“一座座孤岛”与社会隔绝，认真恪守着应试升学的“宗旨”，培养了无数“两耳不闻窗外事，一心只读圣贤书”的学生群体，他们无心于乡村的公共建设与发展，从小被“圈养”于学校的“围墙之中”，他们只要赢得了“分数”就能在班委、评奖、活动策划等各种综合竞争中胜出，而无须凭竞选演讲或能力展示证明自己。当然，农村学校无视学生政治民主素质培养的同时，农村社会整个的政治民主意识是淡漠的，并消极反作用于农村教育的发展。从政治民主参与的角度而言，绝大多数农村社会成员是蒙昧的或是无意识的，在他们眼中，村委会、村主任、村支书与其生活的关系可通过“权钱互易”来获得“宅基地批复、新房改造补助”等，至于这些干部的工作内容、过程或与上一级行政机构之间的联系，村民无从知晓，也不屑去了解。因为在他们看来，经济收入才是衡量一个人成功的标志，可以说，农村社会成员的政治民主意识是淡漠的，他们对“吃喝玩乐”等集体活动的组织抱有极大热情，没有为孩子树立良好的榜样，缺乏对良好教育环境的营造，赌博、相互攀比行为在农村成风，吸毒、贩毒等违法活动也悄然陡增。无疑，在城镇化进程中，农村政治民主实践是脆弱的，农村社会成员在面对“权利”和“权力”时常常有着异化行为，如轻易出让、转让、放弃自己的“权利”，在“权力”面前或“卑躬屈膝”或“以暴易暴”。对此，农村教育尤其是学校教育是逃避的，其教育教学很少从道德、法律等层面给予学生积极的引导，相反，教师常以“你们还小，这些事情不要去理会它”等说辞，不断将学生身上的正义感或民主意识消除。当然，这是一个双向互动的过程，农村社会环境政治民主实践的缺乏不利于学生民主法治素质的熏陶，而农村教育则有意回避其能尽到的培育未来公民素质的职责和价值。

（二）农村文化传承主体的“断裂”

农村城镇化的理想是绿色城镇化，要让人们“看得见山、望得见水、记得住乡愁”，也就是说，农村城镇化是亲近自然和有文化内涵的，它是适宜人生活的城镇化。因此，未来农村城镇化发展要物质文明和精神文明两手抓，两手都要硬。在注重农村城镇化硬件设施配备和规模扩建之余，也要同步跟进农村城镇化的文化软实力；在将农村推向现代化发展的同时，也要坚守住农村文化精神或个性，而不被“工业污水、机器噪声、金钱、名利”所击碎或吞没。因此，在农村城镇化进程中，保护农村传统文化是极其重要的，农村传统文化如果随着农村城镇化进程的推进而逐渐消失，各种传统文化礼俗、节日、建筑、服饰不断淡出人们的日常生活，那么，农村文化精神得以孕育的土壤就不复存在，也就意味着农村传统文化将日益被现代化所取代，农村城镇化就可能纯粹变为“农村的城镇化”而牺牲了“城镇化中的农村”的发展，从而导致城乡一体化发展渐行渐远。所以，农村城镇化发展不能以牺牲农村传统文化为代价，并将人们导向物质生活丰裕而道德精神文明退化的境地。但在当下农村城镇化进程中，农村传统文化的传承与发展遇到了困境，最重要或严峻的是农村文化传承主体的“断裂”，表现为农村中老年人的社会地位不断降低，以他们为组织主体展开的各种传统文化活动后继无人，而且这种趋势越来越严重，原因在于中老年人在家庭经济收入中的贡献不断降低，他们在家庭或村落中的决策权或威望也随之减弱，其大量时间和精力用于看守家园和儿童的照看、照料上，而越来越多的年轻人外出打工并在这一过程中形成了“金钱至上”的价值观，无疑也会导致老年人习惯或喜好的各种传统文化活动组织与实施的可能性降低。总之，城镇化进程中农村文化主体的“断裂”使得农村传统文化内容和生活日益萎缩或异化，也使得农村教育城镇化转型缺乏一个良好的文化环境滋养，使得农村教育对象在不断追赶科学知识、技术和主流文化价值步伐的同时，心灵处于一种漂浮无根的游离生活之中。

（三）农村教育制度政策的“偏误”

农村城镇化的核心和关键是“人的城镇化”，而人的城镇化离不开通过农村教育来培养农村社会成员的综合素质。因此，农村教育理应成为发展的重中之重，并得到制度和政策上优先发展的地位和扶持。然而，当前城镇化实践中农村教育并未获得应有的重视，相反，经济增长和“造城上楼”成为农村城镇化的首选价值，与人的精神生命发展相关的乡村文化建设、各级各类农村教育的结构体系都呈现出颓废和混乱之态。首先，农村虽然已普及了免费的九年义务教育，而且还有各种针对学生生活的补助，但因质量问题，农村社会成员日益对教育表达出冷漠和逃避的心理行为，教育、学校、教师在不少农村社会成员心理上已不再受到尊崇，究其原因主要在于，长期以来，农村教育投入、过程、产出、回报等环节缺乏合理的制度政策保障而处于一种失序、失衡状态，如教育乱收费、招生就业不透明、教育评价单一等，降低了人们对农村教育的热情和信心。其次，伴随着农村城镇化进程而推进的如“撤点并校”政策，虽然其初衷是让更多农村孩子享受城镇优质教育资源，可是受交通安全、额外投资、心理负担等因素影响，又导致不少农村孩子及家庭主动选择放弃教育。总之，在城镇化进程中，农村教育发展问题背后有着政策制度“偏误”的因素，如果农村教育没有一个合理的制度政策为条件，要其积极促进城乡一体化的发展不可能实现，所以，未来农村城镇化进程中要从宏观和微观两大层面克服当前农村教育制度政策存在的偏误。一方面，要着力改变农村教育仅适应城镇化而发展的思路，建立起以农村教育为基础、先导的“人的城镇化”之制度政策保证，让农村教育发挥出通过人的发展而引领、调节城镇化发展的作用；另一方面，农村教育发展要建立起公平正义的系统制度和政策体系，让农村教育惠及大部分农村社会成员，让留守幼儿、儿童、老人及农民工子弟真正获得教育对其心灵、精神的滋养、慰藉和帮扶作用。

三、农村教育城镇化转型误区的突围策略

农村教育城镇化转型存在误区是一个事实，表现在农村教育价值取向、结构功能、主体权益等方面，而其成因又是多元复杂的，与农村城镇化发展

的背景息息相关。因此，农村教育未来城镇化转型发展中要避免陷入误区，有必要采取一种标本兼治的系统性策略措施，以确保农村教育既有利于人的综合素质的提升，又能促成农村经济、政治、文化发展的和谐统一。

（一）转变教育价值理念，注重农村教育的美育属性

教育是一种培养人的活动，那么，何谓培养？它与训练、抚养、宣传有何不同？回答此问题，我们可从教育之目的与宗旨倒推回来，即教育的宗旨在于培养身心和谐、体脑两健的生命个体，而这样的结果能否通过机械训练、身体抚养、宣传服从的活动达成？答案显然是否定的，因为生命的健全是物质与精神的协调统一，需要通过一种交往的教育活动对人进行引导、解放、启蒙，让其成为独立、独特的学习和生活主体。当然，人是抽象与具体的糅合体，每一个人都有着属于人类的类特征，如未固型化、意识和能动性等，但他又是一定文化中的个体，其生命印上了特定的文化性格。所以，真正的教育应该是开放的，其发展过程中需要兼顾人性的抽象与具体，在激发人的主观能动性以探求自然宇宙规律的“真”和构建人类社会生活的“善”的同时，也要促进人们生命生活之“求真”“向善”能够以“美”的方式展现，让人们过一种多彩幸福的人生。因此，农村教育城镇化转型中应有自己的“主张”，其发展不应成为城市教育的“翻版”，而要回归教育的本质并彰显其文化个性，具体可从以下几个方面入手：在教育内容方面，农村教育需将主流文化知识和民族文化知识结合起来，让教育对象所掌握的知识结构呈现出综合性；在教育方式方面，农村教育要充分利用广阔的农村自然资源环境，将学生的知识学习过程与活的自然、社会生活结合起来，将知识内化为自我生命的经验；在教育意识方面，农村教育要变为农村社会成员生命的组成部分和生活的存在方式，让其将教育当成自我生命提升的不可或缺的推动力量，把接受教育或教育的反思品质当成一种自觉追求。总之，在城镇化进程中，农村教育转型要突出其美育属性，将农村社会成员培养成为有着自由意志和审美意识及能力的主体，他们对待自然怀着敬畏、效法之心，对待社会与他人有着友善、仁爱之情，对待自我能够不断进行反省、自悟，如此农村教育

才是有生气和灵性的，而不会受政治、经济等因素的左右以致丧失自我。

（二）重视农村传统文化，凸显社会主义核心价值观

农村教育城镇化转型要关注农村传统文化。一方面，农村教育要通过对农村传统文化的梳理，认定农村传统文化中的优良成分，让农村社会成员积极对其加以继承和发扬；另一方面，农村教育要改变或扬弃与时代精神不相吻合的落后传统文化价值与内容，不断吸收主流文化中的优秀成分加以融合和改造。总之，在农村城镇化进程中，农村传统文化要有生长和创新的空间，而非完全被“城镇化所消融”。当然，城镇化进程中重视农村传统文化传承，并不意味着运用一种消极的“保护”或“复兴”之静态思维，因为现实中存在的所谓“保护”活动往往会走向一种“复古”，不加取舍地甚至是将一些迷信的文化内容也加以“发扬”，而所谓的“复兴”常常又流为一种“异化”，大刀阔斧地对传统文化进行“修剪”后包装，以迎合旅游市场的猎奇需求。所以，城镇化进程中农村文化发展有必要结合时代发展的趋势，加强其传承过程中的社会主义核心价值观导向，不断提升农村社会公共生活的自由民主与法治品质。农村社会成员在自身权利的表达、行使、维护以及尊重他人相同权利的基础上，真正参与到农村城镇化的和谐发展中，而不是“被城镇化”；同时，农村社会要大力培育市场经济环境，通过现代化、科学化的农业生产经营活动提升农村社会成员的物质生活品质，特别是培养他们的“计算、阅读、写作”能力，让其形成关于对“投入与产出、产品市场信息、比较竞争”等的自觉意识和行为习惯。当然，农村社会成员日常生活中表现出来的“谦逊忍让”“知足常乐”品性理应值得认可，但也要对其进行“现代化转化”，让他们在生产生活中践行着诚信敬业、公正平等、友善进取的现代公民价值。可以说，在农村城镇化转型过程中，农村教育要起到使社会主义核心价值观在农村生根、发芽、开花的重要作用，积极培育农村社会成员的公民意识和素质，让其在参与实践农村文化传承与创新的过程中来提升自我的综合素质能力。

（三）完善农村教育结构，强化职业成人教育的有效性

农村教育是一个完整的系统结构，如农村基础教育、成人教育、职业教育的统筹，农村学校教育、家庭教育、社会教育的协调统一，农村幼儿教育、儿童青少年教育、农民教育、老年人教育的终身学习体系构建等。换言之，农村教育不是一个“概念实体”，它有着丰富的“教育学和社会学”内涵，其内容结构应是围绕着促进“农村社会成员发展”宗旨而形成的有序“时空网格”体系。因此，农村教育只有形成和谐互补关系，方能利于所有农村社会成员在城镇化进程中获益。然而，目前实践中的农村教育结构是单一僵化的，农村学校教育几乎成为农村教育的“代名词”。提起农村教育，人们不自觉地将其指向农村学校教育，这无疑表明了农村教育实践运行所积习问题的严重程度，因为农村教育已经演变为农村家长、教师、中小学生不断在应试升学道路上进行“军备竞赛”的舞台，可农村社会成员虽参与农村教育事业的发展，他们自身却没有享有受教育的权利和选择，仅仅扮演了为孩子学校教育“保驾护航”的角色，所以，农村社会才有着“被农村学校教育淘汰出局，人们就视其为教育失败”的错误共识存在，也即农村教育结构内容被“萎缩”为唯一的学校教育。所以，未来农村城镇化发展过程中，农村教育要不断充实和完善农村教育结构，将所有农村社会成员纳入教育对象之中，提供一种“全纳”教育体系，从幼儿教育、基础教育、成人教育、职业教育、老年教育等结构类型上满足所有社会成员的教育需求，保证终身教育和学习的可能性。当然，随着农村人口不断流入城镇及其生产经营方式的变化，以及不断有农村中小学生的分流和当前农村学校教育教学与生产实践脱节的现实考虑，特别要加大农村职业教育、成人教育的发展力度，从经费投入、质量提升等层面发挥出它的有效性，帮助农村社会成员生产经营能力、外出打工就业技能等综合素质的提升，让其切实从教育中获得实效性，增强农村教育投资与经济回报之间的正效应，避免人们逃避、敌视教育现象的发生。

第二编 乡村治理与核心价值观教育

引　言

培育乡村社会成员对社会主义核心价值观的积极认同，这是建设和发展好乡村社会所必须予以重视的。社会主义核心价值观从国家、社会、个人层面为中华民族的伟大复兴和社会成员“中国梦”的实现，提出了纲领性的发展价值取向、规范、原则，可作为乡村社会政治、经济、文化全面和谐发展与否的标杆，尤其是当前乡村社会不断加快物质经济增长步伐的进程中，唯有走与社会主义核心价值观精神相符合的发展之路，乡村社会才能在围绕着以经济建设为中心，提升社会成员物质经济生活条件的基础上，促使其自然生态、卫生健康、社会治安、精神文明等全面和谐发展。当然，社会主义核心价值观绝非是铁板一块，其培育与践行既不是简化地进行字面的宣传记诵，也不是僵化地要让所有乡村社会及社会成员变成一个样子，而是要将社会主义核心价值观精神融合于乡村社会人们的生产生活之中，让其构建起辩证统一的文化认同意识和行动，认真贯彻落实党和国家的乡村优先发展战略，和全国各族人民一道共同为社会主义现代化建设而努力奋斗，在生产生活中既重视自我优秀传统和文化传承，又能够站在整个中华民族和全球化时代视野来审视自我，汲取他者优点和时代精神来改进提升自我，从而凝聚、增强和发挥出整个中华民族大家庭的向心力和聪明才智，为中华民族伟大复兴和社会成员“中国梦”的实现打下良好的基础。

乡村治理有效与否，是要看能不能促进乡村社会又好又快地发展。而所谓的又快又好发展理应是物质文明与精神文明的全面均衡，包括乡村社会政治、经济、文化、教育、生态等系统和谐有序，因此，乡村治理过程中须得积极将社会主义核心价值观精神融入乡村社会政治、经济、文化、教育、生态环境的建设发展中，切实营造乡村社会生产生活交往的法治和德治“共养”的有序局面，实现物质经济和文化发展的“个性特色”和“市场参与”的竞争力的同时，也要夯实乡村社会教育资源和结构供需的优化，以及自然生态环境的保护治理等，如此乡村社会发展才真正鲜活起来，从抽象走向具体，而不再停留于认识上的虚无化和实践上的片面化。总之，社会主义核心价值观作为一种价值取向、规范和原则，有着很强的实践指导性，能从物质经济的富裕、社会交往的法治有序、生命生活的健康和谐、财富资源分配及社会保障的公平正义、公共生活参与的民主自由等方面为乡村社会发展提供明确的可操作的内容导向，使乡村治理和乡村社会发展在理论上“是什么”、价值上“应当什么”和实践上“做什么”得到统一。

第一章　民族团结向心力与社会主义核心价值观培育

长期以来党和国家高度重视少数民族地区社会成员的生产生活，积极制定、出台和推行了各种有利于民族地区社会、经济、文化发展的措施，比如《国务院关于印发“十三五”促进民族地区和人口较少民族发展规划的通知》中就强调，把加快少数民族和民族地区发展摆到更加突出的战略位置，补齐少数民族和民族地区发展短板，保障少数民族合法权益，提升各族人民福祉，增进民族团结进步，促进各民族交流交往交融，维护社会和谐稳定，确保国家长治久安，实现全面建成小康社会和中华民族伟大复兴中国梦。[1]可以说，少数民族地区的繁荣稳定是整个中华民族伟大复兴的重要组成部分，不让每一个民族兄弟掉队是党和国家的重要发展导向。为了促成上下齐心协力共促少数民族地区全面和谐发展的美好局面，一方面少数民族地区发展离不开党和国家的引导与扶持，一方面也需要少数民族地区社会民众积极认同和践行党和国家的方针政策，积极形成整个中华民族认同的向心力，全社会同心同德地投入社会主义现代化建设当中去，如此才能真正实现整个中华民族的伟大复兴，使得包括少数民族地区在内的全体社会成员实现自我人生出彩的中国梦。

一、民族团结的文化认同基因与社会主义核心价值观

中华民族是一个大家庭，各民族兄弟之间互助团结是中华民族的优良传

[1] 国务院关于印发“十三五”促进民族地区和人口较少民族发展规划的通知［EB/OL］. http://www. gov. cn/zhengce/con-tent/2017-01/24/content_5162950. htm. tent_5162950. htm.

统，当下少数民族地区进行社会主义现代化建设离不开与其他民族兄弟之间的交往互动，唯有大家共同拧成一股绳，方能确保少数民族地区发展的稳定和谐。这也是当前社会主义核心价值观在少数民族地区化育生长的重要内容，因为社会主义核心价值观倡导的民主、文明、和谐、自由、平等、公正、法治等价值，它是指向每一个少数民族地区及社会成员的，这也就意味着不同少数民族地区及社会成员在发展的价值诉求上是相近的，没有哪一个民族愿意走向与其相反的路途，去过一种不自由、不平等的生活，因而民族团结融合是人类在漫长的历史发展中得出的经验：一个民族要在历史长河中绵延久远，离不开与周边各民族之间的携手共进，而非唯我独大、任性而为，如此势必物极必反，落得穷途末路之结局。社会主义核心价值观表达了一种人类的经验智慧，与时代精神相融相通，其在少数民族地区的化育生长不是僵化的文字表达，而在于文字背后的价值思维，一种处理各种矛盾问题的思维方式。当然，这种思维方式不是一种机械的静态文本，它是要通过少数民族地区的生产生活实践或文化发展来体现的，也即少数民族地区社会主义核心价值观培育须要建立在民族文化发展历史的基础上，结合少数民族地区自身的文化基因来汲取社会主义核心价值观精神，促使社会主体有着良好的文化认同、自觉意识和实践行动，在本民族内部以及与其他民族进行交往的过程中，积极激活和转化民族团结的优良传统，形成各民族兄弟凝心聚力、精诚团结的和谐风貌，相互在尊重理解的基础上同甘苦、共奋进，在挥洒汗水的拼搏中去创造美好的生活。

在中华民族发展的历史征程中，各民族同胞都为中华民族灿烂文化的发展做出了重要贡献，并且他们在漫长的历史实践中不断向他民族进行学习，尤其是先进的汉文化为其他少数民族的文化发展提供较为丰厚的养料，例如，白族自南诏地方政权时期成为一个民族共同体以来，与周边民族和谐相融是其发展的主流。从与汉民族之间的关系来看，南诏大理国时期白族先民“对汉文化不仅表现出仰慕，而且表现出了积极学习、主动模仿与借鉴的热情，学习和吸纳先进的汉文化成了南诏和大理地方政权统治者及社会的潮流和大势，其境内各族人民对汉文化的文化认同感的加深，进而从民族心理上更加心向华夏，'文化向心力' 深入影响到南诏和大理国境内社会的方方面面"，[1] 这可从南诏地方政权把汉语作为官方文书语言、任命唐朝官吏郑回为"清平官"、南诏王子派遣地方政权子弟前往内地成都学习五十载及南诏德化碑中记载的归返唐王朝之心志等略见一斑。从与其他少数民族之间的关系来看，南诏地方政权积极推行文教政策，以德化感召世人，"爰有寻传，畴壤沃饶，人物殷凑。南通渤海，西近大秦。开辟以来，声教所不及；羲皇之后，兵甲所不加。诏欲革之以衣冠，化之以义礼。十一年冬，亲与寮佐兼总师徒，刊木通道，造舟为梁。耀以威武，喻以文辞。欵降者抚慰安居，抵捍者（颈系）〔系颈〕盈贯。矜愚解缚，择胜置城。裸形不讨自来，祁鲜望风而至。"[2] 总之，白族是一个亲仁善邻的民族，通过历史发展进程中与他民族之间的长期交往，逐渐形成了睦邻友好的民族交往之文化基因。在当下的民族交往中，白族人依然将这一文化基因传承下来，在与他人或他民族交往中时常以"白子白女"自称，并在表达"白子白女"话语的同时，传达着"我们心白"的价值观点，在白语里"心白"意味着"心地善良、通达事理、诚实守信"，白族人民已经将这种价值观渗透在处理人与人之间关系之中，正如白族谚语所云，"嘴眼赤人心白，无良心人成病"，强调生活中要做一个正直善良的人。因此，当前社会主义核心价值观在民族地区的化育生长，就是要将有利于民族团结融合的文化基因加以激活存养，这既是民族地区发展对外开放过程中将自我文化传播输送的重要基础，唯有自身以"宽厚仁爱"的心态立足行世，方能赢得他人的接受认同，同时也是"他者及他文化"能够参与并为本民族社会政治、经济、文化发展做出贡献的重要前提。众所周知，和平与发展是当今时代的主题，而对于民族地区而言则是各民族兄弟要互助团结，在相互学习中砥砺对方，携手共创民族地区美好的未来生活。可以说，白族民众在历史发展进程中形成了以和为贵、以德化人的交往意识和心理，在这种价值

[1] 薛昊. 试论汉文化在南诏和大理国社会构建中的作用［J］. 云南开放大学学报，2016（1）：70-72.

[2] 郑回. 南诏德化碑［A］. 廖德广. 南诏德化碑探究［M］. 昆明：云南民族出版社，2006：11-12.

精神指引下，白族社会成员能够积极投入到与他人的合作共事中，这是当下民族地区社会主义现代化建设，也是社会主义核心价值观在民族地区生长所需要的社会心理，何以见得？比如，当前民族地区社会主义现代化建设需要充分调动所有社会成员的积极性，群策群力地贡献自我的聪明才智，而这当中难免会出现分歧或差距等，无论这种差异是不同民族社会主体之间，还是在同一民族内部不同社会成员之间，在积极表达或争取自我权利、利益等过程中少不了宽容、谦让、理解，这也是社会主义核心价值观中必不可少的。正如人类学家C.P.费子智在《五华楼》一书中对白族处理民族关系所描绘的，"在这不存在复杂的民族问题。在这儿，人们不但没有根据不同的民族来把自己区分开来，也很少会想到把民族问题作为区分他们和邻居的因素。有无驾驭语言的能力，才是衡量个体身份地位的标准。"[1] 所以，白族历史发展进程中形成的民族团结文化基因，是当前社会主义核心价值观在白族地区积极生长的重要基础，它是民族地区社会主义现代化建设中向外开放学习和积极吸收各民族优秀文化的人心力量，社会主体有着"无邪纯正"之心思来进行社会主义现代化建设，方能将社会主义核心价值观中的文明和谐、平等公正等价值观落实在人们的生产生活中，进而在与他民族的交流交融中形成和加强民族团结的向心力，大家共同为时代精神和传统优秀文化的创造性发展和弘扬做出贡献。

二、民族团结的复合思维心理与社会主义核心价值观

民族团结是建立在民族间文化交往实践的基础上，各民族兄弟为了争创更美好的生活而构建起生产生活交往共同体，其间他们交往实践的内容是综合性的，涉及物质经济、语言交流、道德价值、情感信仰等整个文化结构体系，而非仅仅可以抽象为实体性的概念符号。在共同体内部不同民族社会主体为了共同富裕和美好生活而沟通合作、互敬互信，在解决各种矛盾困难中

[1] C.P.费子智.五华楼[M].北京：民族出版社，2006：15.

合心合力，从而形成“我你一体”的民族文化认同自觉。基于此，少数民族地区进行社会主义核心价值观培育就显得尤为必要，因为社会主义核心价值观是倡导多元包容的，它既继承了中华民族优秀传统文化精神，也汲取了时代精神，以社会主义核心价值观为导向的民族文化发展讲求“百花齐放”与“和而不同”，在注重各少数民族文化多元个性的同时，又促使少数民族文化发展与时俱进。因此，各少数民族文化要能实现发展的开放性与民族性的辩证统一，作为民族文化主体的社会成员要将社会主义核心价值观的“和谐”精神融化为自我的思维心理，以一种包容、汲取、反思的复合思维心理来与他文化进行交往，在相互交往借鉴中融合共生并进行个性化创新。换言之，社会主义核心价值观体现了一种普遍的文化发展逻辑，只有积极与他文化进行交往，并在交往中取他人之长而补自己之短，处理好继承与创新的“转守”关系，才能更好地实现自我发展的超越提升。那么，是不是社会主义核心价值观所体现出的文化发展逻辑在各少数民族文化发展历史中并不存在呢？显然不是，不同少数民族在历史进程中发展至今，其文化系统中都会存在着多元复合化的结构因子，这既与人们所处的特定自然地理环境的复杂性相关，社会主体为了应对周遭不同环境的刺激而创建了多元内容的文化适应系统，这是从文化形成的内部层面而言的。而从文化发展交往的层面来看，文化有着动态的选择性，任何一个民族及其文化发展都离不开与他者的交往，没有纯粹的所谓“文化孤岛”的存在，最基本的从时间纵向维度来讲，文化会随着时空中新的矛盾刺激的出现而有变化的必要，更不用说不同文化之间的交往碰撞对其产生的影响。当然由于生产力和技术工具的限制，这种不同类型之间的文化交往在漫长的历史进程中是缓慢的，在范围上是有限的，但并不意味着文化发展存在着绝对的封闭性。另则，我们可以承认文化是人类主体基于特定的自然地理条件下，在适应与调节环境的基础上进行创生的，但这更多的是从文化发展的初始阶段来说的，任何文化要得以在历史长河中绵延不绝，一个必不可少的发展原则是开放进取和反思自律，通过对自我文化审视而有着自知之明，不断学习其他文化之优点，并积极加以融合吸收而纳入自我文化结构中，如此才能真正实现与时俱进的发展。所以，可以肯定的是，当前少数民族文化系统中存有着多元复合化的因子，即使我们说某一文化有着鲜明的“民族性”，但并不意味着其整个文化体系中缺失其他文化或外来文化的影子，这可以从当前许多少数民族文化发展过程中所标举的自我文化“包容性、开放性”的言说中有所反映，也就是说“包容性、开放性”是每个民族文化中都具有的思维心理或价值认同，所以，加强民族团结，形成民族之间的凝聚力，让不同民族齐心协力投入社会主义现代化建设中，这离不开社会主义核心价值观引领，并充分激活民族文化发展中形成的复合思维心理，相互之间进行学习、互助、协商，将社会主义核心价值观中的自由、平等、公正、法治等精神渗透在生产生活实践交往中，建立起团结互助、奋进和谐的民族关系，从而促使各民族兄弟在同心同德的基础上创造多彩幸福的美好生活。

换言之，当前少数民族地区进行社会主义核心价值观培育，让社会成员通过学习了解而逐渐在生产生活中加以付诸践行，这是有着思维心理基础的，一方面任何一个民族文化皆是以多元结构化的内容体系存在的，其自身文化的形成发展都是人类集体智慧的结晶，是人们在合力协作中创造出来的，在一定意义上可以说不同文化或文化的不同内容中都内聚着人类的“多元心智”，包括自然认知和社会性经验等。而从不同民族文化交往的角度而言，多元文化并存则是不同民族文化主体对周遭世界或环境的不同认识和理解，相互之间通过交流学习则能够实现“和衷共济”“和实生物”的积极效果，从而在更大范围内丰富和增进了人类集体智慧能力。这也就是说包括少数民族在内的整个中华民族文化发展至今，人类基于发展进步的需求而创建了丰富多元的文化结构体系，人们通过对这些文化结构体系的学习而获得了适应特定时空环境的能力，并以此为基础而主动地与外界环境之间展开互动关系，因时因地进行着文化的适应和调节过程。以白族为例，从南诏地方政权时期来看，白族文化发展明显呈现出“多元、开放、包容”的特征，“仿唐性”表现在南诏各族人民在接受唐文化影响时表现出来的强烈的趋同意识，即向优势文化靠拢的强烈愿望，是一种积极进取的表现。如，政权组织形式对唐王朝的模仿、农业文化上向中原先进的农业看齐、大力推广汉语汉字以学习和吸收中原先进文化。并且，南诏文化仿唐而不失去自主，不被同化，模拟而不失去自身的文化特点，表现了南诏时期边疆各族人民的聪明才智。“开放性”表现在南诏统治者主动积极推行开放政策，对外来文化表示了极大的宽容，兼收并蓄，搜罗人才。如，单以信仰来说，在南诏国的中心地带—洱海地区，除了本民族的土主、本主之外，儒、道、佛都在这个地区有着重大的影响，它们之间也存在着斗争，势力互有消长，但它们都能在这块土壤上生存、发展，都对南诏文化做出了贡献。“多元与多源”表现为南诏文化在纵向上的多源继承，横向上的多元结构，广泛吸收和包容了各种文化成分，形成了一种文化在发展上的杂交优势。[1]“从整体上看，南诏文化对外来的东西，并不是简单的拿来，而是经过消化、整合到自己的文化系列和构架中去，把它民族化、地方化和系统化。这种整合的过程，实质上也是文化的再创造的过程。”“在历史上统一了云南并设治长达五百余年的南诏、大理政权所形成的南诏大理民族共同体，能对外来文化兼收并蓄，其文化也必然是多元化的，而今天的白族文化正是继承了南诏—大理民族共同体文化的这一特点，而这一特点即体现了白族文化的多样性与丰富性。”[2]总之，少数民族文化发展具有动态性和开放性特征，少数民族社会成员在生产生活交往实践中创造了丰富的文化内容，并且随着时空环境的转移，人类创造的文化内容会日益增多，从历史走向未来的人们在多元文化的熏陶和学习下而形成了复合型的思维心理，能够理性辩证地对待传统与现代、自我与他者的关系问题。当然，这离不开有效的教育来开启和培养社会成员身上的复合型思维心理，包括少数民族地区建设发展中的社会主义核心价值观培育，也应积极保护、传承好自我多元的优秀传统文化，以及积极学习中华民族优秀的传统文化，使得社会成员身上的复合型思维心理得到有效的激发，从而能够开放、包容地接纳自由、民主、平等、公正、法治等观念，实现自我优秀传统文化精神与社会主义核心价值观的“共生共谐”，进而在民族文化交往交融发展中建立起团结奋进和谐的民

[1] 禺驰. 南诏文化的特征［J］. 云南社会科学，1990（3）：67-72.

[2] 何叔涛. 南诏大理国时期的民族共同体与兼收并蓄的白族文化［J］. 云南民族学院学报，2003（2）：83-86.

族关系，一同为社会主义现代化建设做出努力和贡献。

三、民族团结的尊师重道风尚与社会主义核心价值观

民族团结是“形”与“质”的统一。“形”是外显的，是各民族兄弟间展开的文化交往互动活动，它指向于人们具体的生产生活实践；“质”是内隐的，是各民族兄弟在文化交往互动活动中所形成的精神品质，它指向于人们的价值态度和行为习惯。无疑，民族团结只有“形”“质”统一，人们具有良好的道德品性和好学乐思的习性，形成交往中见贤思齐、善于接纳和勇于改变自我的文化性格，如此生产生活中人们的文化交往才能走向和谐。当然，民族团结“形”“质”统一最终要归于文化主体，其经由文化交往学习而使得自身人性能力得以丰富和提升，进而推动民族文化发展的繁荣。何以如此呢？这是因为人是交往的实践存在，单个人构不成人性的完整丰富性，一个民族的发展也是如此。驻足于自我的文化生境内部而缺失交往，则其发展的空间和高度是有限的，离开了与他民族的交流交往互动或人类共同体的滋养，一个民族虽在文化上也能有所创造，但难以在复杂的世事风云变化中立足自强，尤其是在全球化的今天，一个民族不积极融入主流文化当中，不断学习和汲取新时代精神的滋养，则势必会落后于人、落后于时代。“一个民族、一个国家如果丧失了自己的文化，那么就难以获得发展。同样，一个民族如果不能汲取外部有益的文化充实自己，并不断扬弃本民族文化中不利于自身发展的东西，那么也将阻碍自身的发展。”[1]也正是如此，社会主义核心价值观是少数民族地区社会和文化发展建设中所须要积极培育践行的，以便将自我的发展建立在“自知、自胜”的基础上，自知是要审视自我，明白自我文化之优劣，对“优”之传统要继承发扬，对“劣”之陋习要勇于抛弃，这说起来容易，做起来就十分艰难了，它离不开作为文化主体的社会成员要有着积极的情感和坚强的意志来把“自知”加以落实贯彻，使自我的发展朝着时代精神

[1] 郑晓云. 文化认同论（序言）[M]. 北京：中国社会科学出版社，1992：1-2.

而迈进。从这个意义上而言，民族文化要发展则离不开文化主体“好学”品性的培养，这是一个民族包括其文化得以不断向前进步的动力所在，唯有不断的“学而时习之”方能“日新进步”，而这又与其他民族密不可分，毕竟学习是以“他者”或“他文化”为对象的，不同兄弟民族之间相互尊重，并以各自优长展开互学互鉴而改进提升自我，以他人之长来补己之短，且能够在相互学习合作中达成共识，将社会主义核心价值观作为本民族文化发展的导向。因此，作为社会主义核心价值观中的自由、平等、公正、法治、敬业、诚信、友善等观念要在民族地区积极培育践行，以促使民族地区社会成员融入全球化、现代化发展进程中，在不断追赶科学技术和物质经济发展的同时，将科学和民主精神融入自我优秀传统文化之中，从而实现自我文化发展的更新。而要达成此目标，一个很重要的前提是民族文化主体要能重视教育，切实把尊师重道融贯在自我文化发展之中，通过中华优秀传统文化的学习熏陶，以及现代科学文化的汲取濡染，让各兄弟民族社会成员树立起良好的学习自觉，在生产生活实践中追求真善美，不断祛除自我文化中的陈规陋习，经由良好的学校、家庭和社会教育而生成积极的学习风气，从而为社会主义核心价值观在民族地区的生长打下坚实的基石。

可以说，在民族地区发展的历史进程中，教育作为重要的动力发挥着积极的促进作用，人们在与他文化交往学习中而提升了自我文化发展水平，在相互交往学习中增强了凝聚力，使得自身发展获得中华民族文化的滋养，也使得各民族兄弟在发展中增进中华民族认同，共同朝着美好幸福的生活而迈进。以白族传统文化发展来看，白族民众不断与他民族交往、学习是其文化发展所体现出来的一大特征，“白族是一个开放的民族……白族人民善于学习先进文化。一部白族文化发展史可以说就是一部白族对中外先进文化，尤其是对中原及汉族先进文化学习的历史。白族善于兼收并蓄，她不保守、不狭隘、不自满，对于各种有价值的文明成果，她能以自己朴素而独特的方式加以吸收和借鉴，在保持自身民族性的同时，不断发展、丰富自己的民族文化。”[1]马曜先生在《白族异源同流说》中所说：“白族是以生长于到商代就进入青铜文化时期的‘洱滨人’为主体，不断同化或融合了西迁的僰人、蜀（叟）人、楚人、秦人、汉人以及周围民族的人，同时吸取了大量汉族及其他民族的文化，而形成的一个开放性的民族共同体。”[2]经由南诏、大理国地方政权统治阶级在境内对中原汉文化的大力倡导，加之一大批知识分子的学习践行，儒、释、道等汉文化不断扎根于白族民间社会，如南诏统治阶级“不读非圣之书，尝学字人之术”[3]“传周公之礼乐，传孔子之诗书”，[4]大量南诏子弟“聚于锦城，使习书算，业就辄去，复以他继，如此垂五十年，不绝其来，则其学于蜀者，不啻千百”[5]，这些知识分子广泛传播汉文化，积极促成南诏社会“人知礼乐，本唐风化”[6]的局面。可以说，在历史的长河中，白族民众不断与其他民族交往、交流而进行学习，积极汲取内化其他民族文化中的优点来提升自我和发展自我，正如《南诏德化碑》所阐释的“阐三教，宾四门，阴阳序而日月不僭，赏罚明而奸邪屏迹。通三才而制礼，用六府以经邦”。[7]在儒释道文化的学习、熏陶之下，在不断与其他民族的交往融合中，白族民众逐渐形成了开放、谦和、通情达理的民族性格，在历史发展进程中能够和谐地与其他兄弟民族一道去拼搏奋斗，积极开创进取从事生产生活实践。“整个说来，白族……不但较早地接触了先进的汉文化，同时还吸纳了汉文化的精华；更为重要的是逐步形成了较为开放以及善于学习外来先进文化的民族性格”，[8]他们在学习交往中不断将自我身上原有的“喜斗好杀”“一语

[1] 赵寅松. 白族文化基本特色谫论［A］. 赵寅松. 白族文化研究2007［C］. 北京：民族出版社，2008：48.

[2] 马曜. 白族异源同流说［J］. 云南社会科学，2000（3）：59-72.

[3] 郑回. 南诏德化碑［A］. 廖德广. 南诏德化碑探究［M］. 昆明：云南民族出版社，2006：8.

[4] 胡曾. 代高骈回云南牒［A］. 全唐文［M］. 上海：上海古籍出版社，1990：219.

[5] 董诰. 全唐文卷七九五・孙樵书田将军边事［M］. 上海：上海古籍出版社，1990：115.

[6] 赵世林. 民族文化的传承场［J］. 云南民族大学学报（哲学社会科学版），1994（1）：36-44.

[7] 郑回. 南诏德化碑［A］. 廖德广. 南诏德化碑探究［M］. 昆明：云南民族出版社，2006：12.

[8] 赵世林. 民族文化的传承场［J］. 云南民族大学学报（哲学社会科学版），1994（1）：36-44.

不合则拔刀相向”[1]的习性加以改变，如元代李京在《云南志略》中说：“诸种蛮夷刚愎嗜杀，骨肉之间，一言不合，即白刃相；不知事神佛，若枭獍然。惟白人事佛甚谨，故杀心差少”，[2]在交往中奉行“四海之内皆兄弟”的情感价值取向，乐于与其他民族一道携手共进。总之，白族历史进程中形成的尊师重道教育传统，对于当前少数民族地区进行社会主义核心价值观培育有着十分重要的促进作用，毕竟社会主义核心价值观在发展内容、目标、结构上体现着中华优秀传统文化精神和时代精神，它与白族民众在历史发展中形成的追求真善美之人性品质是相应的，是少数民族地区未来发展的正道，而人们对于传播、传承人类普遍共同价值的“师者”无疑会有着积极的心理认同。概言之，白族传统文化很重要的一个特征是善于向外学习，白族自南诏建立地方政权成为民族共同体以来，不断学习吸收中原汉文化，把儒、道、释多元文化内容杂糅进自我民族文化体系中，逐渐形成了开放、包容的民族思维心理和价值意识，而这恰恰是良好的教育应该具有的文化性格，也即人们要有着一种教育自觉，善于向一切真善美的人、事、物学习来提升自我，如此社会主义核心价值观方能成为社会成员去主动学习了解的对象，并不断吸收其精神内涵来充实和提升自我民族文化的发展水平，最终实现各兄弟民族在社会主义现代化建设中创造美好幸福生活的目标，各自在中华民族大家庭的滋养下前行进步。

四、民族团结的道德文明积淀与社会主义核心价值观

民族团结是一个具体动态的实践发展过程，不同兄弟民族之间进行文化交往必然要经历了解、适应、调节互动的境遇，交往中会遭遇因文化差异而存在的“不同或不一致”的地方，如何使得这些“不同或不一致”走向“和而不同”的发展方向，这就需要人们在交往中培养良好的文化认同自觉，对

[1] 李元阳. 万历云南通志卷三·鹤庆府风俗［A］. 南诏史研究参考资料第一辑［C］，1981：49.

[2] 李京. 云南志略［M］. 王叔武，辑校. 昆明：云南民族出版社，1986：98.

“他者”持有理解、宽容的心态，对“自我”则持有反思、批判的自律，双方之间对于“对错是非”问题则依据社会的公共规范为共识标准，在商榷、沟通中尊重对方文化差异，又能遵循党和国家的方针政策、法律法规进行生产建设，切实促进自我文化和生产生活发展水平的文明进步。为此，社会主义核心价值观在民族地区的培育显得尤为重要，它为民族地区社会主义现代化建设指明价值方向和提供具体实践原则规范，注重人们在文化生产生活实践中“自律”与“他律”的结合，积极促进民族文化发展的“和而不同”。其中，“他律”是民族社会主体的各种行为实践要依法而动，不能违背所谓的法律底线，而“自律”是民族社会主体要把守法当为一种自觉，并在这基础上以敬业、诚信、友善、自由、平等、公正、富强、民主、文明、和谐等价值观为导向来发展和提升自我。可以说，“自律”和“他律”相统一是民族文化发展和民族交往得以有效运行的“民心”“民意”基础，毕竟文化发展和民族交往是一个互动双向的过程，没有“他律”的规范共识和“自律”的理性意志，则往往会引发文化发展和民族交往的不平等或单一化，以致引发分歧和利益冲突等非和谐的局面。于此，各民族地区在漫长的历史发展进程中，社会成员在进行物质和精神文明创造的基础上，无疑都创造和孕育了各种交往实践的“他律”和“自律”相结合的道德文明，“他律”往往以外在的伦理规范要求社会成员遵守，“自律”则往往以内在的认同和信仰将外在的“他律”融化在自我生产生活的各个方面，以致形成社会的一种心理，通过各种人生礼俗的自然方式来体现，将之变为人们的一种自然而然的交往习惯。所以，社会主义核心价值观在民族地区的培育生长，有必要注重民族文化发展积淀的道德文明，积极激活和发扬人们在生产生活实践中形成的各种“自律”和“他律”有关的交往规范，包括人与自然、人与社会、人与自我矛盾关系处理的各种道德规范和文明原则，比如对待自然环境的敬畏、与自然环境和谐相处的村规民约、人与人交往相处的实诚仁善、人与自我的慎独自省等，这些是不同文化环境背景下人们谋求发展所遵循的价值规范和实践原则，它们也是各兄弟民族之间和不同民族文化之间交往认同和理解共识所在，能够有益于相互之间交往的团结互助、情意相通，从而在尊重友爱、携手奋进、好学自强中促使中华民族的共同繁荣。为何如此言说呢？如前所述，社会民众长期在与自然社会环境交往过程中创生了集物质与精神相交织的各种社会关系（伦理道德规范），虽然在历史进程中由于生产力、阶级压迫而使得各种社会关系难免着有“封建等级”的色彩，但随社会发展的不断进步和物质经济基础不断提升，传统社会中不合理的“纲纪”或“礼教”已失去了社会历史基础而不复存在，但经历史淘洗而依然存活于人们生产生活中的道德文明，则更彰显出其生命活力，它能够与社会主义核心价值观相契合，对人们生产生活起到调节润饰的作用，在亲仁善邻、自励奋进中去追逐梦想，在脚踏实地、通力合作中去创造新天地。

因而，当下民族地区进行社会主义核心价值观培育，一个很重要的前提基础在于要传承和发扬本民族文化传统中的道德文明，把人们在与周遭环境交往实践中积淀的生存智慧和生命力加以存续，尤其是在民族交往互动中体现和日益凝聚的人性优良品格得以存扬和扩充，使得人们在和合进德中推动中华民族繁荣兴旺。例如，白族传统文化发展至今，其中生就了许多厚重深远的道德文明，当下依然还在人们生产生活发挥作用的各种礼俗就是突出的典型。可以说，白族礼俗是白族文化的重要组成部分，它以外显的仪式活动和内在的认知、情感共鸣体现和延续着白族文化的精神血脉，潜移默化地启迪着人们对自然环境、社会人生的思索，在具体的交往实践中牵引出白族人民社会生活的“智慧、文明、和谐”之道。已故白族学者赵怀仁先生说，“白族是一个知道感恩的民族，是一个有所敬畏的民族，是一个追求和谐的民族。”[1]的确，感恩、敬畏、和谐等价值，是白族人民在日常生产生活中的行为和心理认同取向，在一定程度上也可说是白族文化精神的一种体现，它成为白族人民精神信仰的思维心理，渗透在白族人民的生活世界之中，成为他们与自然、社会、他人共生的生命原则。如白族本主崇拜是其传统礼俗中的重要组成部分，在遇到农事、婚嫁、求学、远行谋生、盖房建屋等重要人生事项时，白族村民都要到本主庙向本主（本村的保护神）祈福，在与本主进

[1] 赵怀仁. 大理民族文化研究论丛（第2辑）[M]. 北京：民族出版社，2006：12.

行“交心对话”中来表“心志”，尤其是人们要将“好好自营（白语，意为要认真做人做事）”的“道德律”与代表了“正义”的本主相约定，并在自我人生的不同阶段和环节不断地来到本主庙向本主“忏悔、反思、立志”等，本主成为白族民众不断进行学习和反思的一面镜子，对其起到激励、监督的作用。又如，白族村落生活中的婚丧嫁娶、盖房建屋活动的开展和顺利进行，都离不开村落民间社会组织的参与调度，如招呼和监管宴客的过程的是一名村寨中德高望重的长者，客人都遵从其调度。具体准备宴席的活动则由中青年男女、儿童分工进行。在活动中，特别需要提到一个“流动性组织”，由已婚青年组成“男性班辈”（负责抬灵柩、搭设支架参与竖房等）和“女性班辈”（负责各种杂务），该组织的职能明确，其权力体现在对该“班辈”中未到者（如外出打工等）的“惩罚”，以及如何有效地为活动的开展而调度人力资源，并通过组织内部的民主商议形成规则等。从这些活动中，我们可以直接感受到白族社会秩序的一个基本情况，即尊敬长者、孝敬父母是每个人应奉行的基本道德，村里人与人之间互助是基本的人际交往原则，整个村寨或社会则在由人们共同形成的秩序下运行，父母与子女、村民与村民、村民与社会之间形成和谐的关系。无疑，在白族民众进行社会主义现代化建设的当下，白族文化传统中的感恩、敬畏、和谐、进取、反思、互助等精神是与社会主义核心价值观相契合的，白族民众身心品性中内聚的这些精神价值需要得到积极传承与发扬，而相应的其所赖以孕育生长的文化资源有必要对其进行保护，并在保护的基础上挖掘、开发其积极的意义，并实现其对人们的教育转化价值，以回应当下随着人们物质经济生活的改善而出现的所谓道德滑坡的“二律背反”现象，让人们将优秀的传统道德文明在新时代创业奋斗中延续下来，使其助益自由、平等、公正、法治等社会公德的形成，并结合自我文化传统而把优秀道德文明加以个性化地表现出来，积极促进白族地区物质文明和精神文明和谐发展。

综上所述，民族团结向心力离不开社会主义核心价值观的培育和引领，将中华优秀传统文化精神和时代精神融化在民族文化发展中，内化成为民族地区社会主体生产生活实践自觉，这须得从民族文化传统入手，充分激发利于民族团结向心力的传统文化认同基因、复合思维心理、尊师重道风尚、道德文明积淀等资源，实现其与社会主义核心价值观的共生共谐，在推动民族地区全面和谐发展中增进中华民族凝聚力和向心力。

第二章　文化认同与农村社会主义核心价值观教育

当前，农村物质经济增长和生活水平有了较大幅度的提升，农村社会成员在城镇化进程中不断加快了追赶经济、科技发展的步伐，但不容忽视的是，农村传统文化及人们的价值精神却呈失传、失守、失序之态，其发展存在极大的危机。为此，要让农村优秀传统文化精神和时代精神有机结合起来，使农村社会政治、经济、文化和农村社会成员身心和谐发展，真正让农村有“财富、山水、乡情”，则在当下加强农村地区的社会主义核心价值观教育势在必行。

一、文化认同迷失：当前农村社会主义核心价值观教育社会环境

文化认同要解决的是“认清自我”之问题，要求社会主体在与外界周遭环境发生关系时保持自我个性，能够平衡好各种因素关系，而不是褊狭于单一的异化发展之中。然而，当前农村社会发展是失衡的，其在经济增长的追逐中停不下脚步，以牺牲传统文化精神和割裂农村社会成员生命的完整为代价来获取物质现代化，造成当前农村有社会主义核心价值观“表述”却无社会主义核心价值观“精神”孕育生长的良好文化环境。

（一）农村道德信仰的物化

农村是孕育中华民族优秀传统文化的土壤，农村社会成员是传承和创新传统文化的重要主体，其理应让传统文化血液在自己身上流淌绵延，成为一个有文化内涵及精神的个体，唯其如此，农村传统文化才能以一种“活”的方式存在于人们的生命生活中。然而，现实中农村传统文化精神并未得到农

村社会成员的认同，不少人更迷恋于对“金钱、权势和地位”的追捧，毕竟“学而优则仕”“三不朽”“光耀门楣”等传统思想根深蒂固在中国社会成员的观念意识之中，而当其遭遇了现代化商品经济冲击和异化之后，在很多农村社会成员心理思维中演变为只剩“权力和金钱”的媾和，他们评价一个人的成功与否往往以“金钱和权位”为标准，并根据人们的“衣食住行”，如房子、车子档次来定位，这可从城镇化进程中不少农村社会成员通过外出打工赚钱来修缮阔气的房屋和购置高档车的行为中得以反映，他们宁可贷款也要把房子修得和他人家一样漂亮，互攀之心在村落间成为一种风气。换言之，当前农村社会道德信仰是趋物化的，原先流行于人们之间的“互助互爱”“以德服人”的风气逐渐淡化，“有钱能使鬼推磨”被人们挂在口头上和表现在行动中，而且不少人对有钱人怀着“爱、憎、恨”的矛盾思维，在努力使自己变为有钱人的竞争中相互设防以致互害。“黄赌毒”在一些农村蔓延，其背后依然是人们逐渐缺失“真善美”的道德信仰认同，为金钱所蛊惑。

（二）农村传统文化的日渐消逝

既然农村道德信仰出现了异化，人们的思维价值单向地关注于物质经济获取，必然引发“与此无关”的传统文化受到冷落。毋庸置疑，当前农村众多传统文化在人们生活中发生了很大变化，这种变化表现如下：一是部分传统文化内容正走向消亡，特别是随着“文化在身”老人的去世，因其后继无人而一同随老人去世面临消亡之困，且此种情况并未因社会上“民间艺人抢救工程”而有所改观，毕竟传统文化只有普及于社会民众且生长于人们的生活中方为文化，而非仅仅是少数人掌握的技艺被观赏。基于此局面，可以说当前农村传统文化发展出现了如同生态领域中的“边保护边恶化”之状况；二是部分传统文化出现了“伪化中的繁荣”现象，人们为了迎合旅游市场的需求和增加经济收入，不断通过包装的方式“兜售”所谓的民族文化产品，包括文艺活动、手工艺品等，但这些产品许多是“成色不足”甚至是假冒的，然而这恰恰是许多旅游市场的一种常态，人们为了实现创收目的，努力美化自我文化以便吸引、满足、刺激旅游者的猎奇心理和眼球，从中赚取利润，一举两得；三是一些展演的礼俗、音乐歌舞等受现代化生活方式的冲击而简化或加入所谓的“现代化成分”，使民族文化“改头换面”或“不伦不类”。总之，农村传统文化的日渐消逝不仅仅是文化内容的减少和变化，更重要的是农村传统文化所赖以存在的环境发生了很大改变，逐利心理导致节奏相对缓慢的传统文化逐渐淡出了乡人的视野。

（三）农村教育发展的异化

毋庸置疑，“尊师重道”长久以来是中国农村传统社会的一种重要的价值观，教育在农村家庭及子弟心中有着十分神圣的地位，受教育成为他们身份改变、向上流动及提升社会地位的重要动力或标志。随着高等教育大众化的普及，以及市场经济向农村的蔓延，“三百六十行，行行出状元”的观念已被人们身体力行于实践中，教育不再受到人们的衷心眷恋和推崇，之所以出现这种变化是因为人们的思维心理已由过去的“温饱期待”向“暴富想念”转变，所谓的“钱越多越好，唯一缺的就是金钱”成为不少人的共识，而此观念的确可以在不少人身上获得验证，他们通过经商、打工等途径获得越来越多的财富或金钱，并形成一种散发效应，不断影响着农村社会成员，像“传染病”似的使得“金钱病毒”蔓延成农村社会的一种风气。总之，在市场经济不断向农村开放的今天，农村社会成员日益看到致富门路的广阔，他们不再推崇“十年寒窗苦读”。加之当下大学毕业生就业市场的日益严峻，很多家庭不愿意投金钱、时间、精力于教育上，毕竟要从教育上获得报酬是一个“未知数”，所以不少人慢慢对教育的热情和信心减退了。这或许不是出自他们对教育本身的“敌视”，而是因为教育在商品经济面前无法满足人们的“经济回报要求”，于是在农村地区出现了很多不利于教育发展的现象，诸如辍学的低龄化、“读书无用论”等言论甚嚣尘上等。

二、凸显人文精神：当前农村社会主义核心价值观教育内涵界定

当前，农村社会发展“有喜有忧”，“喜”者在于农村社会成员的物质经

济生活水平有了较大提升，现代化科技产品已不断为人们所享用；“忧”者在于农村社会成员人性中的欲望被放大，不少人置文化、生命、道德等于不顾，身陷名利旋涡难以自拔，出现文化认同迷失的局面，使得当前社会主义核心价值观不能在农村社会成员生活中起到良好的引领作用。为此，要摆脱当前农村社会发展存在的文化认同迷失状况，有必要积极开展社会主义核心价值观教育，使人文精神长存于农村社会中，以确保其发展的和谐秩序。

（一）加强法治制度建设，重塑农村社会勤劳进取的人生态度

众所周知，“勤劳致富”“勤俭持家”是农村社会人们生产生活的基本原则，但这一基本原则如今已为“捷径、秘诀”等所冲破，不少农村社会成员贪图安逸，想不劳而获，诸如“赌博”在一些地方成为农村男女茶余饭后的重要活动，人们争先恐后地去抢占位置，恐自己失去“赢钱”的机会。与此相应的是吸毒、“权钱色交易”现象也在农村滋生，这些被他们视为存在即是合理的，其为了身心的“欢愉”而不自觉地忽略了法律的底线。正所谓如果没有良好的制度监管的话，金钱更容易制造“黄赌毒”等“腐烂恶臭”。因此，当前社会主义核心价值观教育首先要加强法治制度建设，要让农村社会成员知法守礼。“知法”是让社会民众能够遵纪守法，不做伤及他人之事，将心思花在如何“利人利己”的生产实践上，做到如胡适所言的“真实地为我，便是最大地为人”，通过自我的勤奋努力来获取幸福，也给别人带来益处；“守礼”则意味着农村社会成员要能勇于拼搏，不能将自我生命滑向感官物欲的刺激享受中，失去了吃苦耐劳的意志品质，将生活视为只要享受而无付出的过程。总之，当前农村社会主义核心价值观教育，应加强社会民众的法治观念意识，重塑其勤劳进取的人生态度，唯其如此，人们才能安心于日常劳作，通过勤劳和智慧来迈向现代化。

（二）夯实政治民主基础，形成农村社会生机活力的公共空间

农村社会主义核心价值观教育并不是对象化、客观化的知识内容，其重心并不在于让农村社会成员知道或记住社会主义核心价值观的内容是什么，

而在于让他们在生活实践中表现出与社会主义核心价值观相吻合的精神品质。所以，当前农村社会主义核心价值观教育是一种导向，要将农村传统精神的保持、发扬和现代化精神的浇铸结合起来，让农村社会成员真正成为新时代的公民。然而，不可否认的是，当前农村社会成员虽提升了竞争或市场化意识，却往往走向了“原子化”的存在，人们都内缩在自己的家庭或个体世界中，与己无关则“高高挂起”，与己相关则“锱铢必较”，造成了人们常常形容的“回不去的故乡”或“有家而无乡情”的局面。因此，社会主义核心价值观教育就是要在农村社会成员物质经济增长的基础上，使其能够关心自己之外的他人、社会关系的处理，真正地过一种自由民主富足的生活。众所周知，不少农村社会成员往往“绝缘”于政治，他们只关心自家的“一亩三分地”,不断以“平庸恶”的方式助推着当下农村社会存在的“自我封闭”现象。针对这种情况，有必要夯实农村社会的政治民主基础，通过农村公共空间的构建，让农村社会成员走出家庭，离开赌桌，走进丰富多彩的、有利于身心健康的公共空间，诸如健身场所、图书馆、网络平台等，让农村社会成员具有中国情怀和世界眼光，能够起到“修己以安人、安百姓”作用，让整个农村社会充满生机活力。

（三）培育健康文明理念，构建农村社会和谐美满的生活方式

毋庸置疑，20 世纪七八十年代出生的农村人在自己成长的年代记忆中大多有着“物质贫困”的深刻体验，可以说很长时期以来困扰农村的严重问题是“物质贫困”。经过四十多年改革开放的历程，农村地区在党和政府的领导及改革开放政策的指引下，农村社会成员的物质经济生活也日新月异，人们的温饱问题逐渐得以解决，人们对物质的追求不断朝着更高标准发展。但与此同时，不少人在“乱花渐欲迷人眼”的多元丰富的物质生活面前失去了操守，为了打破单调既定的生活模式，不少农村社会成员尤其是年轻人极易走向“黄赌毒”之路，因为这些是不需要付出意志努力的。至于成年人，如何才能彰显自己有钱、比别人不差的念头是其普遍的思维特征，为了证明自己是“有实力”的，他们即使节衣缩食或负债累累，也要撑起自己的“面子”，

通过盖豪华的房子或购买高档的车子来显示实力，至于生活中到底需不需要这些东西却不去思考。总之，随着物质生活水平的提高，农村社会中不少人的生活生命质量并未一同改善，未来有必要加强培育农村社会成员的健康文明生活理念，以身心的和谐统一为导向，让其真正过上身体健康、心灵平实、物质殷实的和谐美满生活。

三、多元共生位育[1]：当前农村社会主义核心价值观教育实践路径

农村社会主义核心价值观教育是多元内化的，其重心在于农村社会成员要能自觉地形成文化认同，在其生产生活中凸显人文精神，从法治制度建设、政治民主基础、健康文明理念层面的改善来促进农村社会政治、经济、文化的全面发展，同时又能促进人们意识的觉醒，成为有理性的主体来调节和平衡自我的身心。为此，农村社会主义核心价值观教育要改变以往单一的“标语宣传”向“多元共生位育”转变，建立系统的、深入人心的教育机制。

（一）以教育为先导，形成学校和校外资源力量互补的合力关系

百年大计，教育为本。如何使社会主义核心价值观“化民为俗”？最基本也是最重要的是依靠教育来实现，因为教育的本质是培养人的活动，其宗旨在于使人“变好”，而不仅仅停留于“不变坏”的层面，也即真正的教育是“善”的，农村社会政治、经济、文化的全面发展都离不开身心健全的社会成员来推动实现。正如李克强总理所说的城镇化的关键不在“土地”“高楼”而在“人”，只有“人”变“好”和“强”了，其余的问题都能在人的参与实践中逐步解决。然而，当前农村教育是薄弱的，一是农村学校教育走的是知识教育和应试教育相结合的道路，社会主义核心价值观教育往往以“宣传栏”

[1] 多元共生位育：文化或事物的不同方面或成分各有其特性，它们各自在文化或事物整体中具有、发挥和体现自我的定位、价值、作用，共同构成和促成文化或事物整体的存在，此之谓多元共生之“位”。但同时，文化或事物整体并非为静态的存在，文化或事物的不同方面或成分在相互影响中使其处在一种动态的运动发展中，此之谓多元共生之“育”。多元共生位育即是此两方面的含义。

的方式占用学校不多的“时空环境”，却没有成为其日常教育教学的重要组成部分；二是当前人们在言及农村教育时往往将其等同为农村学校教育，而校外的社会教育则处于空缺状态，农村社会成员间或性地在电视、道路广告牌等渠道听闻目睹社会主义核心价值观的表述或字样，但到底“其意何为”并未被他们追究思考。因此，未来农村社会主义核心价值观教育要从单一的结构形式中摆脱出来，将学校教育和校外教育有机结合起来，通过政府、学校、社区、教师、学生以及社会成员共同参与来构建起互补共谐教育体系，让教育变为农村社会成员生命生活的存在方式，促使他们成为学会反思自我的人，并能不断去追逐“真善美”。

（二）以经济为动力，确立推动农村社会综合性发展的政策环境

虽然农村现代化发展进程中带来部分农村文化认同的迷失和部分农村社会成员身心的分裂，但这并不意味着农村不要现代化，也不是说要让农村社会成员放弃经济收入增长的目标。恰恰相反，农村社会的发展应顺时势而动，要不断加快现代化发展的步伐，包括经济在内的政治、文化整体地与时俱进。换言之，农村社会主义核心价值观教育在实施的过程中，为了激发农村社会成员生产积极性或培育其勤劳进取务实的人生态度，较为关键的是要让其“劳有所得”，能够通过自己的农业劳作生产或可选择的创业门路来致富，正所谓“仓廪实而知礼节”，只有人们有了充裕的物质经济条件之后，才能安心来进行内心的审视。当然，这里的经济发展并非等同于以往“经济先搞上去，再来关注文化问题”的思路，而是采取一种综合治理的办法，确立推动农村社会综合性发展的政策环境，包括农业生产的产业化、市场化运作培训管理；农村社会成员务工就业指导与培训服务；农业生产的机械化装配提供及培训；农村文化活动公共空间及材料设备的提供；农村传统文化保护民间化组织的成立；常规化的成人教育实践等。总之，上述提及的这些方面不仅要有国家的优惠政策来加以扶持，还要依靠法律制度的设立来保障其落实。只有让农村社会成员不断增加农村生产的经济效益，同时让其“思维有理性、心灵达自然”，成为身心健全的新型社会主义农民，才能促进农村社会的和谐美好。

（三）以意识为核心，促使农村社会成员观念正向转变

俗话说，“十年树木，百年树人”，其除了表明培养好一个人的艰难性之外，也暗含着一个人发展的重心不在于身体，而在于意识，当然此二者是统一于一个人身上的，这类同于当下人们所言的“知识改变命运，还是态度改变命运”的问题。对于农村社会成员而言，“身体的健康”“知识的增加”“态度的转变”都极其重要，这些不是叠加于人身上，而应融为一体。为此，农村社会主义核心价值观教育要让农村社会成员“成人”——成为“有技能、有思想”的生命个体，不断将“创造性或超越自我生命”的类特征在自己身上得以显现，也即农村社会成员要能够独立自主而不是被当前的物欲之风所掩，被目前不少人所持的“唯一所剩的是钱”或“唯一所缺的是钱”的价值观所异化。因此，就时下农村社会成员的观念意识而言，有必要转变他们观念中诸如对人的成功之评价认识标准，不再以“金钱、权势”来衡量一个人的社会地位或声望，由于这种思维意识在农村社会的甚嚣尘上，如果不及时进行扭转的话，农村社会成员所从事的各行各业的风气都将被之熏染，例如，教育如果不带来金钱地位改变的回报，则会受到人们的无理性的“唾骂”等。所以，农村社会主义核心价值观教育要做到以人为本，应注重对农村社会成员进行合理引导，促使其对人们生命生活的认识、评价从过往的以“金钱为中心”的观念向“身心合一、体脑两健”的观念转变，从而恰当处理其所面临的各种环境，以使自己成为自我生命的主宰，从而推动农村社会的可持续发展。

第三章 文化成事与道德成人：社会主义核心价值观内化机理

社会主义核心价值观凝聚了中华民族优秀传统文化和时代精神，它为各民族进行社会主义现代化建设和融入全球化发展提供了价值引领，尤其是民族地区不断加快物质经济发展步伐的当下，社会主义核心价值观倡导的和谐、文明价值为其全面可持续发展指明了方向。因此，当前民族地区积极开展社会主义核心价值观培育是必要和迫切的，这既是对其实践发展中所存在偏误的一种纠正，也是对其未来发展所做出的一种应对，最终目的在于促成以社会成员身心与素质能力和谐健全为基础，以社会成员文化生活充满生机为内涵的民族社会蒸蒸日上和繁荣兴旺局面，从而实现“文化成事”与“道德成人”之统一，即民族地区政治、经济、文化、自然生态，以及社会成员身心素质能力、人格道德品质得以共生和谐发展。

一、社会主义核心价值观内化与民族文化传承创新

民族地区社会主义核心价值观生长扎根于民族文化土壤之中，一方面要以现有民族文化资源为基础，利用优秀民族传统文化精神与社会主义核心价值观之间的相通性，为其生长创建适宜的“物候”条件；另一方面社会主义核心价值观也要起到促进民族文化创新的重要作用，以确保民族文化发展不断汲取时代精神而得以更新提升，从而促进民族地区社会与时俱进发展。

（一）民族地区社会主义核心价值观内化的文化传承基础

发展是硬道理，这已成为人们的价值共识，可如果发展仅仅是物质经济

而不顾精神文明，那么此硬道理就会具有“杀伤力”，带来诸多负面影响，危及人们的生存，此能从自然生态环境破坏、社会心理浮躁、个人生活内卷等现实状况中有所映射。因此，当前民族地区在不断加快物质经济发展步伐的同时，要加强精神文明建设，确保物质文明和精神文明在民族地区发展中的统一性，这也是民族地区进行社会主义核心价值观培育所必须正视的。而要解决好这一问题，当前民族地区社会主义核心价值观培育先要打基础、接地气，认真做好民族文化的传承工作，确保民族文化发展的连续性。可以说，社会主义核心价值观培育离不开民族文化的滋养，毕竟社会主义核心价值观对于民族地区社会成员而言，是一种新的文化价值理念，它如同新事物的生长需要一个逐渐被人们认知、熟悉、接受直至实践的认同过程，而这一过程势必要建立在自我文化经验基础上，如果脱离原有文化结构中与之相似的价值观念和生活经验，社会主义核心价值观培育会显得“力不从心”。正如哲学家培根所说:“新的东西再好，人们都会因为不适应它而反对。”[1]社会主义核心价值观要在民族地区获得人们的认同，离不开社会成员对它的适应过程，而要让这种适应得以确立或变得习以为常，绝非一种被动的接受，而应为一种主动的调节。只有人们在自我文化中寻找到与社会主义核心价值观一致的经验要素后，他们才能在心理上不排斥，并随着与之交往范围的拓展而主动去吸收自我文化中缺失的内容，从而促进自我文化发展水平的提升。

但当前一个日益突出的问题是民族文化发展陷入一种消逝和颓废并存的困局中，所谓消逝是民族传统文化内容不断缩减，从静态的自然文化景观到动态的民风习俗在人们生产生活呈现出萧条之态，这种状况从时间纵向视野比较来看尤为明显；所谓的颓废是伴随着民族传统文化日渐消逝，出于物质攀比、物欲享受等心理，人们把更多的金钱消费在豪宅、豪车、财礼等面子工程上而忽视了自我内在精神的提升。不断将自我的物质享受胜过他人变为生命生活之目的，而真正的生命生活品质却并未受到人们的重视，以致整个社会中人们内在生命生活质量降低。因为社会成员没有将更多的时间、金钱

[1] 刘道玉. 自由是教育的灵魂［EB/OL］. http://edu. qq. com/a/20121207/000326_2. htm.

用在提升自我精神层次的学习阅读、文娱休闲、兴趣爱好等方面，虽然人们吃苦耐劳甚至不惜以牺牲身体健康为代价去打拼，可人们在激烈的竞争中未必过得更悠然自得或有着更强的幸福感。因此，当前民族地区社会主义核心价值观培育要注重对民族传统文化的传承保护工作，这是一个基础性的工作，唯有民族优秀传统文化在社会发展中得以绵延，社会主义核心价值观方能被经受了优秀传统文化熏陶而具有良好身心品质的社会成员所学习接受和内化。可以说，离开了传统文化，社会主义核心价值观培育是“无根”和“夹生”的，往往会流于形式而昙花一现。总之，当前民族地区社会主义核心价值观培育实践，要优先传承民族传统文化，积极保护民族传统文化中的优秀成分，如果它们不断消逝也就意味着人们良心日渐被放逐，长期以来形成的在处理人与自然、人与社会、人与自我关系方面的价值规范被丢弃，人们经过长时间积淀才寻找到的维生发展之道被舍弃。只有大力彰显人性真善美的民族传统文化传承，方能使得社会主义核心价值观的存在有基础，并因优秀民族传统文化的滋养而更好地孕育生长。

（二）民族地区社会主义核心价值观内化的文化创新动力

文化是流动的，其发展往往是继承与创新的结果，继承是对文化传统或文化精神的延续，创新则是对文化的改进与提升。如果文化发展缺失这两个方面的统一，那么其寿命是短暂的。文化是人类主体意志能力的一种外化，是人类与周围世界环境互动过程中创生发展的，这里暗含着文化发展的一大特征，即动态性。当人类所依存的自然和社会环境有了变化（当然这种变化是渐进累积式的，而非一下子产生，面对变化人们会做出新的应对，这种应对也是局部式的，而非对原有适应系统的完全脱离），文化就在人们更好地协调与外在环境的关系过程中而发展变化，其根本宗旨在于使人与自然之间、人与人之间（国家与国家、民族与民族、个体与个体）、人与自我（身心）形成和谐关系。那么，何谓和谐？其主旨并不在于一种事实状态的描述，更应凸显的是一种发生学意义上的互促，用著名学者潘光旦先生的话说是“位育”，“位者”乃事物之间“安其所”，“育”者则为相互之间形成的“遂其生”，此乃一切生命包括文化发展之大欲。[1]因此，当前民族地区社会主义核心价值观培育就是要把文化中“动的精神”激发出来，不断因时而动、随世运转地促进文化的自我更新，使得社会主义核心价值观中体现时代精神的内容融入社会成员的生产生活之中，这既是社会主义核心价值观培育的要求，也是在现代化、全球化背景下民族文化发展与时俱进的主动选择与调节。如果缺少这种“求变求新”的动力支撑，民族文化发展将难以向前。换言之，当前社会主义核心价值观培育正是要充分发挥民族文化发展中具有的创新精神，积极促进民族文化融入现代化、全球化的时代进程中，在汲取诸如自由、民主、法治等价值的基础上来增强自我民族文化的活力，使得时代精神和传统文化精神较好地融汇在民族文化之中。

当然，需要澄清的一个问题是，民族地区社会主义核心价值观培育离不开文化创新，没有民族文化的对外开放和不断学习吸收，民族文化发展进步是不可能的，但所谓的民族文化创新不仅仅是一种形式上的变化，如果仅仅是“有变化”的话，那就不存在民族文化危机之说。之所以要倡导民族文化的创新发展在于一方面民族文化所依赖的时空环境有了很大变化，尤其是多元文化交流频繁的今天，民族文化要想获得提升，离不开积极融入全球化进程中去了解学习主流文化知识、技术等，如此方能不断改善人们的物质生活条件；另一方面民族文化要创新发展也与自身文化的“惰性”相关，文化发展一旦稳定下来，会影响到社会成员的心性、思维、价值等，甚至即使有些方面是一种陋习，可人们依然会沿袭它。“旧的事物尽管有很多问题，因为人们适应了，所以想方设法地保护它。”[2]无疑，这种“保护”不是我们上述所言及的传承，恰恰是文化创新所要打破的一种定势，它往往成为社会主义核心价值观融入民族地区的阻力所在，因为自由、民主、法治、平等、公正等价值作为一种生活方式并未成为人们的生命自觉。虽然在日常生产生活之中基于人性自利之基础，人们可以在经验层面感知其合理性，却可能由于长期

[1] 潘乃谷. 潘光旦释“位育”[J]. 西北民族研究，2000（1）：3-15.

[2] 刘道玉. 自由是教育的灵魂[EB/OL]. http://edu. qq. com/a/20121207/000326_2. htm.

没有一个濡化过程，人们在实践层面还是以固有的文化思维、情感、价值来行事。因而，当前民族地区社会主义核心价值观培育在实践过程中，要积极倡导文化创新，使之成为一种动力去推动民族地区的发展，同时这种创新是有方向或价值取向的，而不仅仅也不应该只停留于身体娱乐、经济创收等层面，理应以人的身心和谐与精神品质提升为宗旨，将益于文明社会风气孕育的优秀传统文化借助于现代化科技手段、政府物力财力人力投入而使其进一步发展。

二、社会主义核心价值观内化与民族道德精神守成提升

文化发展是相依互融共促的关系，发展和复兴文化“不是文化复古，而是文化更新；不是以传统文化替代现代文化，而是以传统文化辅助现代文化”[1]。就民族文化与社会主义核心价值观关系而言，民族文化要积极汲取社会主义核心价值观中体现时代精神的文明价值，并将自我文化中与社会主义核心价值观所体现的中华优秀传统文化精神和自我民族个性的文化内容加以延续，如此，社会主义核心价值观和民族文化方可相得益彰，共同促进民族地区社会政治、经济、文化的全面发展。

（一）民族地区社会主义核心价值观内化的道德守成意义

民族地区社会主义核心价值观培育效果最终要内化在社会成员身心性命之中，而社会成员作为主体性存在，其身心性命结构是多元一体的，通常可划分为“知情意”三个方面：“知”要解决“对象”是什么的问题，人们通过理论知识与实践经验的学习获得对它的认知，因了解掌握了“对象”之属性或规律而在实践中更加有效地行动，尤其反映在阐述、解决问题方面的逻辑性，它所体现的是人之认知“智力”，其在价值上追求的是“真”；“意”所要完成的是对认知智力的一种规范引导、控制调节，是在遵循“真”的基础上

[1] 周有光. 朝闻道集［M］. 北京：世界图书出版公司，2014：9.

对人们偏离“真”之言行的规约，或是对人们“求真”言行的激励坚守，它所体现的是人之自裁调节之“德”，其在价值上追求的是“善”；“情”则是人们在展开认知和行动自律过程中投之以积极主动的情感情绪，促使人生选择中“德”或“善”的追求变为一种自觉，成为人们有着愉悦体验的人生选择，并以不同于他者的个性化方式体现，此则为“美”的生成。当然，“真善美”三者之间并非具有逻辑上的连续递进关系，“善”的不一定是“真”的，“美”的也不意味着是“善”的，但从理想或正义的角度而言，尤其是在处理社会资源、物质经济分配时，有必要遵循利己利人的“最大公约数”之真，同时兼顾少数人特殊需求之善，形成全体社会成员自由个性发挥之幸福感增强之美。因此，当前社会主义核心价值观培育要行之有效，除了在生产领域加强整个社会的“求真”能力，通过现代科学技术的运用提高生产效率之外，也应加强社会的道德呵护，让社会成员形成良好道德品质，奠定社会主义核心价值观生长的基础，让明是非、讲法治、重诚信成为一种价值意识和思维心理融入人们的生产生活中，使其向着自由、法治、人道的现代文明努力[1]，从而有力推动民族地区社会主义现代化建设发展的繁荣进步。

民族地区社会主义核心价值观培育离不开道德的支撑，那怎样才能促成人们道德品质和社会道德风气的向好呢？道德作为一种社会现象，其起源于人类社会成员生产生活实践之中，是人们为了维护自身利益或确保社会有序发展而生成的处理各种关系之共同价值规范和行为准则，它是人类社会成员在解决实践中的矛盾关系时而生发的，最终它也是服务于人们更好地解决矛盾关系的。正因如此，道德发展才具有相对稳定性、连续性的特征，其发展与社会时代背景密切相关，只有当社会处于转型或急剧变迁发展情态时，道德的稳定性、连续性才会受到冲击或发生，进而有着较为强烈的关于适应新时代新社会的道德困惑与呼声，但总体上人类社会发展是渐进式、累积式的。随着人类实践活动形成的道德体系也具有很强的惯性，而且道德规范中的很多内容是人性基于对“真善美”的追求而生成的，诸如仁爱、诚信、自由、

［1］ 资中筠. 老生常谈［M］. 桂林：广西师范大学出版社，2014：202-214.

民主等价值是具有普遍性的，它们成为人类社会发展的价值诉求。因此，当前民族地区社会主义核心价值观培育要重视传统道德文明的守成工作，这是民族地区和谐发展的重要基础，唯有社会成员将优秀传统道德价值传承下来，人们对生命生活价值意义有了一个基本的看法，确立起人类社会交往的基本价值规范和原则，才能使其在社会生产生活中不迷失方向，而这恰恰是当下民族地区发展过程中存在的一大问题。虽然人们的物质经济较之以往有了更多的增长，但伴随物质经济增长而出现了人心“变坏了、浮躁了、膨胀了”的不良倾向，造成物质文明和精神文明在民族地区的严重分裂局面，出现诸如风气颓废、骄奢淫逸的攀比浪费以及贪逸恶劳、傲气自满的暴戾心态，严重影响着民族地区社会发展的文明和谐。

（二）民族地区社会主义核心价值观内化的道德提升旨归

民族地区社会主义核心价值观培育要使得社会成员的生活水平和生活质量进一步提升，并从未来民族地区社会可持续全面发展的战略考虑，当前务必重视民族地区的道德建设发展，把与时代精神相合的道德价值观融化成人们的道德自觉，促使自由、民主、法治、平等、公正等社会主义核心价值观成为人们处理各种社会关系的基本准则，让人们在敬业、友善、诚信地做事、做人中来实现富强、文明、和谐的中国梦，从而使社会成员过上身心两宜的幸福美好生活。可以说，当前民族地区进行社会主义现代化建设，在把社会主义核心价值观融入生产生活的发展过程中，道德建设至关重要，它既涉及一个社会、地域、民族发展可持续和谐性方向问题，也涉及一个村落、家庭、个人生产生活幸福美满的具体性问题，原因就在于真正成就或推动社会的不断文明进步与人们的道德意识、能力水平有密切关系。科学技术虽然是第一生产力，它在认识、控制和利用自然规律基础上的确能有力地推进社会物质财富的增加，并能不断改进和提升人们物质生活环境条件，但显然这些都是独立于人之外的“物”的存在，甚至其本身也是在人的素质能力提升之下的外化结果，因此整个社会发展的基础、核心应在于“人的发展”，人的发展才是目的。如果人自身在社会发展中丧失了“人之本质”，则即使物质经济不断进步也并不意味着人类社会生活就会是美好的，因为少了道德的调节、自律，人们会将自身生命引向为物质性的存在，而缺失了价值意义关怀的生命主体极易滑向工具化泥淖中而引致社会生活的混乱。如果人的发展出了问题，人之道德发展存在缺陷，则由人主导的社会发展会出现诸多不良现象。总之，当前民族地区社会主义核心价值观教育离不开良好的道德基础，道德作为人的本质的重要表征，通过道德自律的生命主体在追求美好和谐的道路上不断拓展着“真善美”的内涵，并逐渐把自由、民主、平等、公正、文明等价值内化自觉，将其变为人们的一种生活态度和生命存在方式。如此，民族地区社会的发展因人的改变、人的能力提升和心性澄明而能得以长足绵延进步。

当然，民族地区也得不断加快物质经济建设步伐，但这并不意味着民族地区发展要走的是“经济先行”之路，而缺乏一种综合性可持续发展理念和战略考量，忽视民族地区文化和道德建设对社会成员生活所具有的重要价值意义。具体来看，正因为作为调节人与自然、人与社会、人与人之间关系矛盾的价值规范和行为准则未能成为人们自觉意识和行动实践，以致当前民族地区城镇化发展进程中存在着诸如“留守”“空巢”“土地荒芜”“攀比计较”“赌博成风”“水污染”“教育颓废”等各种问题，而且社会成员在不断地“比拼竞争”中建设好了村落漂亮的“房子”，拥有了越来越多的“车子”，可谦让、宽容、真诚、勤俭、友爱等品质却不断远离人们的生活，取而代之的是争强好胜，一言不合就大动干戈。另则，尤要一提的是，民族地区在发展过程中形成一股“轻视教育”之风，以往社会中“尊师重道”的传统已不复存在，一个接受了良好教育却在物质经济上收入平平者往往成为社会成员投以“风凉话”的对象，有钱就是“老大”已然成为人们心中的价值尺度。[1]显然，在国家政府部门不断加大民族地区建设投入，人们物质生活水平有了较大幅度提升的当下，民族地区道德建设刻不容缓。只有不断通过完善和提升教育的服务质量水平，激发人们的学习热情，倡导在继承勤劳、善良等民族传统道德价值基础上，把法治、公正、平等、民主等现代价值观融入人们

[1] 沙垚.新农村：一部历史［M］.北京：清华大学出版社，2014：153-211.

的生产生活中，形成民族地区优良的道德风尚，促使人们在道德自律下努力营造富足、文明的美好生活。

三、社会主义核心价值观内化与民族教育人文环境

文化是人们生产生活的具象与表征，道德是身处在文化中的人们自觉的精神生命之凝缩，民族地区发展只有奠基在“文化成事”与“道德成人”统一的基础上，社会成员才会积极努力地去发展创造更为丰富的物质经济生活，同时又不会被“名利”所捆绑控制而迷失方向，真正能够实现在社会主义核心价值观引领下推动民族地区社会的全面和谐可持续发展。

（一）引导文化资源开发，注重教育意义转化

民族地区社会主义核心价值观培育离不开文化的滋养，它不可能仅仅以一种理论宣传或认知理解的方式来完成人们对它的认同与践行，有必要通过让“文化活起来”的方式影响社会成员的身心发展，从而将社会主义核心价值观化育在人们具体的生产生活之中。因此，当前民族地区社会主义核心价值观培育要积极引导文化资源开发，通过政府扶持和民间参与相结合的形式，采取“实体式”文化项目和“虚拟式”文化媒介并行之路进行文化建设，将民族优秀传统文化以人们喜闻乐见的面貌呈现出来，并以浸润人心的内容、过程、形式回归到人们的生活之中，“让它回归民间回归本土，让它成为我们的文化风景而非文化负担”[1]。换言之，民族地区社会主义核心价值观培育是在文化传承与创新中来展开的，传承与创新文化的共同目的在于把优秀的人类精神价值加以存续、提升和普及，而这离不开“文化成事”的过程，也即让文化活在民间或人们生命里，通过文化活动的参与而实现文化精神之熏陶。然而，当前民族地区文化建设在不断推进过程中也存在着一些不良倾向，如社会层面文化建设“旅游景观化”、民间文化建设的“娱乐化”现象比较突出，

[1] 吴祚来. 文化是一条河［M］. 北京：东方出版社，2008：216.

其所产生的影响在于“旅游景观化”往往导致文化远离了人们的生活，成为一种“景点”须得社会成员去“消费”，文化与人的“亲近融合”被“绝缘了”，而这恰恰背离了文化之目的意义。“文化是干什么的呢？我认为，文化是为了让人更好地生活在这个世界上，更深入一步下去，就是要创造一个美好的世界，一个艺术化的世界。也就是说，在物质丰富的基础上，在追求一个美好的精神世界。”[1]无疑，“旅游景观化”文化建设从目的和实际效用来看未必起到如此意义，更多演化为营利目的的实现或消费消闲之；“娱乐化”则是民族文化被简化为一种“广场舞或文艺表演”，虽对于活动者不乏有着消除身心疲劳、利于健康的作用，但无疑与“美好的世界”“艺术化的世界”实有距离，甚或往相反的方向发展，成为仅仅满足感官和身份名利表现的手段，业已失去了陶冶和净化心灵的化育作用。因此，当前民族地区一方面要积极进行文化资源开发，以确保民族优秀传统文化得以传承发展，一方面更应关注开发社会效益，即文化资源开发要满足社会成员对精神文化生活的需求，要能让所开发的文化产品服务于人精神生命的叩击和滋养，使其回归到人的生活中，实现“以文化人”的教育意义。

（二）加大文化设施服务，凸显学习启蒙环境

民族地区社会主义核心价值观培育的最终目的是要“成人成己”，是要把民族地区社会成员培养成推动社会主义现代化建设文明发展的时代公民。而这一目的之实现，从其培育形式而言，有必要通过解放人们的“身心”之途来达成，把社会成员生命视野、生命经验加以拓展丰富，让他们在从事农业劳作之余有着参与“闲暇文化”活动的实践，包括体育健身、学习阅读、技能培训以及各种文娱项目的参与，让其生命有了活跃的多元“刺激”，而不把心思用于“赌博”“吃喝玩乐”等不良活动上。因此，针对民族地区尤其是民族村落精神文明建设的虚弱环节，以及社会成员生活价值的功利化的现实状况，当前民族地区社会主义核心价值观培育必须加大文化设施建设服务，让

[1] 方李莉. 费孝通晚年思想录［M］. 长沙：岳麓书社，2005：208.

人们有学习娱乐的空间场所和资源环境可供参与，不至于像有些社会成员所说的“除了打麻将”，没有其他可进行的娱乐活动。不可否认，当前民族地区特别是乡村文化设施服务是匮乏的，虽然人们的居住、交通、生产环境方面有了很大改观，但作为社会成员公共文化精神生活则处于匮乏状态，不少社会成员空闲之余往往或“蜷缩于家”看“情爱、宫廷、枪战”一类的电视剧（这虽不能说有何问题，但人们的精神文化生活仅停留于此却是个问题），或集中于“麻将馆”聚赌，此种现象虽不能说是民族地区乡村生活的常态，但也的确是当下普遍存在的具有十分严重负面影响的村落社会问题。那么，如何才能改变这一局面，是不是要等社会成员或村落物质经济有了更大发展以后再来加以关注？或是以在文化设施上投入了物力财力后没有受到人们的重视为由而放弃对其的持续关注？对此，显然不能仅仅以急功近利的思维和心态来对民族地区文化设施建设效益进行评判，理应从民族地区长远文明和谐发展的战略眼光来做好应对工作，尽管这种打基础的文化设施建设工作一时收效甚微，但只要方向是对的，只要社会主义核心价值观教育基础打扎实了，就应该一步一步地为民族地区社会成员提供良好的教育服务，让他们通过强身健体、学习阅读等文化活动的融入，逐渐恢复、发扬尊师重道的优良传统，并经学习教育而养成勤学好思的文化风气，从而其投入生产生活才能做到“静心笃行”，而不会让“赌博、奢侈、贪欲”等占据和支配了自我生命，使得自我变得萎靡和萎缩。

（三）夯实文化制度规范，孕育平实创业风气

当前民族地区社会主义核心价值观培育要夯实文化制度规范，特别是要加强社会生活中一些不良风气的治理，对盛行于民族村落的赌博活动要坚持不懈地进行监督和整顿，改变人们因物质经济生活向好之后滋生的好逸恶劳的习性，促使社会成员有效积聚和使用财富资本，而不似一部分家庭“年年劳作年年无钱”。另则，全社会在倡导“大众创业、万众创新”的当下，尤其要重视民族地区社会成员的法治意识培养，不能用“没有做不到的，只有想不到的”口号来诱导人们盲目地进行所谓的“创业创新”，而应积极鼓励人们

在生产生活中勤劳务实，在对待工作和生活上要兢兢业业、认认真真，不断在精益求精中实现工作成就的突破和生活质量的蒸蒸日上，也就是在平实劳作中彰显不普通的人生事业。然而，当前民族地区在不断追赶现代科学技术和物质经济发展步伐，尤其是近年来城镇化发展进程中不可避免，越来越多的人涌向城市去追逐财富梦，这本无可厚非，且它也是社会转型发展中的一个问题，但如果面对问题无动于衷或任其恶化，那是不该和不对的，因为它涉及人们如何才能更好适应和引领民族地区可持续健康和谐发展的重大命题。所以，未来民族地区发展要“走得好”和“走得远”，必须以具有良好身心能力素质的社会成员为基础，从价值意识来引导他们转变“金钱物质至上”观念，重视生命生活本身的重要性和美好，本着勤劳致富、诚恳做人原则来进行生命生活实践展演；从素质能力方面来引导他们不断更新知识结构，重视科学及技术在生产劳作中的重要性，形成全民学习的风气和终身学习的习惯以拓宽物质财富创造空间和渠道，并养成建立在学习反思基础上的创新品质和能力。总之，民族地区社会主义核心价值观教育应该是接地气的，要从规范社会制度、法治道德意识自觉和科学技术普及等方面展开对社会成员身心素质能力的培养、熏陶、训练等，促使其形成求真务实、积极向上的人生价值观和适应现代社会的生存发展能力，从而真正在“文化成事”与“道德成人”统一的基础上将个人、社会和国家层面的社会主义核心价值观落实在民族地区发展和社会成员生产生活之中。

第四章　文化开发与教育转化：社会主义核心价值观活化生长

社会主义核心价值观如何在民族地区生长？以及如何发挥其对民族地区社会发展的促进作用？这是当前推进民族地区现代化建设所必须审视的，只有民族地区及社会成员在与国家、社会、个人等关系层面上，自觉地将爱国、自由、民主、平等、公正、法治、敬业、诚信、友善等价值加以内化与践行，方能将民族地区导向和谐文明的发展之路。那么，问题的关键在于如何才能让社会主义核心价值观扎根于民族地区文化土壤之中？一个基本的形式路径是通过文化开发与教育转化相统一来实现社会主义核心价值观在民族地区的健康生长。文化开发是对民族文化发展的一种系统剖视，遵循取其精华、弃其糟粕的原则将优秀传统文化精神与时代精神贯穿于文化的继承与发扬之中；教育转化是在文化开发基础上强调文化实践活动能够起到化育心灵、启迪智慧的价值意义，从而形成理性的社会主体来促进民族地区政治、经济、文化全面协调发展的局面，这无疑是社会主义核心价值观在民族地区内化、活化所要追求和实现的目标结果。

一、文化交融：民族地区社会主义核心价值观生长基础

社会主义核心价值观要在民族地区得以有效发展，不得不正视与民族文化之间的适应和调节问题，唯有社会主义核心价值观融入民族文化之中，在民族文化结构系统里寻求与己相适宜的文化内容，厘清与己相冲突的文化成分，进而才可能探寻到有利于社会主义核心价值观孕育生长的方法路径。而这之所以可能，其缘由在于社会主义核心价值观和民族文化之间有着“亲缘”

和“承续”关系，二者能够双向地从对方身上汲取养料：对于民族文化发展而言，以社会主义核心价值观为导向，不断将时代精神纳入进自我文化发展之中而提升水平，而对于社会主义核心价值观生长而言，积极融入民族文化之中，以人们熟悉的实践活动形式来展开引导培育，则是其能够真正扎根于民族地区的重要基础。

（一）民族文化精神的共通性与社会主义核心价值观

社会主义核心价值观凝聚了中华民族优秀传统文化与时代精神，它既是对各民族优秀传统文化精神的凝炼聚集，也为各民族文化发展提供了方向引领，也就是说社会主义核心价值观是一种普遍的价值诉求：一方面，它从历史事实层面将各民族社会成员解决人与自然、人与社会、人与自我矛盾关系过程中所形成的有利于人类生产生活发展的文明有序之人性真善美价值精神进行了归纳概括；另一方面，它又从未来应然层面对当前各民族社会成员生产生活实践遭遇的问题困境给予回应反思，并结合时代精神为其发展指明了方向和提供了规范。“在少数民族和民族地区构建社会主义核心价值观，如果脱离了当地民族优秀传统文化，就失去了立足的文化根基，也就不能得到当地少数民族群众的认同，就更不可能有当地民族群众的积极参与和自觉践行。”[1]因此，当前民族地区社会主义核心价值观的培育生长，很重要的基础在于其要融入民族文化之中，在明了民族文化结构系统和个性前提下，充分激活其中彰显人性能力境界层次水平的文化内容的作用意义，通过对民族优秀传统文化的传承发扬而使得彰显了真善美价值的人性潜力、能力得以累积存养扩充，而这恰恰是社会主义核心价值观所内含的精神品质，也即社会主义核心价值观内聚着中华优秀传统文化精神，并蕴含着人类文明发展的时代精神，因而它是各民族优秀传统文化发展的一种继承升华与浓缩凝炼。所以，从社会主义核心价值观在民族地区生长的角度而言，民族文化精神和社会主义核心价值观是共通相继的，民族文化乃为社会成员认知、情感、意志、行

[1] 王岚. 论少数民族优秀传统文化与社会主义核心价值观的契合［J］. 西南民族大学学报（人文社会科学版），2015（7）：212-216.

为之投射外显，虽然不同民族、地区之文化各具形态或特色，但它们无疑都渗透着社会成员的价值意识、思维心理、意志品质，当中有着不同形式的反映人们处理人与自然、人与社会、人与自我矛盾关系上积极有效的生存发展之道，此即为优秀的民族文化构成部分，而其要得以进一步提升发展，须得因时因势地加以调适自身，通过学习反思而在文明发展方向上能够与时代同步。由是，当前社会主义核心价值观在民族地区的生长发育，是以民族文化为本，以民族优秀传统文化精神在新时代中绵延为基础，在发展中以社会主义核心价值观为导向并对其时代精神加以吸收内化，最终促成社会成员良好身心素质能力品质的发展。

（二）民族文化内容的结构性与社会主义核心价值观

社会主义核心价值观是一个结构性的价值整体，从主体层面而言涉及个体、社会、国家发展的价值原则、规范和取向，三者之间是相辅相成的互促发展关系，从内容而言涉及政治、经济、文化的全面健全发展，各部分之间是互为表里的相依共融关系。与此相同，作为和人们的生产生活融为一体的民族文化也是一个结构性的系统存在，其反映在社会成员生产生活的方方面面，仅从当下的活态文化视角来看就有着诸如各种人生礼俗、信仰习俗、节日风俗、民间结社组织以及民族音乐歌舞等众多表现类型，而这些文化类型及其活动是多元开放的，它们融合渗透于社会成员生命实践之中，其往往内含着人们对生命生活的认知理解、价值意识、情感意志等思维心理和精神品性，当中不乏有着处理人与自然、人与社会及人与自我等矛盾关系方面的积极应对方式，它们也是当下民族文化发展所要继承发扬的。“民族地区培育和践行社会主义核心价值观，要注意挖掘少数民族传统文化中的优秀成分。以社会主义核心价值观为尺度，对少数民族传统文化进行新的梳理和辨析，取其精华，把各民族传统文化中与社会主义核心价值观契合度高的内容筛选出来，制作成各类文化产品，进行传承、传播，发扬光大。”[1]所以，当前社会

[1] 马宗保. 少数民族传统文化与社会主义核心价值观［N］. 人民政协报，2015-9-10（004）.

主义核心价值观在融入民族文化的过程中，能够从具有丰富内容的民族文化结构体系中找到多元的切入点或生长点，其缘由在于无论是社会主义核心价值观还是民族文化，二者皆为人类集体智慧的结晶，是人们同周遭环境适应与调节的互动过程中创设的，并随环境变化而相应地做出调节更新。社会主义核心价值观正是基于当前中华民族在新的历史起点或环境条件下，从继承传统和面向未来的视野提出了国家、社会、个人层面及政治、经济、文化发展的价值方向。由此，民族文化的发展更新和社会主义核心价值观培育都有着共同的价值和目标指向，那就是为了社会成员能够拥有更美好幸福的生活，而这需要通过有针对性地将民族文化中体现着人性闪光点的内容加以保护、传承和阐扬，并不断地将现代化科学知识、技术、法治及其他文明规范融入进来，如此社会主义核心价值观才能真正融入民族社会生产生活之中，如此二者才能够相得益彰或是水乳交融，共同促进民族地区社会发展文明和谐。

（三）民族文化交往的互动性与社会主义核心价值观

社会主义核心价值观虽说凝聚了中华民族优秀传统文化和时代精神，但对于具体的民族地区及社会成员而言，社会主义核心价值观无疑是独立于己外的“新事物”，即使民族文化中不乏有着与社会主义核心价值观精神相通的内容成分，但也往往以不一样的话语、形式来表达，这就意味着民族地区社会主义核心价值观弘扬需要有着与民族文化发生交往碰撞的过程，这既是民族文化在新的时代背景下与时俱进发展所不可或缺的，也是社会主义核心价值观融化于民族文化之中产生活化作用所必需的，因为作为民族地区及民族文化而言是个性化和具体化的，个性化指的是不同民族地区及民族文化是有差异的，具体化是每一个民族地区及民族文化事项或活动是在具体时空情境下展开的。“一个社会的核心价值观只有植根于它的丰富多样的民族优秀传统文化的沃土之中，使民族优秀传统文化成为社会主义核心价值观存在和发展的根基时，才能被民族成员所认同、接受和尊行。中国如此多样的少数民族文化载体，可以蕴含、渗透、表征、承载、弘扬‘富强、民主、文明、和谐’‘自由、平等、公正、法治’‘爱国、敬业、诚信、友善’等理念，可以成为社会主义核心价值观存在和发展的重要根基。”[1] 基于此，社会主义核心价值观融入民族文化的形式、方法应是灵活多样的，绝对不仅是社会主义核心价值观文字内容的宣讲、告示、标贴等，而是民族文化与社会主义核心价值观相遇、相交并经冲突磨合、学习内化而实现民族地区文化发展水平的提升，这也就意味着民族地区社会主义核心价值观生长是一个“孕育新儿”的过程，它通过与民族文化的互动融合而促生社会成员形成对生产生活认识理解的新价值意义，推动着由社会成员创生、继承、更新之民族文化朝着更高层次的发展迈进。总之，民族地区及民族文化发展变化是必然的，但这种发展变化要向着积极的方向趋近，而不能以单一的或线性思维来将其异化或片面化，也不可使得民族文化发展处于一种流失状态，一点一点地将优秀民族文化内容丢弃，从而使得借助于民族文化生活而陶冶滋养的人类生命能力和人性之善变得萎缩单一。因此，社会主义核心价值观融入民族文化，在民族地区得以有效生长，这对于社会成员而言是一种文化学习创新的过程，他们在原有文化生活的基础上，把体现了时代精神的社会主义核心价值观融合进生产生活之中，形成较之以往更有利于人们利益获取、分配以及社会生活秩序化的新文化，这也就是社会主义核心价值观融入民族文化的重要缘由。总之，社会主义核心价值观与民族文化之间的互动关系，是一种文化发展创新，二者通过相互交流、碰撞、汲取而和合相生，最终将民族地区导向可持续性和均衡性的规范发展之中。

二、文化开发：民族地区社会主义核心价值观生长动力

当前民族地区社会主义核心价值观培育，一个重要的前提是要融入民族文化，问题是如何才能够做到融入呢？是不是简单地把社会主义核心价值观作为一种理论或文字实体加以“口号化”或“标语化”来宣传呢？答案是否定的。所谓的社会主义核心价值观融入民族文化，它是以民族文化为根基的，

[1] 于兰，潘忠宇. 少数民族文化与社会主义核心价值观 [J]. 云南师范大学学报（哲学社会科学版），2013（6）：73-79.

是通过民族文化的继承创新或发展变化来体现的，是社会成员将社会主义核心价值观精神内化在民族文化生产生活之中加以完成的，也即社会主义核心价值观融入民族文化的过程是一个民族文化开发的过程。那么，如何开发呢？显然，十分重要的前提在于先要认知和熟悉民族文化的内容结构体系，进而审视梳理民族文化的优缺点或个性，如此才会使得人们对民族文化的开发是理性的，而非只把民族文化当作经济发展的手段进行异化利用，或为了经济增长而置民族文化于不顾，甚至是加以大肆破坏；相反，应当积极对民族文化进行保护，并在继承与创新基础上对民族文化进行开发创新，实现其对民族地区社会发展的促进作用。换言之，社会主义核心价值观在民族地区的生长，其基础在于要融入民族文化之中，而前提在于要厘清民族文化之“家底”，唯有明了民族文化结构体系之“精粗表里”，才可更好地进行优秀民族文化的保护开发，并不断汲取时代精神而提升自我发展水平，此既是社会主义核心价值观在民族地区培育生长所要实现的结果，也是其得以较好地在民族地区扎根的文化环境条件和动力。

（一）文化开发的经济与社会效益并重

社会主义核心价值观并非为一种实体性存在，其在民族地区的培育和践行不可能以一种模式化、标准化的程序套路来展开，它既不是可以独立或并列于民族文化之外的形象工程，仅仅作为一种政治任务而加以宣传或执行，也不是纯粹的“民族文化+社会主义核心价值观”式的机械累加，使之作为不同于民族文化的“高级新鲜玩意”而让社会成员去崇拜。相反，社会主义核心价值观作为价值取向、规范和原则，它为民族文化提供了发展方向，因而具有较强的适用性和灵活性，具体反映为民族文化发展过程中将时代精神加以汲取内化，从而促进自我水平的不断提升和与时俱进，同时又能把自我优秀传统文化精神加以继承延续，此即为社会主义核心价值观在民族地区生长的个性化、鲜活化之表现，是在民族文化土壤上开出的“新花朵”。因此，社会主义核心价值观在民族地区的培育需要对民族文化进行积极开发设计，尤其是全球化、信息化的时代背景下得让民族文化顺时势而动，主动融入多元文化交往环境之中，通过取他人之长、补己之短的学习过程来促进自我发展，并打造自我文化的个性或亮色来获得生存空间。当然，这里所言及的自我文化个性或亮色决然不是为了和他文化进行竞争比较，而是一种寻找“自我”的过程，也即找到一条适宜的民族文化发展道路，能够促使民族社会发展走向文明和谐以及使社会成员过上富足安康的生活。为实现这样的发展目标，当前民族文化开发要坚持经济与社会效益并重的原则，一方面民族地区在借助于旅游、影像传媒、互联网等市场或技术来对民族文化“包装设计”和“宣传造势”，以实现其经济收益，改变和提高社会成员物质经济生活条件水平，无疑这是时代特征在民族文化发展技术或手段上的显现，于此不能给予所谓“媚俗”或“功利”的评价，反而是民族文化向外或者说融入现代化、全球化发展的一种策略；但另一方面民族文化开发还得回归到社会成员的生命生活中去，各种文化产品要能被社会民众喜闻乐见且能让他们融入其中，而非仅仅为纯粹的“旅游景点”“主题公园”“舞台印象”等，虽然这些文化项目建设可能会给当地 GDP 带来不错的经济创收效益，也可能满足了外来者的“文化旅游”需求，但此类以经济创收为目的的民族文化开发，其社会效益是相对弱化的，因为这些“文化工程项目”并没有为社会成员提供常态化的融入或参与其中的可能。这里边就存在着一个问题，也即文化开发到底是“为谁服务”的？答案应该是明确的：文化开发的最终目的是让人们能够生活得更好，尤其是要让人们在参与文化活动中形成良好的价值意识和精神风貌，促使其身心和谐发展。十八大报告亦指出，“要坚持把社会效益放在首位、社会效益和经济效益相统一，推动文化事业全面繁荣、文化产业快速发展。”[1] 所以，当前民族地区进行社会主义核心价值观培育，使之融合于民族文化之中，一件很重要的事情是要做好民族文化开发工作，其所要坚持的基本原则在于兼顾经济和社会效益的并重，甚或是将社会效益作为优先考虑的取向，因为只有开发出民众喜闻乐见、健康有益且他们又能置身其中而非

[1] 中国共产党十八大报告全文［EB/OL］.（2016-9-22）. http://www. cnrencai. com/zhongguomeng/895-23. html.

"远观"的文化产品，其才真正成为陶冶社会成员身心和构成人们生命生活组成部分的养料，从而使得社会主义核心价值观切实融合进民族文化的积极发展中去。

（二）文化开发的传承与创新共谐并进

社会主义核心价值观虽为一种价值取向、规范和原则，但又有着较强的灵活性或弹性，其一方面是对各民族文化中体现着人性真善美精神的聚集，十分重视传统文化对人类社会发展绵续所具有的重要作用，另一方面又积极鼓励各民族文化发展的创新性，强调民族文化发展要汲取时代精神而与时俱进。可以说，社会主义核心价值观体现了文化发展的内在逻辑，也即在继承中走向未来和在创新中提升水平的文化发展之路。"社会主义核心价值观内涵于中华传统文化之中，是优先以文化观念为载体生成的符合社会主义本质特征和文化内涵的价值取向，少数民族传统文化是中华民族传统文化的重要组成部分，社会主义核心价值观本身理应包含各个民族文化的精华。因此，少数民族传统文化既充分体现社会主义核心价值观的文化本质的内涵，又是社会主义核心价值观在民族地区培育和践行的重要文化载体。"[1] 所以，当前民族地区社会主义核心价值观的培育生长，要注重民族文化开发中的继承与创新关系的统一，以切实促进民族文化发展的繁荣兴旺。然而，如何才能使得民族文化开发汲取社会主义核心价值观精神，从而将之融合内化，以实现促进自我发展更新精进的作用？众所周知，民族文化开发不是凭空创造或无中生有，必须得依靠既有的文化资源为基础来创设和实施，且它要以保护好优秀民族文化为前提，倘使抛弃、漠视民族文化而进行的所谓开发则已不再是真正意义上的传承与创新。换言之，民族文化开发理应是双向的，一方面要继承好民族文化中的优秀成分，它们是历史中积淀的有益于人们生存生活的经验智慧，在未来人们社会生产生活中将继续发挥作用；另一方面要积极促

[1] 徐德莉. 困境与出路：少数民族传统文化视域下的社会主义核心价值观建设［N］. 中国民族报，2015-12-11（008）.

使民族文化融入现代化发展之中，通过与他文化之交流学习而改进提升自我文化发展水平。然而，从实践层面来看，当前民族文化发展面临的很大困境就在于民族传统文化的消逝以及民族文化发展的趋同，二者犹如一枚硬币之双面，共同显露出民族文化发展的危机，它使得民族文化开发没有“源头活水”，往往导致民族文化发展陷入异化、僵化、片面化之中。要如何化解危机以促使民族文化的健康发展？当然，这里边首先需要辨析的是何为民族文化的健康发展问题。无疑，民族文化要“变”，尤其是诸如服饰、建筑、生产工具等，使其日益朝着便利化、舒适化的方向发展，以满足不同民族地区及社会成员对物质生活质量水平的共同需求。同时，为了使社会成员生活变得安稳有序，从共同体生活的福祉角度而言，人们生产生活交往在法治保障下追求自由、平等、公正，这理当也是传统文化发展所需要转向的。而民族文化发展也得注重“不变”，诸如语言、风俗、节日、信仰等具有日常化、全员性、参与性特征的，且反映了社会成员思维心理和价值意识的民族文化内容则是需要保护传承的，当然此处之“不变”并非是指这些文化事项原模原样的保存，这既无必要也不可能，但它们须得伴随着社会成员生产生活绵延相继而不宜消失的。总之，民族文化无论是“变”还是“不变”，其发展都可以结合诸如互联网、影视等各种现代技术来对其进行数码化记录保存、传播等，尤其是创新成为当前国家和社会发展的价值导向之下，更应该审慎地思考民族文化如何实现继承与创新的并举统一，真正发挥集民族精神和时代精神之文化来化育人心和化成天下的功效，如此，社会主义核心价值观才能化为无形，与民族文化在共融互促中促进民族社会发展的文明进步。

（三）文化开发的民众与政府合力并举

社会主义核心价值观从取向、规范和原则上为国家、社会、个人发展提出了价值方向和要求，也是全国各族人民实现中国梦的重要价值基础，它既蕴含着价值诉求，也内聚着丰富具体的社会生产生活实践发展企求。“社会主义核心价值观虽内容简短但内涵丰富，其中的富强、民主、文明、和谐表明了中国梦的国家目标，自由、平等、公正、法治体现了中国梦的社会属性，爱国、敬业、诚信、友善则对中国梦的实现主体提出了明确的要求。可通过社会主义核心价值观的培育，使个人利益与集体利益、国家利益形成良好的互动，进而正确处理好个人梦、地区梦与中国梦的辩证关系，推动边疆民族地区各族人民对中国梦的认同感，自觉践行中国梦，最终实现中国梦。”[1] 何以见得？从国家层面来看，社会主义核心价值观注重国家综合国力的强盛，兼顾“硬实力”和“软实力”的统一，强调国家发展在物质文明和精神文明上的统一，这可以直接从富强、民主、文明、和谐的价值取向中体现出来；从社会层面来看，它注重社会的繁荣兴旺，旨在各行各业参与的市场经济勃兴、资源配置的公正以及人们交往关系的秩序化，凸显社会发展是市场竞争与制度规范的统一，此可以从自由、平等、公正、法治的价值规范中反映；从个人层面来看，它注重人的发展要须知情意行合于一体，是做事与做人的统一，这可以从爱国、敬业、诚信、友善的价值原则中显现。概言之，社会主义核心价值观具有结构的完整性、系统性，其得以有效培育和践行事关全社会发展的繁荣和谐及社会成员生活的幸福安康，因为国家、社会及个体三个层面按照内聚文明精神的价值取向、规范和原则进行改革发展，并形成相互之间发展的协调配合，有利于生成相互促进、整体兴旺发达的局面。所以，当前民族地区在不断推进和加大文化开发度的进程中，为了使其取得经济效益和社会效益兼得、传承与创新并融统一的效果，作为文化开发主体之政府与民众之间有必要形成协同互促的合力关系，文化开发既不应一味地按照政府意志来进行“文化品牌工程”建设，它虽带动或刺激了地方经济之增长，却并不见得有益于当地社会民众文化生活的丰富。同时，文化开发也不意味着完全按照社会民众的自利动机来进行，为了纯粹的经济获利而降低文化开发的精神品性，仅仅将之定位在诸如民族旅游村开发层面，这虽增加了民众的经济收入，却反而让人们远离了文化生活，而变为一种“经营文化生意”的伎俩，此与真正作为一种价值信仰和精神情感寄托和表达的文化生活相去

[1] 陈欢. 社会主义核心价值观与边疆民族地区中国梦践行机制探讨［J］. 黑龙江史志，2015（4）：42-43.

甚远。因而，为了尽可能减少这些问题的发生，当前政府和民众在面对文化开发时必须思考以下两个方面的问题：其一是基于对外宣传和增强民族文化知名度的目的，政府部门可以利用人力、财力和物力优势进行形象化、品牌化、规模化的文化工程项目开发，以实现招商引资、吸引游客和促进对外交流等积极作用；其二是作为对内面向社会成员以丰富和提升其文化生活质量水平层面而言，文化开发离不开政府和民众之间的协调合作，基于民众需求而在文化场所设施、文化习俗内容和形式开发设计上，政府要提供积极的智力、财力和技术帮扶引导，以形成文化开发源自民间和回归民间的活化局面。总之，民族文化开发不是将民族文化当成手段去“捏塑”而获“名利”，应是围绕着民族地区的可持续和谐发展和社会成员身心健全和谐而进行文化传承与创新，而在这一过程中需要政府、社会及民众多方力量的齐心协力，方能为民族文化和民族地区的发展营造良好的环境。

三、教育转化：民族地区社会主义核心价值观生长核心

民族地区社会主义核心价值观活化生长，其核心或关键在于社会成员能够将其内化于心和外化于行，在处理各种关系和矛盾问题时做到对社会主义核心价值观的自觉认同和践行，而这只有建立在社会成员综合素质不断提升的基础上方能成为现实。为此，当前民族文化开发建设要依循社会主义核心价值观为导向，将落脚点放在培育适应和推动社会主义现代化建设的合格公民上，从社会成员法治意识自觉、道德品质修养、身心能力协调方面来确保文化开发的科学和人文精神，以使得文化开发而成的项目、产品、活动等成果发挥积极的增益社会成员生命能力、人格健全、体脑双明的教育价值，通过具有良好综合素质的社会成员来推动民族地区社会的进步繁荣，此即民族文化开发与教育转化统一的意义所在。

（一）以社会成员法治意识自觉为起点

社会主义核心价值观具有鲜明的时代特征，诸如社会层面的自由、平等、

公正、法治的价值规范即是当前及未来世界不同地域里人们所普遍追求和奉行的，它注重社会成员在生产生活中讲求进取创新、公平竞争和依法行事，从而促成良好的充满活力的社会风气的形成，以推动人们生产生活的蒸蒸日上与安宁和谐。可是，现实中民族地区社会物质经济虽然有了大幅提升，可社会成员生活质量却并未见得同步提升，因为其中不少人一门心思地去追逐经济收入的增加，金钱、房子、车子似乎成为他们生命生活的全部，为了去赢得这些资本，甚至不惜牺牲健康、亲情等去拼搏争取，而无暇去关注自我精神灵魂的淘洗，于是当下民族地区"一切向钱看"及"有钱爱面子"的社会心理逐渐滋生，并相应形成了社会成员攀比炫耀、互争高下的"粗鄙暴戾"心态，有些人为了所谓"成功"而出现以身试法现象，这也是当前像赌博、吸毒、制假售假等现象在社会上有着一定气候的重要原因，此无疑严重阻碍着民族地区社会文明的进步。可以说，线性的、单一的以物质经济为重心的社会发展路线与社会主义核心价值观是相悖的，社会主义核心价值观具有综合性，强调社会发展在政治、经济、文化上的全面协调，也注重社会成员身心发展的和谐统一。与之相较，唯物质经济是从，不顾社会系统的均衡性以及人们身心的和谐统一的发展道路是片面的，其虽有着一时之"繁荣景象"，但那是不可持续的，也是不健康的。因此，当前社会主义核心价值观在民族地区的有效生长，离不开开发优秀的文化产品来净化人们的心灵和培育其遵纪守法的品性，唯有社会成员具有法治意识，履行好一个公民或社会成员的权利与义务，将法律视为保护所有社会成员共同利益的有效手段，对之持有着积极的认同与信仰态度，把讲法、守法自觉地贯彻在自我的生产生活之中，如此社会主义核心价值观生长方能有最为坚实的建立在制度规范、认知情感、行为实践基础上的良好世道人心。所以，当前民族地区文化开发要注重将社会成员法律知识学习、法治意识孕育等融入其中，创设以"法院进村落""法治讲坛""法治影视集""法治表演舞台"等多种灵活通俗的教育形式，引发社会民众将日常生产生活中的法治问题进行理性化思考和解决，促使其在耳濡目染以及亲力亲为的实践过程中逐渐养成良好的法治意识和行为习惯。

（二）以社会成员道德品质修养为方向

社会主义核心价值观是一个结构整体，它不仅仅指向于国家、社会、个体三个层面主体间的互动共进，也指向政治、经济、文化内容方面的协调统一，还包括其所具有的实然性与应然性之间的一体化，也即社会主义核心价值观既注重法治、敬业、诚信等务实精神，也强调自由、公正、友善等内含着人性真善美的普遍价值追求。可以说，社会主义核心价值观兼顾了科学和人文精神，在发展观上讲求法治与德治并举统一，这也就意味着社会主义核心价值观十分重视社会道德风尚的培养，强调发挥道德作为人类类本质在社会成员生产生活中所具有的重要意义，重视社会成员养成良好的道德品质，以把社会发展导向“我为人人、人人为我”“美人之美，美美与共”的和谐局面。为何如此言说？众所周知，当我们在谈论人与动物的区别之时，常常以人具有意识性、能动性、目的性等来加以划分，而且这些的确是动物所不具备的属人的重要类特征，但在人类充分体现了意识性、能动性、目的性等智力高度发达状态下，并不等同于人类的智力或理性能直接将人类社会导向美好发展的境地，这可以从历史进程中随着人类在物质经济、科学技术等不断进步之下，战争不断、环境生态恶化、贫富分化、疾病丛生等问题也在困扰着人类的生产生活，而这些问题的产生又更多的是人类智力或理性在欲望和道德上的无度所造成的，也就是说，虽然人类的智力可以创造更多的财富、更便捷舒适的生产生活环境，但如果少了人类道德意志对智力的控制、规范、调节，人类缺乏“民胞物与”的道德情怀，物质经济丰富、科学技术发达反而助长了人性中“恶”的膨胀，以致引发社会发展的各种混乱。从这个角度来看，可以说道德才是人类之所以高贵的类本质，当前社会主义核心价值观生长务必要把社会成员人性中“善”的一面充分激发出来，通过优秀文化产品的开发来培育社会成员合作互助、理解宽容品质，只有人们的“心”正了，物质经济、科学技术或身份名利之“术”才不会迷惑了人们的生命，才能使得社会成员安心和静心地去创造和享受美好生活，而不是在比较竞争或攀比中相互伤害。因此，民族地区文化开发要注重社会成员精神生命的涵养，让他们在诸如阅读、健身、参与公共活动中获得积极的教育意义，让人们的心思远离攀比、计较，能够以理性、平和、务实的态度来面对人生。

（三）以社会成员身心能力协调为归宿

社会主义核心价值观表达的是人们对国家、社会及个体发展美好和谐的价值愿望及努力方向，要使其变为现实，最为根本的是社会成员能具有践行社会主义核心价值观的身心能力素质，因为无论是法治自觉还是道德修养，最终都要依靠社会成员自身的行动实践来证见，其表现有无“过与不及”往往与自身完整生命是否协调有密切关系。具体而言，其一，从认知层面而言，社会成员要能够明辨是非，对社会主义核心价值观内容有着基本的理解，尤其是结合着自己的社会实践经验对其进行认知思考；其二，从情感层面而言，社会成员要能够心怀他人，以“人同如己”的慎独与仁爱态度面对社会实践交往关系，把敬业、诚信、友善的价值原则化为内心信念；其三，从意志行为而言，社会成员要能够拥有专长，具备市场经济意识和科学生产的技能，且拥有着理性的判断力和行动能力。可以说，民族地区社会成员要能将社会主义核心价值观内化，不可只看社会主义核心价值观在形式上有无在民族地区得以大力宣传，让社会成员接受了多少次的“集训”，使其在语言上可以进行社会主义核心价值观内容的表述，而应关注社会成员能否获得发展需求的满足，基于他们的志趣或创业动机而提供相应的教育服务，从认知、情感、意志、行为等方面影响其身心的完整统一发展，如此才能把社会主义核心价值观化为无形，社会成员方可理性地做出实践行动。所以，当前民族地区文化开发要注重其育人价值，发挥文化产品的教育转化意义，使得文化产品变为一种活的教育资源、形式去影响社会成员身心发展，通过文化活动的参与而实现主体间心灵交流，把知识内容、生命内涵、意志行为加以内化综合，从而启迪其理性智慧能力的生成。

综上所述，民族地区社会主义核心价值观的活化生长，其基础在于要将社会主义核心价值观融入民族文化之中，实现社会成员对其内化于心与外化于行，切实将民族优秀传统文化精神和时代精神融入人们生产生活之中，而这须得积极进行民族文化开发，注重民族文化开发的教育意义转化，做到文化开发与教育转化的统一，最终促进民族地区政治、经济、文化的全民和谐发展。

第五章　民族文化认同教育双向统一：传统文化精神与社会主义核心价值观融合生长

民族地区发展是综合的，除了不断提升物质经济和现代科学技术水平之外，还要积极做好民族文化的传承与创新工作，确保民族地区物质与精神文明发展的协调统一，因此，在当前民族地区发展过程中，要积极培育社会成员的文化认同自觉，实现其对少数民族传统文化精神与社会主义核心价值观的内化融合，使其既能够使民族传统文化精神得以延续，又能够将社会主义核心价值观扎根于民族文化土壤之上，为民族地区政治、经济、文化的全面和谐发展打下坚实的科学和人文基础。

一、民族文化认同教育双向统一基础

民族地区和谐发展离不开社会成员文化认同自觉的形成，要通过民族优秀传统文化的传承保护，延续民族文化精神和个性，并积极学习现代科学技术和时代精神及价值，内化为社会成员自我生命能力品质，从而实现民族文化的发展更新和与时俱进，使之呈现一种和谐之态，此即为探讨少数民族传统文化精神与社会主义核心价值观融合的意义所在。那么，培育民族地区社会成员文化认同自觉的基础何在？少数民族传统文化精神与社会主义核心价值观何以能够在民族地区发展建设中融合统一？

（一）民族文化认同之人性基础

民族文化认同是主体之于文化发展的价值判断和实践上的行动选择，其“表”是社会成员在与他者（他文化）交往过程中对民族文化发展做出的行为反应与调适；其“里”则是作为主体的社会成员对民族文化发展所持有的思维心理、价值意识以及意志情感。换言之，民族文化认同是社会主体人性外化之果，无论是向内对自我民族文化的坚守与否定，还是向外对他文化的吸收与拒斥，其中无疑蕴含着主体之于文化发展的态度，并由此折射人性状态，尤其是能够反映具有主观能动性的主体生命能力和价值取向等。从这个角度而言，民族文化认同的重点不在于“界分”自我文化与他者文化之异同，虽然这是十分必要的。因为只有弄清了自我文化的个性特征及与他文化之间的差异，才能更好地进行文化发展定位，但文化发展定位的宗旨目的离不开对人的生命生活关注，要从提升人性生命能力和境界层次视角来进行文化传承与创新发展设计，如此，文化发展才能朝着文明方向不断趋近，而这也恰恰是当前民族地区社会发展遇到的最大问题。例如，人们常说的人心变坏了，并由此引发一系列负面的社会现象，诸如诚信缺失、戾气深重、物欲横流，等等。正如美国哲学家赫舍尔所言：“对人的处境的最有价值的洞察，不是通过耐心的内省和全面的审视得到的，而是通过遇到巨大的挫折时的诧异和震惊得到的。彻底的反思之所以出现，通常是在意识到挫折，面临危机和自我觉醒时，而很少是处于人在取得光荣业绩时的欣喜。”[1]因此，当前民族文化认同教育不得不认真对待人性的发展问题，这既是民族文化得以传承与创新的基础，也是民族地区社会走向文明的基础，只有社会成员具有健全饱满的人性，方能引领民族地区政治、经济、文化全面的可持续发展。基于此，当前对于民族地区而言，发展依然是硬道理，可这种发展不应只是纯粹为了摆脱物质和经济贫困的发展，而是一种以文明为底蕴的积极发展，要让社会成员将历史进程中人类创造并逐渐凝聚到人性中的优秀传统文化精神得以传扬，且不断吸收时代精神以促发人性的丰满圆融，从而使其文化认同自觉化。所以，当前民族文化认同教育要回归人性，注重通过改变或发展“人”来推动民族地区社会进步。具体来说，就是要把传统文化精神中诸如勤劳、节约、互助、诚信等品质寓于社会成员的自我生命中，同时又能够在不断吸收现代

[1] 赫舍尔.人是谁［M］.隗仁莲，译.贵阳：贵州人民出版社，1994：13.

科学知识以及技术的同时，将自由、法治、民主等现代文明精神融入人们的自我生产生活之中，成为一种习惯。总之，当前民族文化认同教育对象是社会成员主体，无论是民族传统文化精神，还是社会主义核心价值观，都是其面向未来发展过程中需要融入自我人性并内化为一种生命生活的存在方式，唯其如此，才能真正促进民族地区发展蒸蒸日上。

（二）民族文化认同之时空环境基础

民族文化认同是有着时空属性的，它绝非坚硬的对象实体，仅以“是与非”“肯定与否定”“对与错”一分为二的判断思维或观念来认识、理解民族文化是错误的。毕竟民族文化认同的宗旨目的在于更好地促进自身文化的发展，而不是为了争夺与他文化之间“孰优孰劣”之名，如此只会使民族文化陷入僵化。无论怎样的“先进”或“发达”，如果没有抱着对自我民族文化的省思态度，认清自我民族文化的优缺点，进而通过学习对民族文化发展适时做出调整，就会导致自我文化远离时代精神和文明价值。可以说，民族文化认同自觉是立足于当下并连接过去和未来的对文化发展的谋略、审思和定位，它既要继承人类所创造的一切优秀文明成果，使之作用于人的素质或能力的提升，使人们不会对文化发展只做一种“减法”运动，使无助于经济增长的文化事项日益颓败和消逝。如果只是“减法”，势必会导致依托和彰显于不同文化或多元文化中的社会主体素质能力变得单一萎缩而无弹性。虽然在物质丰富或技术便利层面人们的生活水平有所上升，可这种上升往往是以牺牲人的身心发展为代价的。从这一层面而言，“减法”式的文化发展无疑是一种倒退，尤其是一味地为了追求经济增长而无暇顾及文化建设的做法，已经被当下人们生活中存在的诸如健康疾病、环境污染、道德滑坡等问题所证实是有弊病的，应当认真面对保护传承、开发利用和更新提升民族文化发展的认同自觉问题。正如有学者指出的，“当人依靠工具及人类体力或智力的替代物或衍生物与其环境相互作用之际，人类与动植物相比就极大减少了依靠自身机体改变、能力发展来实现与环境的相互作用。所以，人类在得到其‘人为事物’的发展之际，人付出了以减低、退化自身的内在代价。”[1]因此，为了让人类社会以及文化发展在历史长河中绵延久远，并使身处其中的人们获得文化的润泽，当下民族文化在积极面向未来发展的进程中，就要大力弘扬和培育社会主义核心价值观，将中华优秀传统文化和时代精神浇铸在社会成员人格品质中。

通过培育社会成员对少数民族传统文化精神和社会主义核心价值观的双向认同，让社会成员在立足、审思自我民族文化的基础上，积极了解认识、接纳汲取其他民族文化的个性特征和优点，并以社会主义核心价值观为导向，使民族文化发展呈现内容形式上的多元并举和价值精神上的文明进步之态，而身处其中的社会主体则在多元优秀文化的滋养下不断积聚、丰富、提升自我生命能力素质水平和道德价值人性境界，从而能够真正成为具有文化气息的时代公民。总之，民族文化认同是有着时空生命的，从时间而言，其身上有着承担过去、现在和未来的使命，需要将传统文化精神得以内聚于人们的生命中，将文化发展变成一条长河；从空间而言，其身上有着善于向一切文化学习的品质，并不断在与他文化交往过程中汲取营养，使自我变得更加文明强大，能在与外部环境相互作用的过程中进行积极的适应和调节，从而实现文化在交往、开放中的不断精进发展。

（三）民族文化认同的生命结构基础

民族文化认同既然是为了促进文化的更好发展，实现文化发展在“自我”与“他者”之间互动调适，并最终达成文化个性的生成和文化发展的文明向上。那么，如何通过具体的文化实践来凸显民族文化认同的这一价值意义呢？为了更好地回答这一问题，有必要从作为文化认同主体的生命结构矛盾来加以阐述。上已述及的民族文化认同并非铁板一块，相反，是有着鲜活丰富的生命结构内涵的。因为文化认同是社会主体价值意识和思维心理的外部表现，它通过社会成员具体的社会生活与行动实践来体现，并主要集中在社会主体

[1] 张诗亚. 回归位育——教育行思录［M］. 重庆：西南师范大学出版社，2009：13.

所面临的三大矛盾关系上，即人与自然、人与社会、人与自我之间的矛盾关系。能否较好地处理好人与自然、社会之间相依相生的互动和谐关系，往往能够反映社会主体文化认同自觉与否。首先，从人与自然的关系来看，自然与人类休戚与共，文化在很大程度上是人类与包括自然在内的周遭环境相互作用之后所创造的，而这种创造更多的是建立在一种适应与调节的基础上，因而在民族文化当中有很多反映人与自然共生共存的内容。例如，对自然的心理敬畏和行为效法等，人们通过各种习俗活动、乡规民约来规范约束自我对自然环境的无度攫取和破坏。然而，随着现代社会的发展，自然资源和生态环境不断过度开采并受到人为破坏，自然环境不断向人类生存和健康提出挑战。其次，从人与社会、人与自我关系来看，人类要更好地生存发展，必须处理好人类共有的通性与人自有的个性，其中，文化中的典章制度、道德规范、价值信仰等都与此相关。充满活力的文化系统是能够使人的通性与个性并行不悖。[1]但是，当前人与社会、人与自我关系是混乱无序的，尤其是金钱名利不断挑战着人们的精神价值、心灵信仰，使沟通合作、诚信友爱、宽容豁达等人的“通性”被边缘化，而建立在自由自律基础上的“个性”被过分放纵，越来越多的问题困扰着社会成员的生命和生活。基于此，民族文化认同要重视和深思社会主体生命结构的意义与圆融统一问题，通过对优秀传统文化的珍视和对中华优秀传统文化以及时代精神的社会主义核心价值观的敬重，这样才能使人们在不断追逐物质经济提升生活水平的同时，焕发自我精神生命，并开创富足文明的美好人类文化生活和世界。总之，当前民族文化认同要注重社会主体的生命结构基础，切实培育其对待自然、社会、自我生命的全面和谐态度，让传统文化精神、社会主义核心价值观成为生命的底色，从而实现主体对文化传承与创新的推动作用。

二、民族文化认同教育双向统一内涵

民族文化认同是社会成员对民族文化发展走向的自觉定位，它不仅仅停

[1] 潘乃谷，潘乃和．潘光旦教育文存［M］．北京：人民教育出版社，2002：200.

留于对自我文化和他文化优长与不足等的厘清、认定或决断上，更重要的是激发、孕育社会成员善于向一切美好事物学习的精神态度与行为自觉，使自我能与外界环境之间保持积极的适应和调节的关系。因此，民族传统文化精神和社会主义核心价值观共同作为文化发展的历史积淀和时代普遍价值，二者在民族文化认同中融合统一，以社会主义核心价值观为导向，不断激发民族传统文化在新时代中的生命力，进而促进民族文化发展迈向更文明的层次。

（一）以文明和谐为底蕴，促进社会成员身心和谐统一

民族文化认同可分为“表”和“里”两个层面，所谓的“表”是对文化内容、活动的取舍和继承，并使其用于或存活于人们的生产生活中，让社会成员深刻感受到具体文化实践的影响。无疑，人们的生产生活离不开文化的滋养，文化如同空气一样浸润着人们的身心发展，文明和谐的文化内容或活动能让身处其中的人们受到积极的熏陶作用，令其身心得以健全发展，尤其是社会主体能够形成积极的价值意识和辩证的思维心理，做到对文化认识、评判、反思以及实践的自觉，此即文化认同之“里”。因此，当前民族文化认同在对待民族传统文化、社会主义核心价值观时，要以一以贯之的基本精神将体现人性真善美的文化内容加以存养和汲取，不断促进民族地区的文明和谐发展。具体来说，当前民族地区社会发展较之以往有了很大的变化，然而这种变化是双重的，既有着好的一面，即人们的物质生活水平有了很大的提高，包括吃穿住行等方面都得到了较大的改善，但也有坏的一面，那就是人们的本能欲望不断地放大，人心被金钱名利所捆绑而不能自拔，以致引发社会生活秩序的紊乱，如当前较为明显的留守现象中家庭亲情生活之割裂等问题。于此，民族文化认同势必要有所回应，人们在追求物质经济发展的同时，一定要关注生命身心的健康，以确保民族地区社会发展在文明渐进的进程中展开，而不是突飞猛进式地将一个个村庄卷入城镇化发展中，造成村落社会成员对农业、农村的厌恶逃避，造成传统文化的断裂，继而影响青少年一代的人生观和价值观。因此，当前民族文化认同务必要加强对社会成员的民族文化精神和社会主义核心价值观的认同教育，让其形成正确的人生观和价值

观，并参与到民族村落社会的建设中，用劳动去改变和提升自我物质经济生活条件、水平的同时，创造使自我物质生命和精神生命得以周全安顿的精神文化。

（二）以富强平等为动力，增进社会成员生活质量水平

民族文化认同的实质是主体生命的觉悟觉醒，是其对自我人生、社会生活的积极反思与恰切定位，进而在行动实践中处理好各种发展关系和矛盾问题，而非拘囿于某一客观的文化对象的迷恋和崇拜上，而这恰恰又是当下社会成员民族文化认同中具有的明显痕迹或烙印。人们往往将文化或所谓的可观的、靓丽的能吸引人眼球的文化，包装成商品来兜售，最大限度地实现其经济价值，这一现象在民族文化旅游市场中体现尤甚。民族文化往往以表演、陈列、物化的形态进入市场经济，且以市场规则来决断其价值大小而赢得能否得以开发利用的命运。在此思维心理左右和实践行动的选择下，民族文化认同变得蒙昧模糊甚至走样了。人们在赢得了物质经济的增长的同时，并没有真正地变得富强、富裕，反而变得脆弱许多。当下，人们都各自忙碌于物质经济的获取而停不下脚步，家庭成员之间、村落邻里之间的亲情、友情甚至爱情都或被金钱所异化，而生命本应有的温情、闲暇等反而被遮蔽了。因此，当前民族文化认同有必要处理好物质经济与社会成员生活质量之间的关系，在继续提升社会成员物质收入的过程中，切实对民族地区发展进行有效规划，特别是通过产业结构调整，加大农业产业化经营，实施就地城镇化发展战略等，让富裕在社会成员身边发生，而不是被迫远离故乡去"淘金"。同时，民族地区物质经济发展要能够惠及每一个家庭，让全体社会成员都能够享受诸如城镇化发展带来的好处。此外，民族文化认同在注重村落物质经济发展的同时，还要考虑人们的文化精神生活，因为人们需要借助于健康高尚的文化娱乐来满足人性中对自我发展的需求。当前，民族地区村落社会中缺乏多元有益的积极文化娱乐活动，一些不良的现象正在侵蚀人们的生活。所以，当前民族文化认同要让社会成员在以追求物质经济富裕为动力的基础上，还要兼顾其精神文化娱乐生活的丰富化和健康性，这样才能确保其生命生活

是幸福的、有质量的。

（三）以自由民主为形式，发挥社会成员主动创新能力

民族文化认同的目的在于形成社会主体对文化发展的自觉，使其能够对民族文化发展做出自我的理性抉择，即社会主体是文化认同的主位因素，只有充分发挥社会成员的潜力，并激活他们的能力，民族文化发展才能迸发积极的动力。然而，实践中，民族文化认同往往是盲目的，社会成员的思维眼界往往被物质经济所遮蔽，人们一门心思都投向怎样才能增加家庭经济收入的算计上，这本无可厚非，也是当前民族地区社会发展所必需的，可是，当前民族地区尤其是对于村落社会成员或家庭而言，他们更多的是通过外出打工的方式来实现致富，农村劳动力随着外流而减少，不少村落存在着农田荒芜现象，并日益凸显了人们对农业、农村在情感、价值上的疏离感。那何以至此呢？其中很重要的原因就是，民族地区社会成员致富门路的单一而无多样的选择性，加之农产品价格低廉，较好或便捷的途径就是外出以劳力为主的打工，去挣取更多的收入。从长远看，此种格局是不利于民族地区自身的可持续和谐发展的，因为人们既不能安心、静心于留守故土，又不能在土地上有效激发和运用自我的聪明才智，民族地区发展中最为坚实的人力基础就会失去。此外，当前民族地区社会诸如村落的政治民主生活是“悬置”的，人们的公共生活总体上呈现了无组织的特征，即使有着村委会等基层行政组织，但还没有有效发挥有目的、有针对性地发展经济和文化的作用，村落社会家庭、成员生产生活“内卷化或原子化”倾向日益明显，人们各自忙于生计或金钱收入而无暇交往。因此，当前民族文化认同必须要加强公共文化服务建设，让主体真正参与社会或村落建设的发展中。结合对自我发展需求的表现和社会发展问题的反思，通过主体之间协商、沟通，并取得一致认可的方式投入社会发展事务中，如此，既可以为村落社会发展探寻方向，也能够充分调动和发挥社会成员的积极能动性，使民族地区社会发展建立在人的主观能动性发挥和交往实践基础之上。

（四）以诚信友善为信念，孕育社会成员的交往合作品性

民族文化认同"向外"是要促进民族文化发展的健康和谐，实现文化传承与创新，而"向内"是要形成文化自觉的主体，且"向外"要统一于"向内"，以对文化发展有着理性认识和行动能力的社会主体为基础。然而，当下民族地区社会成员文化认同实践在处理"向内"和"向外"的关系上存在着明显的工具化倾向，尤其反映在人们把民族文化当成客观实体来进行利用，或将之当成可以包装销售的旅游商品销售，或将其打造为旅游景观来吸引游客。我们不否认此种文化设计或改造活动的确增加了民族地区人们的经济收入，也甚或是称之为一种"绿色产业"，但是，民族文化之魂是融于社会成员的生命生活之中的。当文化被束之高阁而仅仅成为观赏对象，则意味着其活力的丧失，而这也恰恰反映了现实中很多传统文化在重建过程中所遭遇的困境，即难以让民族社会成员将恢复重建的文化项目融入人们的生产生活，更多的只能作为一种静态的景观存在，其功能作用更多地简化为一种赚钱的手段，最终造成民族文化发展的异化。另外，相较实践中民族文化认同"向外"所呈现的文化发展变异而言，更为严重的问题在于"向内"层面的社会主体思维心理的虚浮化。例如，人们不再把"做好一个人"当成自我的基本价值准则，人们相互交往中追求和坚守的求真向善的美德和品质受到了冲击，甚至连诚信、友善等基本行为规范都变得稀缺，在追求利益的过程中，甚至可以不顾道德甚至法治的约束。因此，为了更好地促进民族文化发展，促使社会成员身心得以健全发展，当前民族文化认同一定要加强民族文化精神和社会主义核心价值观的教育，即注重民族文化中互助协作的传统。例如，白族地区人生礼俗、农事生产、性别结社、班辈组织等文化活动中有着馈赠、换工等体现互助友善品质的形式内容，这些品质不应随着民族地区物质经济的增长而消失，而应当对之加以关注并使其得以发扬。同时，当前民族文化认同要培育社会成员的诚信友善品质，让与人为善、互信友爱的价值情感和行为习惯成为习惯，从而真正地将理解、宽容、诚信、友爱等品质化为一种生命自觉。

（五）以敬业法治为规范，强化社会成员敬畏守正自觉

民族文化认同是历时连续性的，它要在继承人类优秀文化传统基础上，结合现实与未来人类社会发展的新问题、新任务，积极汲取时代精神，对民族文化发展加以开拓创新，以实现自我文化发展水平的累积式上升，即当下民族文化无论发展得怎样，如果不对其进行性质和水平上的分析，让文化依然按其“自身所是”呈现或存在于人们的生产生活之中，那么，其所呈现的文化发展状态到底是不是更文明呢？是不是更彰显了人性真善美呢？这是民族文化认同必须思考的。所以，当前民族文化认同在继承传统和开拓创新的道路上，必须注重“文化成人”或“文化育人”的重要意义，促使社会成员积极发扬民族传统文化中的优秀精神，并通过学习获取现代社会生产生活知识、技能和规范，成为新时代身心素质能力健全发展的社会主体。换言之，民族文化认同在汲取时代文化内容的过程中，不是要让社会成员因为物质生活向好而使人变坏了，不能因物质经济收入的增加和物质生活条件的改善而使自我生命生活放纵起来，丢弃诸如敬业勤恳、节约有度的良好品质。在众多民族地区，农闲时节甚至长年有不少人游荡于村落，这其中有的人收入不稳定，又贪图悠闲轻松的生活，这些行为就会对村落社会生活构成一种隐性的威胁，也会成为当下蔓延至民族地区村落中的违法犯罪的根源，它们或显或隐地成为民族地区目前不少家庭生活和谐的巨大障碍。因此，当前民族文化认同有着很重要的任务，一是要让民族地区村落社会成员尊重其所从事的行业，如人们要能安心于农业生产或专心其所经营的行业，使其成为实现自我生命价值的一项事业来对待，而不是只是一种“稻粱谋”的手段，也即人们常说的热爱故土；二是要让民族地区村落社会成员有敬畏守法之心，坦坦荡荡做人，在不断进取中克服困难，通过自我的努力学习和勤劳付出而创造财富，以一种健康身心状态来经营美好生活。

三、民族文化认同教育双向统一路径

现代化、全球化进程中，民族地区要健康和谐发展，一个迫切的问题在

于要强化民族文化认同，将民族传统文化精神和社会主义核心价值观融合统一，通过培养具有传统文化个性和时代精神的社会主体公民主动投入民族地区政治、经济、文化的全面和谐之中。那么，作为统一民族传统文化精神和社会主义核心价值观的民族文化认同发展，需要采取什么样的途径和具备什么样的条件才能更好地走向自觉呢？

（一）转变知识化教育倾向，构建以人为中心的教育服务结构体系

民族文化认同与教育有着密切的关系，甚至可以说，民族文化认同即一种教育形式和过程，其目的在于使社会成员形成对文化发展的自觉，即通过强化民族文化认同，形成社会成员理性的文化人生价值态度，承担传承与创新文化发展的重任。正如河清先生所言，文化的认同或民族的认同其实就是弄清自己。作为一个民族的主体性，认同不是一般意义上的由内向外的认同，而是一个民族自己的内部反思，找准一个民族从哪里来往哪里去，现在的主体精神是什么，在这样的时代这一点尤为重要。[1]因此，在强化民族文化认同过程中，教育起着十分重要的作用，离开了教育，民族传统文化精神与社会主义核心价值观就很难在民族地区扎根生长，即使诸如各种下乡活动、宣讲团等，仍然难以真正起到将之化民成俗的功效。因为这些活动发挥的作用在于让人们有了对外界更多的想象，但不能够真正因之生发对民族文化发展的忧患或改革意识，更不可能由此提升人们的生存和发展水平，其原因在于，文娱活动、宣讲活动虽有价值作用，但却难以真正成为化育人心的教育形式或内容。众所周知，教育的对象是人，其本质是培养人的活动，所培养的人是具有健全人格的主体，只有正确处理人与自然、人与社会、人与自我的矛盾的关系，积极适应上述关系构成的文化世界，并对其不断加以调适，才能使主体和文化环境之间形成和谐相生的关系。当然，这样的教育是面向全体社会成员的，而不只是由学校教育全权代表，还应包括家庭教育、社会教育以及一切有利于不同行业、年龄、性别的社会成员提升自我人性的“活的教

[1] 河清. 文化个性与文化认同［J］. 读书，1999（9）：100-101.

育”，包括制度化教育和非制度化教育从而构成的终身化、学习化结构体系，这是十分有必要的。

前已述及，当前民族传统文化精神在孕育和培养社会主义核心价值观过程中的文化下乡或宣讲活动是有价值作用的，但是从教育视角来看，其意义还是不全面的，它所发挥的功能更多的是偏向于理论认知和非连续性的。例如，通过社会主义核心价值观内容的横幅标语化，或辅之以歌咏比赛、文体娱乐、重走革命路等形式来展开宣传活动，在初始阶段，能够让人们在内容认知上较快地熟悉了解，但如果仅仅停留于此就不会产生内化于心的积极作用，毕竟走马观花式的宣传与春风化雨、融价值精神于社会成员生命生活中的连续式、渐进性的政治思想和道德品质教育是相悖的。因此，当前民族文化认同要让民族传统文化精神与社会主义核心价值观得以延续和生长，需要构建优质的教育服务体系，改变以往人们将教育当成一种独立于生命、生活之外的客体去追逐的倾向，不少人只是以商品交换的目的去对待教育，把教育变成一个旁观的对象，而不是将之视为和内化为自身生命、生存、生活的存在方式与组成部分，如此，自然难以引发人们思想态度、思维价值的有效转变。这是因为，民族传统文化精神和社会主义核心价值观涉及每个公民的人格品质，它不是一种静态的等同于标签化的“肖像”，而是渗透和体现在人们日常的生产生活之中。所以，在强化民族文化认同进程中，在实施民族传统文化精神和社会主义核心价值观教育上，要转变以往“知识化”的倾向，构建以健全人格培养为中心，在结构内容上以探讨解决生产生活问题为导向，在形式类型上以终身化、多元性为表现的教育体系，方能使民族传统文化精神和社会主义核心价值观得以在教育中活化为人们的自觉行为实践。

（二）转变无组织娱乐倾向，组建分层有序协调的多元文化活动平台

众所周知，当前民族地区的物质经济生活水平有了较大幅度提升，也因此带动了民族地区文化娱乐的兴盛，诸如融入了现代化元素的各种民族歌舞活动已经成为社会成员劳作之余的重要生活内容。这些活动有利于愉悦人们的身心，它使民族社会成员有所兴趣爱好，特别是对中老年人而言，更是其

获得生命存在感的重要内容，是民族传统文化精神和社会主义核心价值观内化于心的重要实践形式，深受民族社会成员的喜爱。然而，民族地区社会成员文化娱乐活动本身还不健全。首先，当前盛行于民族地区的文化娱乐活动是自发的，其主体往往集中于中老年妇女，形式以模仿市场上出售的舞蹈光碟为主，并非以本民族传统舞蹈为主体，即人们参与其中的娱乐活动并未有意识地依托于本民族文化；其次，民族地区文化娱乐活动的无选择性，尤其在民族村落中，受制于时空环境，人们只能将空闲时间投入诸如现代广场舞及打麻将等内容上，其余时间则无所适从，缺乏其他有意义的文化活动。因此，应当对民族地区文化娱乐活动进行积极引导和改造。首先，民族地区文化娱乐活动要从自发转变为有组织地进行，将文化娱乐主体投向更多的社会成员，而不仅仅是中老年妇女，并确立文化娱乐活动的价值导向，即除了放松身心之外凸显怡情益智的作用，使民族社会成员焕发精神活力；其次，民族文化娱乐活动内容要加以拓展，不能让社会成员的完整生命只面对单一的娱乐刺激，要充分发挥其人性中的对自由个性的追求，通过对感兴趣的娱乐活动的参与而提升其精神品性。总之，强化民族文化认同，积极传承民族文化精神和培育社会主义核心价值观，有必要组织民族文化娱乐活动，组建分层次、有序协调的多元文化活动平台，集身体锻炼、技能培训、情感陶冶于一体的公共活动空间，注重其内容、形式的“真实性”，而不只是老年人打麻将和跳舞的场地，应当建设诸如图书馆、电子阅览室和强身健体的设施，让其身心、体脑得以协调发展。只有这样，才会为社会持续发展进步打下基础，也才能使民族传统文化精神和社会主义核心价值观得以通过人的改变来认同和践行之。

（三）转变“民政”分离倾向，合建“上下畅通”的制度化执政队伍

民族文化认同是指向全体社会成员的，只要人人本着爱岗敬业、诚信友善的心态来与他人交往，就会营造和谐的社会发展氛围，即民族文化认同所要达成的效果是普及化、民本化的，通过不同地域、阶层、职业的一个个主体对民族传统文化精神和社会主义核心价值观的内心遵从，在民间形成文明

和谐的生活风貌。然而，现实生活中我们不难看到民族传统文化精神和社会主义核心价值观在不同社会成员思维意识与行为实践层面的表现是不一样的，存在着一种“民政”分离的现象。

所谓的“民政”分离，是指在当前民族文化认同发展过程中，从理论宣传学习及其效果角度而言，诸如社会主义核心价值观教育活跃于机关事业单位及其成员工作生活中，人们借助于开会、视频观看、文件传阅等途径方式能够对其内容和意义进行了解，而在民间，尤其是民族地区村落社会的民众，无论是从认知还是实践层面，对社会主义核心价值观是陌生的，即使乡镇村落中可能标有社会主义核心价值观字样的横幅，可对于村民而言，有不少人处于文盲或半文盲状态，他们往往不会去追问标语中写的是什么，即使追问也不会去深究其内涵意义，更遑论将其内化实践。

因此，当前民族文化认同要自觉化，使民族传统文化精神和社会主义核心价值观在民间土壤上生长起来，成为民族文化的组成部分并作用于社会成员的身心发展，必须面向全体社会成员，使其成为一种风气，扎根于民间大众的生产生活中。所以，当前民族文化认同要突破“民政”分离的倾向，尤其要确保民族地区村落社会成员的民族文化精神和社会主义核心价值观教育落到实处，并形成制度化的保障机制。通过县乡镇的社会主义精神文明办公室等，以村委会为定点，设置相应的文化建设窗口，聘请熟悉传统文化且具有一定文化水平的村民作为兼职工作人员，积极配合县乡镇负责文化专员工作，并把这一活动在形式、内容、考核上加以组织并形成制度化，确立民族传统文化传承创新和社会主义核心价值观培育的上下畅通的稳定化、连续性、有质量的执政队伍，切实促进民族地区的全面和谐发展。

第六章　缺失与夯实：农村城镇化转型中的美育导向

农村城镇化是社会主义现代化建设的重要内容，是缩小城乡差距并实现城乡一体化发展的推动力量，其宗旨是促进农村社会的生产发展、文化繁荣及农村社会成员生活的幸福安康。然而，实践中农村城镇化发展虽然较大幅度地增加了人们的经济收入，提升了其物质生活水平，可当下它并没有真正带来农村社会的文明进步和可持续性发展，反而使得农村社会处于失序混乱之中，人们的生活不断被物质或经济压力捆绑。因此，美育导向是农村城镇化转型过程中须要重视的，注重农村社会成员核心价值观培育，以人文精神净化人们的心灵，从而真正促进农村城镇化的和谐发展。

一、当前农村城镇化转型中美育缺失的危害

农村城镇化是综合的，这不仅仅意味着城镇景观的出现，更为核心的是农村社会主体能够适应并引领城镇化的发展，且能享受着城镇化带来的美好生活，而非像当前所展现的城镇化刺激和助推着人们私欲的不断膨胀，在“你追我赶”的经济竞争中忽视了完整的家庭亲情生活、践踏传统文化血脉、敌视或嘲笑他人的富裕与贫穷，使得部分农村社会发展陷入价值观坍塌的境地。

（一）农村社会丢弃了“生活世界”

农村社会是由一个个具体家庭构成的，每一个家庭在父母、子女、儿孙等成员的共同参与下营建起创造美好生活的蓝图或梦想，既有为了维持或提高物质生活水平的劳动实践，通过农业生产、经商、外出打工等活动来达成目的，也有为了完成人口再生产而进行抚养、教育子女的实践活动，当然也

有着伴随这些活动而发生的挫折、痛苦、辛酸、喜悦、欢乐、成功等各种人生体验，但不论怎样，正常的家庭生活都是建立在成员之间的交往基础上，并在互动沟通形成一致的目的、理解而维持着家庭生活的常态化，也就是说真正好的生活是具体的、平淡的而又充满了希望。然而，城镇化进程中农村社会在表现出“匆忙的经济创收”之余，少了对于生活世界的关注，或者说人们忘了生活本身。诸如当下城镇化进程中很多农村社会成员离开家乡外出打工，短则一年半载，长则三年五载，造成了时下热议的留守现象，农村出现了大量的留守老人、妇女、儿童，且留守儿童的年龄不断趋于低幼化，产生了留守老人心理健康和生活保障、留守儿童及幼儿教育、留守妇女婚姻或情绪稳定等一系列问题，而这些问题又常常被外出打工者“遥寄钱财”的行为所遮蔽，原因在于借助于钱财，人们能够盖起漂亮的房屋、能购买满足孩子值得炫耀的玩具和衣物，只要获得了如此资本后似乎其他问题都可忽略或忍受，人们的思维或价值观念不断被金钱所捆绑。总之，城镇化进程中人们正常或平实的生活被扰乱，农村社会成员为了过上所谓的“好生活”而牺牲掉了亲情、健康，农村家庭生活时空被分割而破碎，造成成员之间自我角色定位的混乱或失调，如赡养父母、抚育子女、求学上进的角色同一性或任务都处于失序甚至缺失状态。

（二）农村社会抛弃了“传统文化”

任何一个民族或地域的人们都有着自我的传统文化，其中传递着人们与自然、社会、自我关系的基本价值态度，往往能反映出人们的人生观，因而传统文化及其精神理应受到人们的认同与传承，而非采取敌视、抛弃的态度或行为待之，并被所谓的现代化或城镇化所完全“吞没”。然事实的确如此，城镇化进程中农村传统文化不断消逝以致面临消失的危险，人们在追逐着现代化或经济增长步伐的同时，并未有着文化认同自觉而积极对传统文化进行继承发扬，往往表现出两种不利于传统文化发展的做法：一是利用传统文化搞旅游创收，这本是一条增进农民经济收入的好渠道，可时下它已有着较为严重的异化倾向，如工艺品质量低劣、文化内容简化或伪化等都表现出人们对传统文化的任意剪裁，将其仅仅当作赚钱的工具；二是人们对传统文化的保护传承处于非自觉状态，农村社会成员在城镇化面前完全丧失了“抵抗力”，被便捷、丰富、刺激的物质生活所俘虏，虽然人们的文娱活动多了，但更多的是通过影视或影像产品模仿而来的以集体广场舞为主要形式的娱乐活动，传统歌舞或文化活动慢慢退出了人们的业余生活。可以说，城镇化进程中农村传统文化发展处于危机之中，其造成的危害是多元的，如所谓的集体广场舞只被少部分农村社会成员所“享有”，大部分农村社会成员则只能因无时间或能力等原因而自卑地被排除其外。此外，传统文化的丧失使得农村社会成员的精神无所寄托，人们将时间除了用于房屋建设、生产实践等之外，往往表现出无所事事之态，唯一可做的是选择村落里盛行的“打麻将或赌博活动”，而这恰恰表明农村社会成员精神文化的生活的单调，抛弃了传统文化的人们找不到滋养自我生命丰满的“养料”。[1]

（三）农村社会丧失了“道德信仰”

农村传统社会是一个人情社会，人们在交往过程中形成了许多有助于社会和谐的美德，如互助、谦和、勤俭、礼让等，人们在生活中自觉地践行着这些道德规范，从而维护着村落社会家庭与家庭之间、人与人之间的融洽关系，这也是当下远离故土的人们常常所记忆或留恋的乡情。然而，在农村经济发展的进程中，农村社会原有的不少美德被蚕食，人们不断表现出诸多不良的行为，使农村社会发展走向一种无序状态。诸如上述的赌博活动，时下农闲季节到处可见人们为邀约不到“赌伴”而“发愁”的景况，他们三五成群地躲藏在设有专门提供赌博场所的家庭中打发时光，而农村“家庭式赌场”因效益可观已有蔓延之势，而问及农村社会成员为何要热衷于打麻将时，回答都是“打发时间，没有其他事情可做”等，然实际情况并非如此，好多人都有着做不完的副业，但宁可闲置也要赌博，这无疑显示出人们存在着好逸

[1] 田夏彪. 城镇化进程中农村教育文化认同功能失衡的审视［J］. 内蒙古社会科学，2014（3）：148-151.

恶劳和不劳而获的心理特点。此外，当下农村社会还流行着一股炫富之风，人们穿着衣物的新旧、档次都会成为他人品评对象，而房屋、汽车更是农村社会成员“显摆之本”，一旦拥有它们似乎就可“坐拥天下”或“昂首阔步”于人前。因此，当前农村社会中经常可听到“你看某某盖了多大的房子，买了多好的车子”之类的话来评价他人的才能，而之前提及的“谦和、勤俭、礼让”等美德如果没有金钱或物质的支撑也将“不得人心”，反而会成为人们讥笑的谈资。概言之，城镇化进程中农村社会发展日益呈现出“骄奢”风气，昔日的美德不断被人们所丢弃。[1]

二、当前农村城镇化转型中美育导向的定位

当前农村城镇化转型中缺失美育导向，农村社会发展在注重经济增长和物质生产的同时，其道德和精神文明建设却是落后或空白的。农村传统文化和美德不再受人尊崇，农村社会成员的价值观是扭曲的，他们在不断追逐现代化的过程中迷失方向，忘却了生活本身。为此，农村城镇化进程中有必要加强美育建设，让农村社会生活真正进入生产发展、生活宽裕、乡风文明，村容整洁、管理民主的境况中。

（一）以核心价值观为重心，促进人性“真善美”品质提升

价值观是人们的行为实践导向，反映着人们对社会、生活、生命的基本态度。如前所述，目前有的农村社会成员的价值观是扭曲的，其对待生活、他人、社会、生命的态度是以外在的金钱、物质为衡量尺度。毋庸讳言，在这种风气环境熏陶之下，农村社会成员人性中恶的一面不断膨胀起来，为了赢得他人“尊重”，农村社会成员不再以“品德、良心、教育”为准绳，取而代之的是“一切向钱看”的标准，为达此目的，用一些“非道德”的手段而聚敛钱财也不以为耻。因此，农村城镇化转型中的一个重要任务是重塑良好的价值观，通过社会主义核心价值观教育让农村社会成员正确处理国家、社

[1] 刘铁芳. 乡土的逃离与回归：乡村教育的人文重建［M］. 福州：福建教育出版社，2011：132.

会、个人关系，在其行为实践中做到遵纪守法、诚信经营，将勤劳致富、和睦友善贯彻在生产生活中。换言之，农村城镇化转型中要树立社会主义新风尚，要让农村社会成员过一种“美”的生活，让其在融入现代化并追赶经济、科技发展步伐的同时，能够对什么是真善进行追问反思，以美的方式对其实施创造性统一。为此，城镇化进程中需要加强对农村社会成员进行社会主义核心价值观教育，不断促使农村社会富足、文明、和谐，让农村社会成员在平等、公正、法治、诚信、友善的环境中生产生活，如此农村社会成员人性中真善美才有了彰显的保障基础，因为人性真善美孕育离不开一个良好的环境土壤，而具有真善美品质的农村社会成员又能够积极作用于社会主义核心价值观的生成，二者是共协共促的相互作用关系。

（二）以人的发展为基础，促进农村社会政治、经济、文化和谐

农村城镇化发展是综合多元的，包括了政治、经济、文化的统一和谐，只有农村社会物质丰裕、法制健全、精神生活丰富，如此农村社会成员生活才可谓富足。然而，当下有的农村城镇化发展是畸形的，出现了重物不重人的现象，虽然其表现为“繁荣兴旺”，人们的物质生活水平较之以往有了较大的提升，可存在着比如空巢的住宅、留守老人的孤独寂寞、留守儿童的问题化、外出务工的歧视化等问题，也就是说农村城镇化发展不能只看楼房、收入等表面现象，更需要关注人们的生活和情感体验，只有所有的农村社会成员能在城镇化进程中获得有尊严、可出彩的人生命运，农村城镇化才是“绿色或健康的”。因此，农村城镇化虽然是多元的，但这种多元发展必须得由具有综合素质的农村社会成员来促成并加以引导调节，只有其自觉践行社会主义核心价值观，不断参与到农村城镇化和谐发展进程中来，而非仅仅成为农村城镇化的“看客、过客”。质言之，农村城镇化的核心是人的城镇化，人的城镇化意味着农村社会成员是农村城镇化建设的主体，也应享有城镇化发展的福祉，因而农村城镇化发展要以提升人的发展而非单纯经济增长为基础，只有农村社会成员具备适应城镇化的技术技能，也有着参与城镇化建设的民主、法治、市场化意识品质，社会政治、经济、文化等才能全面和谐发展。

（三）加强教育启蒙，促进农村文化娱乐活动的文明化

农村城镇化发展质量如何，对其进行检验的最好时间是在农村农闲时节，看看人们的闲暇生活是怎样度过的，这往往能直接反映出农村社会风气的文明生活的内容是什么，他们以什么样的方式展开日常活动，这能够在一定程度上反映出农村社会成员对待生活、生命的思想态度、价值观念等。上已述及，农村城镇化过程中增加了人们的经济收入，使得其有了更多可支配的金钱修建可以丰富农村社会成员公共生活的场所设施，包括许多村落通过集资方式修建了老年或村民活动中心，农村许多活动就在其中进行开展，如老年人的麻将娱乐、现代集体广场舞排练以及节日活动时集体聚餐等。不可否认，这样的娱乐场所及其所展开的活动有其一定的意义，尤其是为农村社会成员开展各项活动提供了公共平台。然而，不难看出的是农村文化娱乐活动是非益智的，甚至有的是有害身心健康的，因为他们打麻将是要玩点“金钱刺激”，跳舞排练是要有个“我好你坏”之分，而吃喝更是“觥筹交错”。因此，要使农村社会成员文化娱乐活动健康化，起到愉悦和谐身心发展的作用，有必要对农村社会成员进行教育启蒙，或通过自我学习、阅读、反思进行自我启蒙，或借助于政府宣传加以引导启发，只有农村社会成员有着真善美与假丑恶的辨识能力，自觉在城镇化或现代化过程中对各种事物进行甄别筛选、去伪存真，方能使农村社会成员文化娱乐生活文明化。

三、当前农村城镇化转型中美育实践的条件

农村城镇化的核心是人的城镇化，而人的城镇化意味着农村社会成员推动着城镇化建设的和谐发展，而非城镇化控制或左右着人们的生命生活。所以，以人为核心的城镇化需要充分发挥农村社会成员的创造力和激情，以一种审美的眼光和情怀参与到城镇化的建设和发展中，让其人性中的真善美品质得以彰显，使其成为引领社会主义新农村建设的时代公民。

（一）“三农”优先发展，缩小城乡差距并促进城乡一体化

“三农”是社会主义现代化建设的重中之重，其发展影响着整个社会的质

量水平，当前农村城镇化是推动“三农”发展的重要力量，它积极带动了农村经济的快速增长。然而，目前农村城镇化发展往往是畸形或片面的，更多的是偏重于“造城”、外出务工以及村庄房屋、道路、水利等设施的建设。不可否认，这些方面的发展给农村社会面貌、农业生产和农民生活带来极大改善和便利，但“三农”问题不仅仅限于此，更重要的是农产品市场竞争力、农业生产经营方式、民主法治意识、健康生活理念、公民素质能力、社会福利待遇、受教育水平等的提升，而恰恰于此城乡之间有着较大的差距，甚至就经济发展水平而言，差距也呈日益拉大之势，并且更为直观的是“三农”在城镇化进程中往往是被动的，是独立于城镇化之外的“获益”，所以才有着很多的“背井离乡”或“留守空巢”等问题存在。因此，农村城镇化发展要变为一件美好的事情，实现绿色城镇化必然离不开“三农”的参与并使其有实质性的改善，否则“看得见山，望得见水，记得住乡愁”将仅仅是一种梦想，所以政府大力推进城镇化建设的过程中要着眼或立足于“三农”，通过制定“三农”优先发展政策，加大资金投入力度，注重“三农”发展的质量性，逐步缩小城乡发展差距，促进农村社会物质文明和精神文明的同步发展，让农村社会成员过上安稳踏实、身心健康、劳逸结合的幸福生活。[1]

（二）政府监管到位，净化农村不良观念及违法行为

农村城镇化发展虽然是社会生产力发展到一定阶段的必然趋势，但其发展的有序性、健全性却与政府的调控或监管有着十分密切的联系，如当下农村外出打工人口日益增多，其在城市就业过程中如何享受“同城待遇”是个严峻的问题，包括子女的入学、高考以及户籍或享受相同的福利待遇问题，这些问题在城镇化发展过程中逐渐有了相应的文件或政策规定，可一旦在实践中农民工及其子女的利益总是被一个个单位或组织的各种理由所牵绊，所谓的“改革政策”并未真正惠及农民工及子女。此外，当下农村社会存在着比较严重的违法乱纪现象，而且悄然呈蔓延趋势，比如赌博变成一种习以为常的事情，对此各地警务派出所很多也是“闭眼任之”，除非有人举报才偶

[1] 田夏彪. 多元一体：农村教育价值取向与实践路径［M］. 北京：九州出版社，2014：120.

尔出警执勤，采取没收、罚款的惩处方式，而事后当事人则可向派出所要回被没收的赌具。另则，贩毒、吸毒等现象在边疆农村地区也滋生兴起，呈现出贩毒点分散、吸毒面广的特征，而对此，即使村民知情也不敢声张或举报，怕他人实施报复。当然，农村城镇化进程中存在的问题还很多，需要政府部门采取有力措施进行监管，只有借助于权力和法律制裁才能净化农村的不良观念及违法行为，通过日常化、定点式的警务巡逻执勤和严惩不贷的制度建立执行，方能起到积极效果。

（三）加强文化环境建设，丰富农村文化活动内容和形式

如果说农村城镇化景观以及农村社会经济增长和物质条件改善是一种硬件发展，那么农村文化环境则是一种“软实力”。众所周知，文化犹如空气，它以一种潜移默化的方式影响着社会成员的价值思维或心理，从而形成一个社会的文明风气或道德水准。所以，农村城镇化进程中需要加强文化建设，丰富农村文化活动内容和形式，让农村社会成员农闲时节或劳动之余有事情可做，避免部分农村社会成员所说的“没有事情可做而去赌博”的情况发生，让其真正过上有意义的文化生活，而非再持流行于农村的所谓“小赌怡情”的错误观念。因此，农村城镇化进程中加强文化环境建设要改变只注重有形的空间或景观修造，但其用途单一以致成为与农村社会成员生产生活相分离的一个装饰或摆设而已，而应使这一空间或景观中的文化要素多元起来，能让大部分农村社会成员参与其中，通过健身、阅读、舞蹈、体育运动等各种形式调动人们的积极性，让他们从中吸取正能量以助于身心健康。特别要强调的是，当前农村城镇化进程中的文化环境更多的是农村自发组织的，多集中于诸如学习现代广场集体舞蹈，但提升农村社会成员阅读、计算、技能等基础素质的文化活动则比较缺乏，须得依靠政府、学校等力量的发挥，构建起图书阅览室、多媒体信息平台、疾病健康或民主法治宣传栏等，逐渐培育起农村社会成员爱学习、勤思考的生活习惯。[1]

[1] 钱理群，刘铁芳. 乡土中国与乡村教育［M］. 福州：福建教育出版社，2008：115.

第七章　民族文化认同教育的思维向度

民族文化认同是民族文化发展的主位因素，只有民族社会成员确立起辩证统一的文化发展思维，民族文化发展才不会迷失方向。然而，当前我国民族文化认同教育思维是有误区的，实践中人们将民族文化视为可以“任意打扮的小姑娘”，不断将其推向市场化并使之沦为商品，从而形成民族文化“热闹非凡”却无“灵魂温度”的发展现状。因此，民族文化认同教育思维必须从脱离于人的生命生活的功利手段中摆脱出来，形成以人为本在时间上统一“传统、未来、现实”和空间上兼顾“文化个性、时代精神、生活品质”的三位一体思维路向，真正促进民族文化的和谐发展。

一、当前我国民族文化认同教育思维向度的偏误

多年来，我国民族文化认同教育是存在偏失的，尤其是在“何谓民族文化认同教育及怎样实施民族文化认同教育”等问题上，人们的思维是偏误不清晰的，虽然学术界和政府部门都热切给予关注，但毕竟普罗大众或社会成员才是民族文化认同教育的主体，他们关于民族文化认同教育的思维价值合理与否事关民族文化发展的兴衰走向。

（一）民族文化认同教育思维的“便利性”

民族文化认同教育是一个系统工程，它涉及民族文化的“表”和“里”，所谓的“表”是指民族文化内容是多元丰富的，“有视觉形象的，有听觉形象的，也有听视觉结合的；有在空间中展开，有在时间中展开的。”[1]诸如风景

[1] 詹小美，王仕民. 论民族文化认同的基础与条件［J］哲学研究，2011（12）：115-119.

名胜、民族建筑、宗教场所、民族节日、风俗习惯以及民族音乐、舞蹈、神话故事、歌谣、服饰、手工艺等；所谓的“里”是指由上述民族文化事项构成的“文化场”所孕育的“思维心理或价值精神”。当然，表里是“如一或统一”的，双方之间存在着互促共融的关系，如果民族“文化场”受到结构性破坏，则会使得民族文化精神无载体可依存，从而使其逐渐成为一种“记忆回想”。如果民族文化精神或思维心理“变样了”也会带来民族文化生态的迅速“瓦解”，就如同当下人们担忧的民族传统文化的消逝。所以，民族文化认同教育应该有着系统性思维，而不应像当前虽有着民族文化认同教育之“形”，却无民族文化认同教育之“实”，因为好多民族文化教育活动内容是“便利化”的，也即人们对民族文化进行保护、传承是“过滤化”的，更多是从“观赏性、效率性、功利性”的角度来选择、组织和设计，可谓“一举多得”，既能够快速地搭建起民族文化保护项目，又能借助其来获取政绩，还能赢得经济效益。总之，当前民族文化认同教育思维有着“便利化”倾向，人们“多快好省”地选择一些民族文化内容来完成任务或钻营利益。

（二）民族文化认同教育思维的“有限性”

民族文化认同主体既然是民族社会成员，那么民族社会成员自然也是民族文化认同教育的对象，唯有民族社会成员具有自觉的文化认同意识和实践，民族文化发展才有最坚实的人力基础。然而，当前民族文化认同教育是薄弱无力的，似乎只要提及“教育”则都被“学校教育”所取代，这在民族社会成员思想观念中尤为突出。换言之，当下民族文化认同教育在形式上主要是学校教育为主，其对象主要集中在中小学生身上，往往进行的是诸如“舞蹈、手工、音乐”等内容，这使其缺乏连续性和系统性，常常是断裂的，会受行政、成绩等因素影响而中断。因此，当前依靠学校教育来进行民族文化认同教育的思维是偏狭或有限的，毕竟学校教育的重心在于培养中小学生的学习兴趣和综合素质，加之其教学计划、教学形式等相对“固型化”，很难让中小学生真正深入去感知民族文化。此外，民族社会成员才是民族文化发展的中坚力量，要其形成合理的民族文化认同价值观念，这离不开对其进行有效的教育影响，使之形成在追赶经济发展步伐的同时又能坚守自我民族文化精神个性。概言之，民族文化认同教育走“学校化”道路是效果有限的，需要在形式上与“非学校化教育”形成互补协调，让所有社会成员都获得受教育“启蒙觉悟”的转变，将教育融入他们的日常生产生活中，变为其生命的存在方式和组成部分，如此民族文化认同教育才是强大的，因为它成为一种习惯在影响着民族社会成员及其民族文化发展。

（三）民族文化认同教育思维的“简缩性”

民族文化认同是“活”的而非静态的实体，它通过社会成员的生产生活实践来“显现”，也即民族文化认同本质上是实践化的，其重点不在于要划清“楚河汉界”，一定要判别“认同什么”和“不认同什么”的是非界定，而是要看人们“做了什么”，这才是民族文化认同的真实性所在。然而，现实中民族文化认同教育却没有呈现出民族文化认同的“动态性”特征，其思维存在着“对象化”倾向，也就是人们将民族文化认同教育当成一个对象来看待，从未真正使其走进人们的生命生活中，他们是站在教育之外来“办教育”，这表现在两大层面：其一，就行政部门和学术界来说，民族文化认同教育是“书斋化”的，讨论虽然热烈却未形成对民族文化传承与保护的有效推动，其价值可能真的只在学术圈内产生重大影响，但对民族社会成员的“文化自觉”培育没有形成太大的推动作用；其二，就民间基层而言，许多社会成员对待教育的思维态度是“手段化或功利性”的，教育被他们当成要算计的事宜，如果没有得到教育的“甜头回报”则对教育无动于衷。因此，实践中民族文化认同教育收效甚微，许多社会成员往往只接受和感兴趣于“有利可图”或“娱乐感官”的民族文化教育活动，而对需要其用心去省思的民族文化教育事项却加以躲避。总之，当前人们在进行民族文化认同教育过程中存在着“简缩性”思维，将本是“活”的复杂动态之民族文化认同简缩为单一静态的民族文化事物，也即上述提及的人们以一种“作壁上观”的思维心态来对待民族文化认同教育。

二、“三位一体”：民族文化认同教育思维向度的定位

民族文化认同教育是一个长期缓慢的过程，其核心在于要转变一个人的价值意识和思维心理，形成其良性的文化认同自觉并使之化为一种生命习性。可以说，民族文化认同教育的关键在于人，而非仅注重外显的文化景观建造上，理应确立起“以人为本”的思维取向，将文化融入人的生命生活之中，让民族社会成员成为一个完整的“人”，真正将“活的文化”和“文化的活”在其身上展现，让“传统、现在、未来”之时间和“文化个性、时代精神、生活品质”之空间所形成的结构内容统一灌注在社会主体身上。

（一）立足传统，注重民族文化认同教育的“文化个性”

文化是有生命历史或传统的，否认或放弃传统文化则意味着生命的“无根”，因为一个人或一个社会都离不开“价值判断或行为规范”，而此恰恰是文化使然，人们通过文化的濡染而习得了一定的“知识和道德”体系，用其来指导生活。换言之，人是文化的存在而非物质的存在，人之别于动物是因为人能用文化来指导自我，绝非依靠“本能的任性”而为。所以，民族文化认同教育的一个重要任务是对传统文化及精神的继承和坚守，让民族社会成员意识到传统文化的重要性，使其愿意过一种“有文化”的生活，不再沉醉于单一的“物质经济”攫取上。无疑，这是一个浅显的道理，可当下民族社会成员却由于以往长期遭受物质贫困之苦，很难做出“金钱是以人为目的”而不是“人以金钱为目的”的区分，在这种情况下作为生活方式的传统文化不再受到人们的礼遇和敬畏，或者人们就没有时间和心思去考虑传统文化的意义问题，而是一切围绕着“经济收入”来设计人生。因此，当前民族地区往往存在着“文化夹生”的现象，也即有些借助于诸如“旅游村夹带旅游产品出售”来搞活村落经济，有些则“外出务工经商挣钱”来改变村落住宅面貌，但此等活动在促进了村落经济物质的繁荣之外，也同时引发了传统文化和道德生活被逐渐忽视的趋向。因此，当前民族文化认同教育理应有着立足传统的思维取向，让优秀民族传统文化及其精神得以绵延生长，将温暖人心

的“互助、友爱、谦让、勤劳、诚恳”等文化精神长存于世，使得人们在欣赏民族文化现象或活动的多元绚烂之余，更多的是感受到民族传统文化之精神个性。

（二）放眼未来，加强民族文化认同教育的“时代精神”

民族文化认同是连续性的，所谓“连续”意味着民族文化认同是发展式的，它要有效处理好守成与开新的关系，而不能变为一种停滞的保守。所以，民族文化认同内聚着时代气息，如果离开与时代精神的契合，民族文化只会变为一件“古董静物”被人们“把玩”，却不能激活起社会成员的“生命意志”，进而实现不断超越自我生命的创新性。然而，实践中民族文化认同往往走的是“保护”之路，过于注重对有形的物质文化的抢救上，这是必要的，尤其是在当下，民族传统文化生长环境岌岌可危，还得要加大对其保护力度。但人们在关注民族传统文化的保护的同时，是不是也要考虑民族传统文化与现代社会遭遇之后的“融合或生长点”的问题——只有民族文化找到了与时代精神相契合的“嫁接机理”，方能让民族传统文化得以绵延生长和创新发展。因此，民族文化认同教育须放眼未来，注重民族社会成员现代公民素质培养，将社会主义核心价值观和民族传统文化精神相结合，通过二者的互动整合，切实让“自由、平等、法治、公正、民主、诚信、友善、敬业”等价值精神成为人们的一种习惯。总之，民族文化认同教育要敢于正视现实问题，一方面要对现代化发展的“拜物教”思想进行抵制，积极运用法治、科学思维来促进民族文化传承；另一方面也要不断对民族传统文化进行“手术”，解放民族社会成员落后的思想观念，真正让其成为具有科学和人文素养的现代公民。

（三）关注现实，夯实民族文化认同教育的“生活品质”

民族文化认同是具体非抽象的，它融于民族社会成员的生产生活实践之中，通过人们的思想观念、话语表达和行动选择层面可反映出人们是如何看待文化发展的，也就是说民族文化认同是日常化的，其关键在于“做了什么和怎么做”。然而，现实中民族文化认同时常被学术界和政府部门所“把持”，很少有民族社会成员或民间力量的参与，以致形成所谓的“被民族文化认同”现象，即作为民族文化认同主体的民族社会成员是“跟着感觉走”，他们往往是看着市场环境来做出自我生产生活设计，而缺乏对民族文化发展的“同一性”守护。因此，当前民族文化认同教育要凸显社会成员现实生活的关怀，从两大方面来促使民族文化认同的良性发展：其一，作为民族文化认同研究的学术界，除了从学理层面阐述民族文化认同本质、内涵、结构及影响因素等之外，也应加强从民族社会成员生活层面来思考民族文化发展问题，将民族文化与民族地区社会的政治、经济发展结合起来，在不断推动民族地区物质生活水平改善的基础上进行民族文化发展建设的“大众化、健康化、生活化”；其二，既然民族文化认同主体是众多的民族社会成员，民族文化认同教育应突出对其的“启蒙性”，让其逐渐意识到生命是完整的，生活不独倾向于生理或本能的无尽满足，而应看到“精神、价值、信仰”于其具有的重要性，真正让民族社会成员不断构建身心和谐的幸福人生，并在这个过程中让民族传统文化来净化、滋润和养护其身心，让其拥有“反省自觉”的生命生活品质。

三、民族文化认同教育思维向度的实践路径

民族文化认同教育思维影响和决定着民族文化发展实践的走向，以往“对象化、客观化或本质化”的思维使得民族文化脱离了人的精神生命和价值生活，以致把民族文化变为一种致富手段，造成民族文化生态的枯萎迹象。因而，当前民族文化认同教育必须转变思维，确立起形成以人为本在时间上统一“传统、未来、现实”和空间上兼顾“文化个性、时代精神、生活品质”的三位一体思维向度，并通过有效的教育结构、内容、形式及环境条件来保障其得以践行。

（一）构建“化民成俗”的民族文化认同教育结构体系

民族文化认同教育的宗旨是要让民族社会成员形成文化认同自觉，而此

价值目的的实现要有一个完整有效的教育结构体系来保障，不可能仅仅依靠学校教育“点缀式和应付化”的民族文化教育举措来推动，最为基础和根本的是要在全社会形成一种民族文化认同教育的风气和环境，使每一个社会成员都深受良好风气和环境影响而潜移默化地形成民族文化认同自觉，也即民族文化认同教育要走化民成俗之道，而非是一种任务式的宣传或要求。为此，民族文化认同教育要构建一种“全纳”视野，从教育对象而言应面向所有社会成员，包括幼儿、儿童、青少年、中青年、老人等；从教育内容而言应兼顾在空间中存在的民族建筑、手工艺、服饰和时间中存在的礼俗、歌舞、音乐及民族语言、宗教信仰等，而不只是当前人们所关注的可视觉化、商品化的民族手工艺品或民族歌舞艺术；从教育形式而言要在学校、家庭、社会、政府、村落社区等不同教育形式之间形成互补互促关系；从教育方式方法而言将理论文本认识和实践参与体验结合起来，使民族文化认同教育“活”起来。总之，民族文化认同教育是复杂的、系统的，各种要素之间要形成“多元共谐”的有序关系，才能以一种“无形而遍及周身”的教育存在影响着人们的认识和行动。

（二）培育“心灵反思”的民族文化认同教育依托载体

民族文化认同教育是连续性的，即它要起到一种“渗透式”的影响效果，而非“断裂式、跳跃式”的应景之作，不断被各种“上级任务”要求而临时性展开文化运动，虽然这样的民族文化认同教育也能调动民众的激情，可常常是“一头热或闷头热”，事后并未真正起到引发其心性变化的效果。毋庸置疑，教育、文化对一个人的影响是“润物细无声”或“直至内心”的，也就是说民族文化认同教育只有“改变或塑造了一个人”，其真正的意义才生成，因为只有民族社会成员清楚明了“文化于我”之必要性，他才能不断去进行反思取舍，而不是一味跟从。因此，民族文化认同教育要重视民族社会成员“心灵反思”素质培养，在喜闻乐见的歌舞娱乐形式之外，也应加大如阅读为主的学习活动组织，通过建立乡村图书馆或阅览室、网络机房等场所设施，为民族社会成员提供了解世界、认识和提升自我的教育载体，既让其有了比较的眼光来进行反思，又能够为其结合生产生活实践提供知识技术的支撑。总之，民族文化认同教育的重心是要塑造一个健全的生命主体，要让其有能力来不断引导自我生命的超越，这要求民族文化认同教育有良好的依托载体，从而让传统文化精神和时代精神借助于阅读学习而在民族社会成员生命生活中生根。

（三）凸显“乡镇基层”的民族文化认同教育引导力量

民族文化认同主体虽然包括所有的民族社会成员在内，但在对其展开民族文化认同教育过程中应有一个“引导性”力量存在，使之作为民族文化活动的组织者、协调者来参与其中，其必要性在于：其一，当前民族社会成员埋头搞物质建设，纷纷外出打工经商赚钱，一部人忙于盖屋买车以示“富有”，一部人则在城市买房远离故土，但无论哪种情况都隐藏着人们价值思维中的“物欲化”倾向，在民族社会成员忙于生计的同时，民族文化似乎是人们“没来得及”“不愿意”也没去思考的问题，而这可能导致在人们实现了财富梦之时，民族文化之河早已干涸；其二，当前包括民族文化认同教育在内的教育系统深受“为学以求官致仕”思想的影响，人们内心深处依然有着严重的权力、金钱崇拜心理，受此影响，类似教育在内的一切活动都被人们“待价而沽”，也即上述所提及的教育与民族社会成员生命之间是隔离的，人们没有用真心真情来对待教育。所以，当前民族文化认同教育需要强化乡镇基层的草根力量，尤其是作为深入在民族村落中的乡镇政府部门要主动承担起传承与创新民族文化的重任，通过建立村落民族文化保护组织机构，由乡镇政府人员、村落成员、学校教师参与其中构成引导性教育力量，从改变一个个村落的民族文化风貌做起，由点带面逐渐成为一种气候。

第八章　“事物化”与“特质化”：民族文化认同的思维误区

何谓民族文化认同？费孝通先生提出的“文化自觉”理念是较为恰切的解释，即认识自己、理解接受他文化并在多元世界里确立自己的位置，从而形成“美人之美，美美与共”的民族文化发展景况。可实践中民族文化认同却陷入了“事物化”和“特质化”的思维误区中，致使民族文化发展在“开放性与民族性”之间失去了均衡性而呈畸形之态。那么，是什么原因造成民族文化认同的思维误区？如何走出这一思维误区及其所造成的危害？此乃现代化、全球化不可避免的进程中，民族文化认同在受到经济、科技、多元文化碰撞的冲击或挑战的时代背景下所必须面对和解决的，以确保民族文化在继承中得以创造性发展。

一、民族文化认同的思维误区表现

民族文化认同的宗旨是为了促进民族文化的积极发展，而非是一种结论式的“认同什么或不认同什么”的判断界定，或者是将其变为区分民族文化孰优孰劣的认定活动，使得民族文化发展只“认同于”某一“目的或实体”，成为实现此“目的或实体”的手段，而其自身却失去了活力和可持续性。

（一）民族文化认同的“事物化”

民族文化认同不是在真空中存在，其发展运行受到政治、经济等因素的影响，它们使得民族文化认同具有创新的动力，毕竟民族文化认同不是“铁板一块”静止不动，否则也不存在所谓“认同”问题了。然而，当下民族文化认同发展却在顺应时代潮流中失去了坚守，不断随波逐流于现代物质文化的“漩涡”中，民族文化成为政治、经济、物质的“附庸”，其发展往往被这些外围的因素所左右，特别是为了实现经济增长目的而被人们任意“把玩”，诸如各地的“景区景点”“城市面貌”“生活方式”等都不断体现出趋同的特点，而且这种状况有着不断蔓延的态势。那么，民族文化认同为何如此？难道打造文化品牌的发展思路不对吗？这是一个普遍而急需澄清的问题，其背后所潜藏的思维或心理在于民族文化是用来“创收”的，只有此“价值”才是激发人们“关注文化”或“利用文化”的理由。因此，我们可以看到，“文化产业”堂而皇之地受到政府、集团、社会、个人的青睐，它既能满足人们对“新异文化”的好奇，也能刺激经济增长。然而，不可否认的是，随着民族文化的“景点式”扩张，民族传统文化也渐渐远离人们的生活，它不再是一种滋润社会成员心灵或精神的“护身符”，而是被人们利用的一种“工具”，其功能仅仅在于给人们带来经济回报，包括众多民族地区社会成员给予民族文化的关注也是由于其能够改变他们的生活命运，尤其是提高了他们的物质经济收入，但也恰恰在这过程中民族文化被肢解或浓缩为能赚取钱财的“碎片内容”，甚至还对其“手术整容”，以便扩大其经济效益。

（二）民族文化认同的“特质化”

民族文化认同的目的是提升自我文化的发展水平，以确保与他文化的交往过程中能够确立自己的位置，而不是纯粹为了“文化寻根或个性坚守”。因此，有时人们在谈论民族文化认同要注重文化个性的保持时，其内涵应是民族文化精神的延续生长，绝非仅仅是某一民族文化现象的特殊化或唯一化，如此，则会使民族文化认同落入绝对主义的泥淖中。然而，当前民族文化走着“特质化”的发展道路，且呈愈演愈烈之势，无论是学术界还是普通社会民众，都以标榜某种文化“为我独有”而自豪，这既能满足学术研究的“独创性”之需，也能满足政府、社会及民众的“政绩或面子”。所以，目前民族文化认同思维的“特质化”有着较“强大”的社会基础，这也让它深陷其中而难以自拔。具体而言，民族文化认同思维的特质化渗透在诸多方面，如旅游市场常常以各种特质化的广告宣传来吸引游客或提升其知名度，其手法往往以“编故事、造景观、搞活动”来造势，如此特质化毋宁说是对民族文化的“伪化”。又如，当下存在于众多民族地区的“民族节”，也常被“影视或舞台化”后成为所谓的“品牌”而大肆渲染，成为各大交通站点或城市广告牌的装饰品，每每刺激着人们的眼球。同时，民族文化认同的特质化思维普遍地存在于社会民众大脑中，常常可以听到人们对“某某文化及其活动”的“津津乐道”或“贬损嘲笑”，因为在其看来，民族文化必须要有足够的“谈资或噱头”方显魅力。

二、民族文化认同的思维误区成因

当前民族文化认同存在着事物化和特质化思维误区，其背后的原因除了追求物质经济之目的外，还有无其他更为深层次的影响因素？毕竟以经济为发展重心或取向是长期以来社会及人们形成的共识，为了不断提高社会成员物质生活水平，包括文化发展在内都一定程度上服务或让位于经济建设，这是显而易见的。然而，当社会成员物质经济生活较之以往有了大幅提升，并朝着小康生活迈进的今天，为何民族文化认同依然面临着危机甚至不断恶化呢？

（一）社会发展过程中存在隔膜或不公

从历史的纵向层面来看，人们的经济收入或物质生活条件有了很大的改观，但从共时横向比较，不同地域、阶层的社会成员贫富悬殊日益拉大，而且呈不均衡的状态。这似乎是一个经济学的问题，但它对民族文化认同有着重要影响，因为占了人口较大比例的社会成员在缺乏享有相对丰裕的生活条件下，他们的热情或重心依然停留于对物质财富的追求上，这是人性中“自利”的一个基本体现。众所周知，民族文化认同是一个互动交往的过程，而相互之间要形成“交往理性”关系，则需要相互尊重理解的公平正义环境。然而，当前城市和农村、东部和西部、富人和穷人之间有着隔膜和不平等，处于社会底层的人们往往持有两种极端的态度和行为表现，或“仇富敌视”或“谄媚奉承”。基于此，不少人在一种“非对话”的环境中努力提升自我的“财富收入或社会地位”，他们共同缺乏如何使人类或自我生活过得更幸福、尊严和文明的诉求，于是，民族文化中反映“仁爱、大义、德美”的优秀成分被漠视或弃置。

（二）以教育为基础的上升渠道被忽视

不可否认，贫富悬殊引发的社会秩序问题已引起社会各界的关注，政府部门也采取了相应的措施来缩减这种差距，尤其对民族地区、农村地区的社会发展加大了投入力度，从道路交通、水利设施、医疗保险、农业补贴等方面进行发展建设，并且取得了较大的成绩，这可从民族地区或农村地区人们的房屋建设、村庄道路及生活用品的焕然一新得以佐证，但不少人却感觉生命品质没有得到同步提升。其中，一个重要的原因在于优秀传统文化消逝及现代文化得不到恰当的引导消融。虽然人们的物质生活不断丰富多元，可其精神生活却日益萎靡，这一点在城镇化进程中有着突出的反映，社会成员通过外出打工获得了财富，但大多用于房屋建设等方面，而身心健康、亲情呵护、传统文化等常被忽视，留守儿童、老人、妇女及缺乏生机的村貌环境成为当下农村的真实写照。人们一门心思或绞尽脑汁地增加经济收入的同时，却造成了社会发展的僵化，集中反映在以教育为基础的上升渠道不再受到重视，社会底层通过接受教育来改变命运的功能不断弱化，以致人们不再投入对教育的热心关注。一个社会的发展如果失去了具有综合素质基础的公民支撑，这必将引发包括民族文化认同危机在内的各种社会问题。

（三）以道德为底蕴的社会风气沦落

民族文化认同并非仅仅是一种理论宣传，它更应落实在人们的行为实践中，成为社会成员的心理或思维习惯，在面对与周遭环境交往时形成自我的价值判断和自觉的行动实践。所以，民族文化认同要得以良性发展，很重要的因素是要让社会成员具有正确的价值观和道德观念，能够判断是非曲直而非随波逐流或同流合污，而这样的思维价值除了通过教育来培育之外，还得依靠充满正气和美德的社会环境来孕育促发。然而，当下社会中存在着许多非道德的现象，诸如医药、食品、教育等行业都不断有有悖道德、法治的各种不良现象存在。因此，即使社会上有着许多文化项目在推行实施，但不少文化活动如同“过眼云烟”，表面看起来轰轰烈烈，但就似一部“上映赚足了票房”之后的电影逐渐在观众视野里淡退，再迎下一场戏来掀起“演艺热潮”。而在偏远的民族或农村地区不少人一旦闲暇下来，便开始进行赌博等活动，这已成农村或民族地区社会成员的一种“习惯”。可以说，当前以道德为底蕴的社会风气沦落使得民族文化认同建设遭遇困境，人们在面对各种交往时失去了基本的信任而相互设防，让民族文化认同缺乏了最基本的交往沟通所应具备的互信和进取品质，人们只在自己认定的物质经济目标里一意孤行而不顾其他。

三、民族文化认同思维误区的消解

民族文化认同是民族文化发展的主位因素，只有社会成员确立起辩证统一的合理的民族文化认同思维并加以自觉实践，才能避免民族文化发展的事物化和特质化，也即民族文化认同的关键在于“人”，须要从“人的转变”来促进民族文化认同的良性发展。

（一）加强文化建设，以社会主义核心价值观为引导

民族文化认同离不开社会成员对文化发展的积极关注，而非将经济增长当成社会或自我发展的全部，在积极追赶经济或科技发展步伐的同时，能够具有传承与发展传统文化的意识，主动投入民族文化的建设中去。换言之，正因为当前民族文化认同陷入危机，所以，更应该加强文化建设，夯实其在社会成员生活中的价值意义。为此，民族文化认同需要用社会主义核心价值观来引导，从国家层面富强、民主、文明的推进融入全球化时代进程中，凸显中华民族优秀文化中“己所不欲，勿施于人”“天人合一”“民胞物与”等

思想精神或价值观作为人类处理与自然、与他国或文化关系的基本原则；从社会层面的自由、平等、法治来权衡各阶层、各地域、各行业之间的秩序关系，在充分发挥人们的创造力和自主性同时，自觉遵守国家和社会的法治规范，并严格实施依法而行的原则，如此，民族文化才能百花齐放且又有着基本的法律导向；从个人层面的爱国、诚信、友善等来调节社会成员的交往品质，通过仁爱、内省、为己、忠恕等传统文化精神的继承来使日常生活中人与人的交往达成互信互爱、互助互益的良好关系。

（二）提升道德水平，以社会成员人性真善美为基础

民族文化认同非为一种客观实体的自主运行，正所谓“人能弘道，非道能弘人”，民族文化认同发展要注重对社会主体的价值引导，除了上述提及的法治或制度规范之外也需要道德自律，并且这更符合民族文化认同自觉的价值诉求。只有社会成员能够对民族文化传承延续怀有虔诚之心，才能保证民族文化的可持续性发展。所以，要使民族文化认同摆脱事物化或特质化思维误区，采取的措施应该是“软硬”并重，“硬”的即为民主法治制度的建设，让民族文化发展有着透明的正义环境；“软”的则是道德风尚孕育，让民族文化有着和谐的礼让风气。也就是说，民族文化认同只有“法治”和“德治”并举才能真正收到效果，因此，提升整个社会的道德水平显得十分必要，让社会成员具备勤劳进取和讲信修睦的品质，积极融入社会的建设发展中来。但应注意的是，社会道德水平的提升离不开社会主体的觉悟，没有其思维价值的转变就不可能在实践中妥善处理包括民族文化发展在内的各种社会关系。而要实现社会主体道德的觉悟，需要让人性中真善美的品质或精神不断充盈，它是人类共同追求或认可的普遍价值，能为包括民族文化在内的各种社会实践交往奠定了沟通理解的基础，各种政治、制度、文化都能以其为价值标准而求同存异并实现互利共赢，既可繁荣文化的多元，也能促进人类文明的共同进步，而这也是民族文化认同的题中之义。

（三）重塑教育热情，以优质教育需求和服务为动力

民族文化认同往往和人们的日常生活融为一体，社会成员在生产生活中表现出来的言行往往更能反映出他们对民族文化的态度，所以，为了促使社会成员民族文化认同的合理化，让其成为具有理性思维和自决能力的生命主体，就离不开教育的参与，只有受过良好教育的社会主体才能具有科学的价值理念和较好的综合素质修养。为此，当前需要做的是转变教育理念，让教育从“命运改变、人才培养”的单一模式中摆脱出来，回归到“塑造完人”的本质道路来，让教育成为社会成员生活的组成部分，通过给全体社会成员提供优质的教育服务，让不同年龄、阶层的社会成员都能根据自我的需求得到教育启蒙，使其在学习型社会环境中得到良好的教育熏陶，从而成为有理性的社会主体。

第九章　培育文化认同“复合基因”的意义、条件及路径

文化认同“复合基因”是社会成员的一种心理特质，包含“内隐”与“外显”两个层面的统一。“内隐”指的是在与他文化接触交流中，社会成员往往抱有开放学习和内化融合的稳定意识倾向；“外显”指的这种意识倾向依托于文化场来孕育、绵延和显现，二者之间良性的相依关系促成了文化认同的自觉。无疑，在现代化、全球化不断冲击民族文化生存境遇的当下，社会成员有必要践行“复合型”文化认同之道，促使民族文化获得最佳的适应和发展状态，既实现民族优秀传统文化的传承，也能推动自我民族文化的与时俱进，将时代精神内化在人们的生产生活之中。

一、培育文化认同“复合基因”的价值意义

文化认同有着实然性，不论其有无处于自觉状态，人们都在践行着“文化选择和行动”，而且现实生活中不少人对于文化认同的认识理解往往持有“认同什么和不认同什么”的结论式思维，奉行“文化特质”与“经济至上”的功利主义取向，造成了文化发展在结构上的同质单一和精神上的物欲异化趋向。之所以出现如此境况，与社会主体文化认同思维的一元化、单向性、排他性不无关系，虽然在表面上人们各自专注于经济收益的交往之中，然而一旦经济受损则互不相让，呈现一副“无礼无法无天”之相，文化精神在其身上荡然无存。基于此，在现代化、全球化进程中，培育社会主体文化认同“复合基因”具有迫切性，只有人们在价值思维上秉持对他文化长处的“兼收并蓄”和自我文化的“批判反思”，并通过文化结构内容的传承、创新、调

适而实现文化发展的辩证统一。

（一）文化认同“复合基因”有益于人性圆融

当前文化认同陷入困境的根源在于人的发展出现了问题，伴随着经济收入增长、物质生活水平提升，人的需求却并未趋向于审美或自我实现方向发展，反而人性中的贪婪、自私等无限放大，虽然这可能在一定程度上刺激了人们的“竞争”意识，从而带动了所谓经济的活跃。然而恰恰在“竞争”之中人们走向了对权力、资本、身份、金钱等的“攫取”中而不能自拔，得者“沾沾自喜、趾高气扬”，失者“伤心无力、躲闪避世”，无心去审视自我生命生活的价值意义问题，一味“向外”与外在世界或他人进行“争斗”，因而所谓的“文化”在其眼中仅仅是一件“装饰或取暖”的“外衣”而已，并没有成为其生命生活中不可或缺的组成部分。所以，培育主体文化认同“复合基因”是以人为中心，通过主体价值思维观念的转变，让其在遵循“价值共识”和“行动自律”中与他者、他文化进行交往合作。以白族为例，历史进程中白族民众对汉文化有着广泛的认同，其文化的整体发展水平随着汉文化的学习而不断提升，“整个说来，白族不但较早地接触了先进的汉文化，同时还吸纳了汉文化的精华；更为重要的是逐步形成了较为开放以及善于学习外来先进文化的民族性格”，[1]由于白族民众对佛教的学习和信崇，其原有的“喜斗好杀”“一语不合则拔刀相向”的习性得到了改变，“诸种蛮夷刚愎嗜杀，骨肉之间，一言不合，即白刃相剸；不知事神佛，若枭獍然。惟白人事佛甚谨，故杀心差少。”[2]可以说，通过接受内地诸多文化内容的教育学习之后，白族文化中渗透了许多儒释道在内的汉文化因子，白族民众深受儒家思想和佛教教义的双重熏陶，促进其文化性格中“入世和出世”的协调统一。总之，文化认同“复合基因”的培育是以人的健全发展为宗旨，积极塑造其合理价

---

[1] 赵世林. 民族文化的传承场［J］. 云南民族大学学报（哲学社会科学版），1994（1）：63-69.

[2] 李元阳. 万历云南通志卷三・鹤庆府风俗［A］. 南诏史研究参考资料第一辑［C］，1981：89.

值观，让其将生命生活自身作为目的而非手段，通过自身人性中真善美的彰显，践行一种有文化的生活，把“合作、沟通、尊重、理解、宽容”化实在自我文化发展和与他文化交往之中，从而实现文化认同的自觉。

（二）文化认同“复合基因”有助于文化创新

文化发展是活态的，会随着时空环境变化转移而在内容、形态等方面发生流变，也即文化是“静态与动态”的结合体，且动态发展是“绝对的”。可以说，拒绝文化“求新”的思路、认识、心态是有悖于文化发展的历史规律和时代潮流的，文化理应在传承中得以创新发展。那么，如何才能实现文化发展的良性运行呢？一个根本且适宜之计在于培育文化主体的创新品质，所谓“创新品质”贵在主体具有“务实求真、改革进取、敢于担当”精神，善于利用和结合时代发展的新趋势、新技术来思考传统文化，让传统文化在新的时代焕发光彩，而非一味担忧传统文化失去或视其为包袱负担。所以，当下文化发展的重心或关键在于主体对于文化认同要能以辩证思维对待，其认同思维以多元、开放的“复合”眼光来审视文化发展，既不抱守残缺，也不虚张造作，而是能够因时随世地做出文化应对之举。例如，白族先民的这种文化认同“复合基因”是一种种群的心理特质或思维方式，促使其成为一个民族共同体，并在建立南诏大理国地方民族政权之后并未“闭关锁国、夜郎自大”，社会成员不断开展向内地学习汉文化的行动，南诏王阁逻凤、异牟寻都深受儒学影响，通过读儒家经典来提升自我的统治素养，如阁逻凤“不读非圣之书，尝学字人之术”、异牟寻“颇知书，有才智，善抚其众”，[1]大理国“上至国主及贵族，下至普通百姓，常常通过官方及各种民间渠道来学习内地的汉文化”，[2]从而有力推动了白族社会政治、经济、文化的全面发展，使其成为“霭有华风，变腥膻蛮貊之邦，为馨香礼乐之域”。[3]概言之，文化认

[1] 郑回. 南诏德化碑［A］. 廖德广. 南诏德化碑探究［M］. 昆明：云南民族出版社，2006：11-12.

[2] 赵寅松. 白族的文化［M］. 北京：民族出版社，2006：61-72.

[3]（清）董诰. 全唐文·报坦绰书［M］. 上海：上海古籍出版社，1990：89.

同“复合基因”的培育是对文化自身所具有的内在求新特征的呼应，文化认同主体有了“多元复合”思维，能在自觉“觉我和觉他”地展开文化实践，而不会一意孤行地为了自我利益争取而将文化当成利用手段，也不会以保护文化名义而“党同伐异”，更不会以优劣高低之分将文化进行排序而恶化、固化阶层差距。相反，有着文化认同“复合基因”的主体能本着“各美其美、美人之美、美美与共”的理念来善待文化，会让一棵棵“文化之树”千姿百态地生长于文化之林，并随“四时轮转”而呈“花谢又花开、枯而化荣”之态。

二、培育民族文化认同“复合基因”的环境基础条件

文化认同“复合基因”是主体之于文化理解判断所持有的价值思维，其形成孕育在时间纵向上是一个缓慢长期的熏陶过程，在空间横向上需要依托于文化教育活动载体。然而，现实中文化认同“复合基因”并未成为主体的常态思维和行为习惯，而且也缺乏适宜其孕育生长的文化土壤。当下的文化生态环境充满了让主体为了生存竞争而罔顾生命生活意义的追问，在对金钱、权力、身份的角逐中，人们忽略了对心灵、精神的呵护，各种实践都围绕着物质的丰裕而将文化生命生活当成手段来赚取，以致其价值思维被销蚀成只剩钻“钱”胡同。因此，为了给文化认同“复合基因”有孕育生长的时空环境，有必要对当下的文化生态加以改造调适，让其重新焕发出“文德”之光彩。

（一）结构优化的“文化心理场”

文化认同“复合基因”是主体应对文化生活的思维心理，它是一种综合的价值判断和有效的行动实践，能从多元复杂的文化世界中进行选择定位，与时俱进地展开自我文化传承与更新。然而，文化认同“复合基因”绝非为一个独立的实体，超越于历史与现实文化时空，其孕育生长、绵延运行都得依托一定的“文化心理场”，二者是一种“灵与肉”“身与心”的相依关系。

"文化基因自然不是一种实体，也不纯粹是一种精神概念的表述……文化基因必须在文化因素上构造。"[1]换言之，文化认同"复合基因"的培育离不开"文化心理场"的传承保护，只有社会主体能够在日常生产生活中耳濡目染着来自语言、服饰、建筑、歌舞、节日、礼俗等的影响，才能为文化认同奠定基础或底色，使之有了与他文化进行交流的"资本"，并能够辨识自我和他者各自的优缺点，进而相互取长补短。所以，文化认同"复合基因"培育首先要对自我文化传统进行保护传承，尤其是优秀传统文化需要大力弘扬，通过让社会主体身处在充满人文气息的一个个文化事项构成的"文化心理场"作用下，逐渐将文化精神内化到自我生命中去。当然，现有"文化心理场"是残缺的，一方面是传统文化内容流失严重，而且大有锐减之势，另一方面则是不少满足感官欲望、争名夺利、违纪乱法等不良风气也滋生蔓延。因此，文化认同"复合基因"培育过程中，在积极展开"文化心理场"的营造基础上，有必要对其结构内容进行优化，一则对优秀传统文化精神传承有利而面临失传的传统文化内容进行恢复保护与创新发展，二则要遏止"黄赌毒""骄奢攀比"等不良文化活动和风气，确保文化认同"复合基因"得以在一个文明洁净的"文化母体"中孕育生长，从而积极促进自我文化系统的和谐更新。

（二）"全面性和全员性"的文化教育体系内容

文化认同"复合基因"是社会主体身上所内聚的辩证统一思维，其价值意义主要通过主体的行动实践来表现，其在处理来自周遭环境的各种问题时都有着稳定的心理倾向和应对举措。因此，从文化认同"复合基因"生成的角度而言，社会主体应积极主动地进行丰富的、多向度的生活体验，在解决一个个问题的基础上总结和反思经验，从而能够自觉地与他者进行文化互动。换言之，作为社会主体要能够朝着全面发展方向努力，而不是将自己思想、眼界局限在固定单一"劳作"上，如此只会阻滞了主体人性中意识性、主动性、创造性等自我潜能的发挥，从而萎缩了为人的高度和丰满性。为避

[1] 吴秋林. 原始文化基因论［J］. 贵州民族学院学报，2008（4）：5-10.

免此种情况的发生，社会提供给主体的文化教育体系内容要体现出全面性特点，即文化教育在横向内容结构上要包括社会生产生活的周全性，而不能将文化教育狭窄化为“歌舞娱乐”的单一性层面，还要在政治、经济及思想道德等层面及实践活动中倾注文化精神；而在纵向连续性上文化教育要具有长期性或终身性，而不仅仅依靠突击性的文化培训或零碎的文化下乡来支撑，理应建设起日常化、连贯性的文化学习载体，把文化生活变为一种习惯而非一种任务，“保护文化遗产，是为了让它们首先成为它们自己文化生态的一部分……应该让它回归民间回归本土，让它成为我们的文化风景而非文化负担。”[1] 此外，文化认同“复合基因”虽然指向于个体，但更强调其是作为一个种群或民族的心理特质，而不是少部分个体的优秀表现，即使少数德才兼备的模范者起了表率引领作用，可却难以撼动文化作为集体行动之果在社会成员思维心理影响上的牢固性。因而，只有全体社会成员共同关注和参与到文化建设中来，形成积极自觉的文化认同，方可有效推进文化发展之和谐。为此，在培育社会主体文化认同“复合基因”过程中，文化教育在对象上是全员化的，包括各行各业及不同阶层、性别、年龄的社会主体皆应受到良好的文化熏陶，如此才能让文化认同“复合基因”扎根于民间社会和普罗大众生命中去。

（三）化育成俗的社会主义核心价值观生长

文化认同“复合基因”是社会主体的思维心理，是对文化发展所持有的稳定的价值态度，其具有开放性、多元性、内省性等特点，它与社会主义核心价值观的精神实质是相通的，诸如自由、民主、法治、诚信、友善等等价值观是文化交往过程中所必须坚守的，它们灌注在文化交往中则显示为一种尊重理解、审慎反思的精神，而不是相反的盲从、排斥。可以说，社会主义核心价值观是文化认同“复合基因”的相对具体化表达，是文化认同实践的价值向度。因此，在培育文化认同“复合基因”的过程中，大力弘扬和践行

[1] 吴祚来. 文化是一条河流［M］. 北京：东方出版社，2008：102.

社会主义核心价值观是十分必要的，它有利于社会主体能够理性地应对周遭文化环境，并能将自我文化行动放置于民主、法治和道德自律原则中，从而走向文明的文化生活中。然而，重视社会主义核心价值观对于文化认同“复合基因”培育的重要性，并不意味着它已经成为一种融于人们生活中的价值观，此时的社会主义核心价值观尚停留于理论的语言文字表达层面，并没有化实在人们的行动中。因此，为了使文化认同“复合基因”逐渐在社会主体身上得以孕育生长，当前社会主义核心价值观教育要从民众日常生活行为习惯抓起，将诚信、友善、民主、法治、公正贯彻在人们的交往行为中，通过其劳作生产的科学化引导、集体事务的协商沟通互动、邻里社区助困帮扶的道义担当，使得社会主体真正将核心价值观内化在自我生命的实践中。所以，社会主义核心价值观在社会民众生命生活中的自觉化育对文化认同“复合基因”培育具有重要意义，一个方面在于人们处理个体与他人、个体与社会、个体与国家、个体与自我关系时有着取向、规范和准则指导，这就为人们的文化交往生活实践提供了正确方向，而不会使自我沦为没有价值意义的个体；另一方面当核心价值观融化进人们身心生命之中后，其文化认同过程的重点就不在于“认同什么”，而是如何实现“此认同”的辩证思维心理的“体用”统一关系。总之，文化认同“复合基因”的培育要注重社会主义核心价值观在社会民众中的践行，但其重心在于要使核心价值观活化为人们的理想信念和自觉行动，让其似血液一样流淌在社会民众生命中，进而成为整个社会的一种风气化育人心。

三、培育民族文化认同“复合基因”的路径方法

文化认同“复合基因”的孕育、生长、绵延虽然离不开良好的环境基础条件作为保障，但更需要社会主体的主动自觉意识和行动来加以组织利用，通过采取有效的路径方法来发挥、挖掘各种文化资源并加以组合创新，以促进文化认同“复合基因”在社会历史发展中传递不绝。

（一）以人为中心，实现家庭、学校及社会教育的互动整合

文化认同“复合基因”是社会主体的辩证思维心理，对其的培育重点在于塑造文化认同主体健全的人格心理、文化适应和创新的综合能力，切实而中和地处理社会文化生活问题，凸显人对于“道”的弘扬。那么，如何使文化认同“复合基因”在社会主体身上得以培育呢？众所周知，教育是培养人的活动，其宗旨在于改变一个人，使人较之原来的状态变得“更好”，或者使人朝着“真善美”的方向发展。如前所述，文化认同“复合基因”是一种价值思维，它体现了具有文明高度之人的本质属性，必然离不开教育的启蒙开化和人性境界提升，因为教育的意义主要在于影响或转变一个人的心灵态度。基于此，文化认同“复合基因”培育需要彰显教育的化人功能，通过还原教育在本质上和形式上的统一性，将家庭、学校及社会教育进行互动整合，积极促进教育于人的身心、能力、道德品质上的全面发展，让其成为自觉的生命主体去应对文化交往，在合作、尊重、互鉴中推动文化世界多元个性发展。然而，当下家庭、学校及社会教育是畸形化的，一方面三者似乎高度统一，为此文化、教育都是作为手段而存在；另一方面三者又是割裂无序的，仅仅以学校教育为独尊，传统家庭教育、有效的社会教育或缺失或异化，相互之间没有形成合力。“即使是最高水平的教育，如果不通过符合我们整个环境的、复杂和不断变化的现实的学习来加以补充，那也就失去了它本来的价值”，所以为培育学生及社会成员文化认同的良性发展，有必要将教育发展引回到出发点上去，而不能再像现实中“我们自己本土本地的文化不被视为文化，这是我们教育对文化的一种伤害，一种无形的摧残”。无疑，文化认同“复合基因”的培育如果在教育意识上无自觉和形式上无互补的话，必然不利于其生长绵延，只有家庭教育、学校教育、社会教育在人的培养上前后、内外一致地施予其终身性的集理论认知、榜样力量、社会实践一体化的积极影响，才不至于使受教育对象身上出现理论与实践脱节、言行不一致、行动无自律的状况，通过家庭教育中建立在亲情基础上父母或家长的爱和说理教育，让同情、仁爱的种子从小植根在孩子心里；学校教育在于激发教育对象的学习兴

趣、探索真知的好奇心以及提供个性潜能得以呵护、展现的环境，让其对外在周围世界和对他人充满热情；社会教育则为教育对象提供自由民主、公平公正、有法可依的制度环境，让人们在社会实践中充分创造和享受创业、创新带来的富强、文明与和谐的成果。总之，文化认同“复合基因”的培育以人为中心，在家庭、学校和社会教育各安其位、共生共谐的基础上促进社会主体以理性之姿来处理文化发展。

（二）以创新为取向，构建“互联网 + 文化”的认知平台

文化认同“复合基因”是文化发展的主位动因，是社会主体积极能动地进行文化实践的重要因素，它能与时俱进地推动文化的创新发展，尤其是在当下“万民创新”的时代背景下，文化发展走创新道路势所必然，而这恰恰是文化认同“复合基因”的个性所在。对待文化就如同一个人的生命历程展开历经不同年龄阶段，每一个阶段都有着生命自身的独特意义，但它们又是圆融一体的。换言之，文化发展是积淀式基础上新陈代谢发展，其方向是朝向未来的，也即创新是文化自身所具有的属性。因此，作为文化认同主体的社会民众在进行文化实践过程中，理应发挥“复合基因”的辩证统一思维价值，将创新贯彻落实在文化行动中，使得自我文化在面对多元丰富的文化世界时能够主动地汲取他文化提供的养分，并以具有自我个性之资得到他者的接受认同。那么，如何使得社会民众确立起文化发展的创新意识和能力呢？结合当前时代发展的新特征和民族文化认同“复合基因”培育的大众化要求，一个必须正视和利用的方法是构建“互联网 + 文化”的认知学习平台，通过文化大数据提取、筛选、组织为自我文化和他文化之间的对话、沟通提供理解合作的基础，更为身居孕育中华民族文化的农村、民族地区文化的“造血更新和对外输出”提供机遇。众所周知，真正的文化是有民心所向的，是扎根于民间或社会生活之中的，然而在不少农村或民族地区社会主体“无力无心”去关注文化，但有了大数据或“互联网 +”的技术资源平台，可以为普罗大众的文化自觉构建在了解自我文化个性和他者文化优势，以及在一定程度上如何转化为经济效益获取方法手段。总之，构建“互联网 + 文化”的认

知平台一个方面有助于社会民众能够快捷地学习了解外面的文化世界，而突破了以往无法超越地域时空的限制；另一方面则是有助于社会民众将自我文化的价值凸显出来，能够对多元文化数据进行比较判断之后找到自我文化的个性，并加以创新开发而实现文化不断更新发展。

（三）以交往为纽带，激活民间“自组织”的文化再生功能

文化认同“复合基因”的表述虽然强调其作为一种文化认同思维心理，但无疑它是“双向多层”的，“双向”是指文化认同向内与向外两个方面的统一，向外是要与他文化进行交流接触以便知己知彼，向内是找到自我文化发展的定位以便胸中有数，真正做到“美美与共”；“多层”是指文化认同内隐的思维心理和外显的文化事项统一，内隐的思维依赖于外显的“文化心理场”活化绵延，并促进文化事项发展的与时俱进。换言之，文化认同“复合基因”是综合性的集语言交流、情感态度、思维心理、身体行动于一体的系统活动，多元性、复合性是其重要特征。那么，如何在实践中使得文化认同“复合基因”的综合性特征得以体现呢？众所周知，社会民众在大部分时空环境下进行着提升自我物质生活水平的生产活动，而这些实践活动中人们更多地为了经济收入而计较竞争，难以平心静气地用身心来体验文化生活，但这并不意味着社会民众生产生活中缺乏文化品性，相反有着不少的民间“自组织”的文化生活中体现着上述文化认同“复合基因”的双向多层性特点。在民族或农村地区存在着众多的民间“自组织”，诸如白族以年龄划分的“班辈组织”（同龄人互助组织）、以兴趣爱好组织的同性结社组织、以寄托价值信仰的宗教组织、以展演风俗或礼俗活动的文化组织等，且参与组织活动的人们主动、热情、诚意地敞开自我的精神生命，积极展开心灵情感的交流沟通、说理论辩的民主协商、帮扶奉献的道义担当等，也即在这样的民间“自组织”活动中，人们是以“人性”来进行着交往实践，人与人之间的关系是平等和谐的，没有各种资本的裹挟异化。然而，不可否认的是当前不少民间“自组织”在数量上缩减以及其形式内容受到金钱等因素的侵蚀，也面临着发展的危机，人们不再热心于投入相应的组织活动中去，宁愿为了一己之私利而将自我生

活“原子化”。因此，当下文化建设很重要的任务是要重新恢复、激活民间“自组织”的文化再生产功能，让人们将尘封在心灵上的尘土祛除，彼此擦亮眼睛携手同行在营造互信、互敬、互容的文化交往环境。

（四）以“宣”入“教”，强化基层政府的文化治理能力

文化认同“复合基因”的培育生长离不开一个良好的社会环境，虽说文明和谐的社会风气是由一个个主体之行动自觉来集聚的，但在这个过程中不可忽视的因素是政府部门在文化建设上的执政能力，特别是基层政府部门在文化引导方面的积极作为，毕竟社会民众更多感触到的政府力量是来自于他们能够与之发生一定接触的诸如村委会、乡政府或县政府各部门及其行政人员所表现或采取的举措，而且对之产生“褒贬不一”的评价，也即长期以来基层人民群众对政府之态度处于一种“河岸状态”，中间之桥梁纽带往往出现“即用即搭（拆）”的局面，使得包括文化在内的社会治理成效较差。当然，造成这种情况的原因是多方面的，既包括基层政府部门的“权力任性”“政绩工程”“官僚做派”所引发的民意民心背离，也包括社会大众“官本位意识”“功利手段思维”作祟引发的对政府不合理的期待要求。总之，在官民双方“河岸状态”之下，文化认同“复合基因”缺失了良性社会生态环境的支撑，急需加以转变目前的态势，让双方之间共同确立起以人民幸福、社会和谐、国家繁荣为取向的发展目标，其中政府部门及工作人员要率先垂范，把为人民谋利益幸福当成自我工作的准则规范，而社会大众也要积极提高自身素质，不断通过终身学习来跟上社会发展要求。当然，在这个过程中作为主导者的政府部门也得讲究策略方法，在进行着诸如文化发展在内的各种社会治理工作中要积极提升效益，改变以往纯粹的“宣传渲染”的方式来展开文化建设，而应该在扎根民间、了解民意民情的基础上，用人民群众的话语方式、思维方式与之进行文化发展方面交流，从而实现教化育人的功效，让社会民众成为具有乡土文化情怀和时代精神的社会主义公民，积极推动和引领文化的创新发展。

第十章　民族文化“扎染式”认同的内涵及实践路径

民族文化既要积极融入现代化发展进程中，在经济、科技上不断追赶主流文化的步伐，又能保持自我的个性，实现其“开放性与民族性”的辩证统一发展。因此，民族文化有必要践行“扎染式”认同之道，以主流文化或他文化为“染缸”，通过与之“交往浸染”形成以主流文化为背景且“民族文化个性”凸显其上的“民族文化艺术品”，从而促进民族文化多元和谐、与时俱进地发展。

一、当前民族文化“扎染式”认同构建的必要性

民族文化认同是一个动态的过程，通过与他文化的交往比较，在不断“放大自我与缩小自我”的“拉锯”之后，以确立起自我在多元世界中的位置。可现实中民族文化发展却缺乏真正的认同，并未坚守“自我的同一性”，以致变为一种满足人们获取物质财富的手段，使民族文化的价值远离了人们的心灵。

（一）民族文化认同思维的“谄媚与谩骂”

民族文化认同思维是民族文化发展的关键，它在价值意识上厘清民族文化发展的“去留”和“走向”问题，包括两大层面：其一是明了所要认同的民族文化和他文化“是什么”，并对其进行事实性描述与比较，进而判断双方的“殊异差别”；其二是权衡民族文化的“内忧外患”和“自立自强”问题，通过交往、借鉴、吸收、改进而发展自我，在认识自己的基础上防“外患”之“侵蚀”，消“内忧”之“不足”，实现相互之间取长补短的共谐局面。总

之，民族文化认同只有确立起辩证统一的思维，方能促进民族文化与时俱进的和谐发展，而不是在“不知道自己是谁”和“知道自己不是谁”的“忧郁与幻灭”中走向两极，或表现出对现代化、主流文化的无尽崇拜，不假思索地使自我“脱胎换骨”而被淹没于无形；或表现出“受害之状”而“力鸣不平”以“博得怜爱”。毋庸讳言，当前民族文化认同思维处于非自觉状态，人们常常呈现出“谄媚与谩骂”的思维心理，“谄媚者”往往视主流文化为“天堂”，为进入“天堂”可以不顾一切地“改造、牺牲”自我，以扭曲或伪化本民族文化生命为代价去换取现代化生活，为实现这一目标可以将文化当成手段去换取“物质财富”，“经济、名利”被不少人视为主宰一切的“上帝”，出现了民族文化发展本末倒置的状况。“谩骂者”则内卷于自我民族文化内部，对他文化持有一种“嘲笑、讽刺、拒斥”的心理，常常以一种“自大”的心态和“盲目”的举动来美化自我和丑化他人，往往通过“应付”或“窃笑”的方式与他文化展开交往，或以已为中心让他文化为我服务，于己有利则对之“笑逐颜开”，反之则“冷眼视之”。总之，当前民族文化认同思维存在着两个极端：其一是对“现代化、权力、名利”充满了向往，甚至到了“偏执”的程度，得者喜之，失者忧之；其二是对他文化缺乏信任与尊重，带着戾气去审视他文化，却无认识反省自我的思维自觉。

（二）民族文化认同实践的“盲从与逐利”

民族文化认同思维是内隐的，它作用于外显的民族文化认同实践。与民族文化认同思维的“谄媚与谩骂”相对应，当下民族文化认同实践则存在着“盲从与逐利”的倾向，二者之间“遥相呼应”，也即民族文化认同思维的“谄媚与谩骂”和人们对经济利益追逐的功利目的不无关系。只要能实现物质经济收入增多的目标，民族文化如何发展对社会成员而言“无所谓”，即使民族文化个性消失殆尽也在所不惜，甚至只要有“利益甜头”就算践踏法律和道德底线也无不可。可以说，当前民族文化已不再是“养在深闺人未识”“酒香不怕巷子深”的“无名小子”，相反它们或争先恐后地去寻找“商机”，尽可能让“文化搭台、经济唱戏”的演出成功，以博得“名利双收”的效果；或被动地跟随着他人进行文化建设或改革，这也成为当下的一种世风，似乎各地民族文化都朝着“高大上、绝无仅有”的模式去发展，唯有如此才能吸引人们的眼球，而只有吸引了人们的眼球或满足了人们的猎奇心理，才能借助于旅游消费来更多地获得经济回报，实现旅游创收的目的。总之，实践中民族文化认同是“有意识而无自觉”地展演，所谓的“有意识”是人们都认定一个普遍性的目标即“金钱获取”，想尽办法将自身民族文化商品化，不断通过对民族文化加以“精细化包装修剪”而博得人们的认可；所谓“精细化”则意味着要把自我最独特的东西呈现给别人，问题在于民族文化之“最独特”常常是“包装之下的最独特”，或者为了“最独特而最独特”，结果使得不少民族文化内容“伪化”了。[1]不可否认，民族文化认同实践的“盲从与逐利”虽然使得民族文化“活动起来”，被人们所关注，但民族社会成员在“争先恐后、你争我抢”式地让民族文化“现代化”起来的同时，也使得民族文化发展不断迷失了方向而难以“知返”，诸如人们在经济增长的角逐中导致乡情的荒漠化，人和人之间缺乏了互信、文化与文化之间减少了相互的尊重，民族社会成员生活中存有或增多的是房屋建设的“豪宅化”，礼俗活动的“奢靡化”，日常用品的“品牌化”。民族文化看似“热闹非凡、活动多多”，可大多是些“集体娱乐狂欢”，并非扎根于人们日常生活中且渗透着价值思维的文化肌体。

（三）民族文化认同教育的“漠视与虚化”

民族文化认同思维与实践之间是“内隐与外显”的关系，一个是价值心理，一个是行为动作，二者之间在目的上保持一致性，也即现实中人们将民族文化当作一种手段来实现经济获利的目的，为此目的可以放弃民族文化自身的“身份或个性”。无疑，当前民族文化作为一种生活方式已经远离了人们的价值世界，这是当下民族文化发展面临的重大危机。往昔与人们生活融

[1] 田夏彪.“事物化”与“特质化”：民族文化认同思维误区［J］. 贵州民族研究，2014（11）：69-72.

为一体的文化已经不再支撑着社会成员的心理世界，其精神、信仰处于空虚状态，而对此作为民族文化重要组成部分的教育却“无所作为”，并未有效承担起传承与创新民族文化的重任，相反在一定程度上助推着当前民族文化认同的异化，并通过“有意无意”的教育实践强化了这种结果。所谓的“有意”是以学校教育为代表的教育系统走的是应试之路，围绕着升学考试课程进行各种训练，而与升学考试无关的民族文化则不断被排挤在外。一方面民族文化在学校课程设置、教学实践中处于次要地位或是压根没有成为教育设计的组成部分，即使有也会随时被“考试课程及教学”所占用；另一方面是民族文化虽然进入了学校教育教学视野，但更多是被当成“点缀”或“娱乐”而存在，仅仅是为了应付上级检查或减缓高度紧张的应试压力而已。所谓的“无意”是校外民族文化教育的“空缺”，它被所谓的“文化工程”所取代，由“民间组织、艺人、风俗”文化结构所组成的“活”的教育生态系统所破坏。在纵向上民族传统文化教育出现传承人的断代，这反映的不仅仅是一个“民族文化内容”的消亡，而是作为未来社会主义的年轻一代逐渐对民族文化的抛弃和不认同；在横向上民族传统文化事项处于“保护中的颓废和消逝”的处境，随着所谓现代化的物质生活水平的提高，“烦琐、沉重”的各种传统文化内容被缩减或删除，民族文化似乎只剩下能供人们“娱乐狂欢”的部分，虽激起的是人们的“狂热”，浇灭的却是人们的“精神”。总之，当前民族文化认同教育是“漠视与虚化”的，这不在于以“民族文化”为名的教育活动的多寡，而是人们对实施民族文化认同教育重要性和意义的信仰缺失，这才是最大的危机所在。

二、民族文化“扎染式”认同的内涵

现代化、全球化进程中民族文化发展面临着冲击和挑战，为了促使其融入时代且能保持自我特色，有必要从思维、实践及教育层面确立起“扎染式”民族文化认同之道，确保民族文化个性在“浸染”了全球化、现代化“染缸”之后能“跃然于上或脱颖而出”，以确立自己在“多元文化”中的位置。

（一）融入时代发展潮流，加快促进民族地区的现代化

不可否认，当前不少民族地区依然面临着贫困问题，而且社会贫富差距呈拉大趋势，这无疑给民族文化认同提出了一个难题。一方面要加快物质经济发展水平，让民族地区社会成员逐渐享受到现代化带来的文明成果；另一方面，现代化发展更重要的是人们要具备现代化的文明素质，而如何平衡这二者的关系是摆在民族文化认同面前的重要任务。无须赘言，全球化、现代化的时代因子不断渗透到世界各个角落，包括偏远落后的民族地区都不会也不可能封闭起来，社会成员至少在思想意识上都是向外开放的。因此，当前对于民族地区而言以经济增长为基础的现代化发展是必要的，只有解决了民族社会成员的基本物质生活需求，才能不断提升其生活质量，在此基础上加强其现代化文明素质，让他们拥有开放的眼光和责任意识。所谓的"开放眼光"是指民族文化无法回避"与时俱进"的趋势，不可能拒绝现代化发展而"自我封闭"，所以当下一些人对现代化进程给民族文化发展造成的破坏的指责并非完全中肯，毕竟作为民族文化主体的社会成员有着和他人一样的共同人性。虽然我们不能否认现代化存在着使人性中物欲膨胀的可能性，但这并非现代化自身的错误，如同汽车便利了人们的出行，但也可能存在着交通事故隐患是一个道理。尤其对于经济欠发达的民族地区而言，通过增加经济收入改善居住环境、医疗健康、交通设施、生产方式是必要的，因而对民族社会成员而言只有通过不断学习、吸收现代科学文明来提高生活水平，在满足了低层次需要之后去追逐"归属、自我实现"等高层次需要。而所谓的"责任意识"是在面向现代化发展的过程中，民族地区及社会成员不应仅仅是"自利"的，还需要考虑"人生意义"的问题，对本民族文化及其濡染于人们心灵中的精神信仰进行存养，而这种存养离不开民族社会成员的内省自觉，借助于对现代化优秀文明成果的吸取和对优秀民族传统文化的继承，真正实现民族文化发展的与时俱进。

（二）注重核心价值观培育，积极提升社会成员的公民素养

民族社会成员的生活只有现代化起来，让其过上"衣食无忧、安居乐业"

的生活，才有心思去考虑价值意义问题，但必须看到现代化发展所带给人们的负面冲击，人们不加反思地去追逐“过剩”的物质。因此，当前民族文化认同的重要任务就是要让民族社会成员形成基本的价值信念，确立起良好的人生观和世界观，让人们认识到作为手段或工具的物质财富是服务于生命生活的，而不是以“一身为代价”来将物质财富当成目的去追逐。并且，民族文化认同是在交往中发展的，民族社会成员只有建立起了共同认可的核心价值，交往双方才能对所存在的分歧有所保留，这样民族文化的现代化发展步伐才有方向和尺度，而不至于丧失自我个性。总之，民族文化认同不是“同化”，也不是“特殊”，而是一种“发展”，一种让人能够“找到自我”的发展，其前提是民族社会成员能够具备现代公民素质，成为自立自决的主体。基于此，当前民族文化认同有必要着重于核心价值观的培育，让“进取、合作、责任、多元、个性”等现代化精神品质在民族文化中孕育生长，让民族社会成员真正成为有着“全球意识、地方性行动”的社会公民。

（三）夯实制度法治建设根基，不断推动社会道德文明生长

民族文化“扎染式”认同是一种理念和应然理想，必须有良好的制度建设加以保障。众所周知，人性是善恶交织的，虽然我们不能肯定人人都是恶的，但是只要有人为恶，就必须有相应的法律制度加以惩处，如此才能保证人们交往的秩序化。同理，民族文化认同也应在文化交往中有着基本的原则，而且这种原则更多应该是对人性中“贪婪、欺诈”等的限制。如果说食品、建筑行业的假冒伪劣会危及人的身体健康，那么民族文化产品的“虚假”则危害着人们的心灵健康，而且这种危害往往是在“欢快赚钱”的感觉中完成的，往往会麻痹人们的神经。因此，为避免民族文化发展遭遇商品经济冲刷的异化，有必要采取“双管齐下”的治理办法：一方面通过夯实民族文化发展的制度法治建设，使其能够利用公平、透明、诚信的市场环境来发展自我，杜绝当前民族文化旅游市场中“伪文化产品盛行”的现状，让民族文化认同回归正途；另一方面将“理解、关爱、尊重”等品质内化在自我的行为实践中。换言之，民族文化认同不仅仅在于“认同什么”，更为重要的是认同中的

反省。无论这种反省是针对自我民族文化还是他文化，其共同的特点是使人性中“善”的品性得以充盈。总之，民族文化认同不是一个独立于人之外的实体或对象，而是融入人们具体生命生活中的，它需要在法治秩序和内心自觉的日常化中来展开。只有如此才能产生“润物细无声”的效果，真正使得“扎染式”文化认同生根。

三、民族文化“扎染式”认同的实践路径

基于民族文化认同现实困境，民族文化“扎染式”认同在处理民族文化发展关系时，须要融入时代发展潮流，加快促进民族地区的现代化；注重核心价值培育，积极提升社会成员公民素养；夯实制度法治建设，不断推动社会道德文明生长。那么，要实现民族文化“扎染式”认同的价值定位及内涵，要采取什么样的实践路径？以及得依靠什么样的条件呢？

（一）着眼于主体，构建以人为本的教育结构体系

文化认同是作为主体的人对文化之认同，而非仅指向于所认同的文化，也即文化认同是主体的精神、价值、态度的映射，显现为社会成员具体的文化实践。换言之，有着怎样的文化认同实践表现，其背后则会存在着怎样的思维心理。因此，民族文化认同要得以良性发展，其关键在于民族文化认同的主体须确立起合理的“文化认同观”，在意识和行动上取得统一。民族文化认同需要积极加以培育，最重要的是要让民族文化认同主体具有良好的综合素质，尤其是在思想意识上加强民族文化发展的开放性与民族性。众所周知，教育的本质是培养人的活动，其所要培养的是一个身心健全的生命主体，是一个具有反思和行动能力的个体，能够恰切处理与周遭环境之间的关系，包括人与自然、社会、自我的关系，真正在多元世界中找到自己的位置。并且，作为民族文化发展主位因素的民族文化认同，其主体是所有的社会成员，而不仅仅是民族文化研究者、政府机构、文化旅游机构及与之相关的人员，而是所有人的文化认同，是一种社会风气环境，而这种风气环境离不开教育化

民成俗的作用。总之，民族文化认同教育要着眼于全体社会成员，让所有的社会成员都能形成一种自觉意识，能够辩证地处理民族文化的发展问题，构建起一个以人为本的面向全体社会成员的教育体系，让不同年龄、不同行业的社会成员都能受到教育的引导，从而在全社会形成良好的民族文化认同价值取向和行为实践。

（二）着重于品质，构造健康向上的文化生活时空

随着人们物质经济生活水平的提升，人们的文化精神生活却呈单调或低迷之态。无论是城市还是乡村，很多社会成员的业余文化生活集中于广场舞或打麻将等活动上，我们不能说这些活动无意义，但似乎不足以成为支撑人的生命意义提升的文化内容，尤其渗透于城市和乡间的“黄赌毒”日益侵蚀人们的心灵，加之贪腐、物欲、贫富分化等社会问题的存在，使得真正叩问人的灵魂、激发人的德性的文化生活不被人们所重视和推崇。因此，为了改变民族文化认同实践的“颓废”之态，树立起社会成员的“民主、法治、平等、公正、诚信、友善、敬业”等核心价值，[1]有必要创设健康向上的文化生活时空，一方面加大投入建设公共文化活动机构或场所，包括图书馆、健身中心、文艺排练演出场所空间，让人们有选择地从事学习或接受教育，改变当前众多民族地区社会成员公共生活空间不断缩小、文化活动单调的状况；另一方面，对体现民族精神的传统文化内容加以保护、传承、创新，对体现时代精神的现代文化内容进行组织设计，让民族社会成员能够在文化生活中提升人的品质。总之，只有在民族文化发展过程中构建起丰富多元健康的文化生活时空，才能逐渐使人们在参与各种文体活动中陶冶、培育真善美之品质。

（三）着手于当下，构筑“上下结合”的改革合力

为了不再让民族文化发展恶化下去，作为民族文化发展的政策制定者和

[1] 段超. 少数民族传统文化传承创新与社会主义核心价值观培育和实践［J］. 中南民族大学学报（人文社会科学版），2014（6）：28-33.

作为民族文化发展的直接承载者之间应形成互促关系。其一是民族文化生态离不开民族社会成员的有意识传承，不宜让各种民族文化内容或事项在现代化浪潮中日益消逝，甚至是人为的一种放弃。当前城镇化进程席卷着中国大地，农村地区或民族地区日益加快了经济发展步伐，不少社会成员纷纷外出打工以增加经济收入，但不容忽视的是随之出现了传统文化后继无人的断代现象。这一问题应该引起人们的高度重视，因为越来越多的中青年人外流的同时，既使得传统文化活动缺少了组织者，也不断导致青少年对传统文化的漠视。所以，民族文化在追随现代化发展步伐的同时，有必要让民族社会成员能够自觉意识到本民族文化具有的精神意义，主动将传统文化生活保留下来，在建筑、人生礼俗、公共空间等方面要凸显传统文化特色，而非完全的现代化。其二是政府部门、民族文化研究者理应为民族传统文化的传承与创新筹谋划策，本着服务于民族文化传承与创新的主旨来制定政策理论和凝聚共识，真正在经济增长的基础上将重心转移到民族文化建设上来，通过构筑起“上下结合”的合力作用，让所有社会成员和多方社会力量共同促进民族文化的良性发展。

第十一章　共生共谐：民族文化认同教育形式的互补关系

现代化和全球化时代背景下，民族文化认同必须处理好“变”与“不变”的关系，“变”者乃是不断把主流文化的学习当成反省和提升自我的动力，“不变”者是要保持民族文化之个性以作为与他者对话的基础和条件。然而，当下促进民族文化认同的两大力量即学校教育和校外“文化心理场”之间相互分离，且二者各自内部发展存在着工具化危机。因此，为保证民族文化认同的辩证统一，积极推动民族文化顺应时代发展且又能坚守文化的民族性，有必要促成民族地区学校教育与校外“文化心理场”之间共生共谐的互补关系。

一、民族文化认同教育“共生共谐”的必要性

“教育”不是单数的“education”，而是复数的“educations”，既包括学校教育，也包括学校教育之外于人发展具有促进作用的“文化心理场”。“考察一个民族的教育，就必须把它同整个民族文化生态系统联系起来考察，这样才能相对正确地认识其系统功能。”[1]民族文化认同教育理应从学校教育与校外“文化心理场”两方面的统一来加以认识和推进。

（一）学校教育与“文化心理场”的文化认同意义

教育的宗旨是促进人的发展，而促进人的发展的教育形式或形态是多样的，学校教育仅为其中之一。杜威曾言：“社会生活不仅和交往完全相同，而

[1] 张诗亚. 西南民族教育文化溯源［M］. 上海：上海教育出版社，1994：2.

且一切交往（因而也就是一切真正的社会生活）都具有教育性。”[1]可以说，除学校教育之外融人文与自然为一体的各种景观所构成之“文化心理场”（如建筑、服饰、礼俗、音乐、舞蹈等）也是一种重要的教育资源，人们通过参与其中而获得文化性格或精神滋养，其“独特的文化传承与教育功能，远不是现代社会中的家庭教育所能涵盖的，也远非现代社会中的学校教育所可比拟的，它是一种分散的、系统化不强的、计划性和目的性都不强的文化传习活动，它与各族群的家庭、村落等社会组织和特殊的生存条件紧密相连，以口授为主，综合语言传承、行为传承和心理传承等诸多文化传承方式，向生活于斯的人们传递着文化和知识。”[2]为此，民族文化认同教育的探讨离不开对校外“文化心理场”的观照，因为通过“文化心理场”的参与实践，社会成员能够建立起与外界环境的整全联系，形成对所处周遭世界的体验、认识、理解和领悟，从而塑造了自我的文化生命。至于学校教育，它主要是一种有目的、有计划、有组织的教育活动，其传授的知识内容更多代表的是国家主流文化价值，学生通过系统地对其掌握而不断完成自我的社会化发展。综观二者，虽然它们在内容、空间及表现形态上不尽相同，但它们对学生及社会成员具有不可或缺的教育意义，民族教育需要将学校教育和校外“文化心理场”的和谐统一纳入视野，使二者共同作用于教育对象完整生命的培育，让其成为传承与创新民族文化发展的社会主体。

（二）学校教育与“文化心理场”的文化认同危机

当下，有的民族地区中小学校对民族传统文化是漠视的，其偏重的是对“分数、成绩”的追求，并未有计划和系统地组织民族传统文化的教育教学活动。因此，可以肯定的是现实中学生对本民族文化的认同更多是受到校外“文化心理场”的强化，他们在参与由人生礼俗、居住环境、音乐歌舞以及其他文化事项构成的“文化心理场”活动中培育了对民族文化的情感与价值

[1] 杜威. 民主主义与教育［M］. 王承绪译. 北京：人民教育出版社，1999：6.

[2] 管彦波. 火塘：西南民族文化的传承场［J］. 民族大家庭，1994（4）：14.

认同。于此，能够引发我们思考的是虽然学校没有将民族传统文化有效纳入教育教学中进行传承，但校外的“文化心理场”以自己特有的方式强化着学生的民族文化认同，可这能否意味着现实中的客观互补关系是完美无缺或无须讨论的？答案无疑是否定的，如果未来学校教育依然以追求升学率为价值导向，对民族传统文化不予以有计划、有目的地自觉传承，同时“文化心理场”的各组成部分不受到政府、社会成员的重视，从思想意识和行为层面加以有效保护，相反以“经济效益说了算”为发展思路，不断让“现代化的生活方式”取代“文化心理场”内容或任其消失和破坏，如此民族地区中小学生及社会成员民族文化认同发展必将走向畸形并失去双重支撑，即一方面学校教育“无心”传承民族传统文化；另一方面缺失了“文化心理场”这一“活”的教育环境来孕育社会成员的民族个性，正如有学者所指出的，“现代性对传统的否定，在一定意义上造成了文化断裂……伴随现代性而来的强势文化扩张和文化霸权，造成了文化秩序破坏和文化生态的失衡。”[1]因此，在现代化、全球化不断冲击民族传统文化生存发展的背景下，强化民族文化认同势在必行，需要学校教育和校外“文化心理场”之间形成和谐互补关系，让民族地区中小学生及社会成员在主动追赶主流文化之科学、技术和经济发展步伐的同时，也能坚守住自我民族文化的个性。

二、民族文化认同教育“共生共谐”的内涵及形式

民族地区中小学生及社会成员文化认同构建过程中，学校教育与“文化心理场”都是必不可少的教育力量，但要使这种教育力量变成一种合力，有必要在二者之间建立起一种“共生共谐”互补关系。

（一）学校教育与“文化心理场”共生共谐的内涵

民族教育发展只有树立起保护民族传统文化的自觉意识，并使学校教育

[1] 崔新建.文化认同及其根源［J］.北京师范大学学报（哲学社会科学版），2004（4）：106.

和校外“文化心理场”之间形成协调互补关系，才能发挥其对学生及社会成员良性文化认同的促进作用，这既包括学校教育对部分“文化心理场”资源的整合，以使学生在学校教育中接受主流文化知识的同时，也能对民族文化内容有所了解，并继承民族文化的优秀精神。但这仅仅是一个方面，学校教育内部在做出努力的同时，学校教育外部也应形成一个良好的氛围，使得民族文化认同个性孕育生长的“文化心理场”得到保护与发展。因此，民族文化认同教育在意识上要有促进民族文化认同良性发展的自觉，结构上要避免以学校教育独尊的短视器用，忽略校外“文化心理场”的教育价值，并任其自生自灭。学校教育与校外“文化心理场”二者之间的共生共谐包括三大层面的内涵：其一，民族地区中小学生及社会成员文化认同发展上，学校教育主要起着强化学生主流文化认同的功能，而“文化心理场”则维系学生及社会成员的本民族文化认同；其二，学校教育作为有目的、有计划、有组织的教育活动，理应发挥传承和发扬民族文化传统的功能，将民族传统文化资源纳入学校教育中，培养学生对本民族文化的认同；其三，校外“文化心理场”应受到合理的保护，非恣意破坏或任其变异、消失而失去对学生及社会成员的民族文化认同维持和强化功能，需要给予其认识、理解和尊重，使它有生存的空间，而不仅仅是开发和利用，这需要通过政府、学校、社区等方面的配合而实现有效传承民族文化的作用。此外，民族“文化心理场”的不同内容诸如语言、民居建筑、服饰、舞蹈、音乐、信仰、饮食、节日等文化元素都应给予保护，而不是一刀切，统统走以营利为目的的发展道路，千篇一律，是对其进行不同途径的传承，因而也需要借助学校、政府、社区力量参与。

（二）学校教育与“文化心理场”共生共谐的形式

显然，学校教育与校外“文化心理场”之间的互补关系并非处于一种自然状态，而是要求双方都应清楚自我运行发展所存在的缺陷和各自应承担的责任，在此基础上积极谋求或达成二者之间的整合关系。换言之，学校教育在对学生进行主流文化认同培养的同时，也兼顾对学生关于本民族文化认同的积极关注，有目的、有选择地将民族“文化心理场”中的某些资源纳入学校教育教学实践中。而民族“文化心理场”中的某些内容，由于受现代化等因素的影响而面临着变异或消逝的危险，所以也应受到社会各阶层的有意识保护和传承，通过一些有效措施使得民族优秀文化绵延下去，并使民族传统文化精神在学生及社会成员身上得到存养。那么，学校教育与校外“文化心理场”之间的共生共谐关系要以什么样的形式来展现呢？众所周知，民族传统“文化心理场”的内容或类型是丰富多元的，因而其与学校教育的互补形式不可能有着一个统一的模式，它借助政府、学校、社区、家庭及民族社会成员等教育力量的分配协调来加以推进，所以学校教育与校外“文化心理场”的共生共谐形式也就有了弹性，并非仅有某一固定形式，而是可以有着不同形式的表现。学校教育与校外“文化心理场”的共生共谐，并不意味着二者之间共生共谐形式就是“学校教育”+校外“文化心理场”，而是视二者为促进民族地区中小学生及社会成员文化认同发展所不可分割的教育组成部分，学校要将部分“文化心理场”内容进行整合渗透，有意识有目的有计划地对学生进行民族传统文化教育，而有些不适宜整合的“文化心理场”内容则要借助政府和民间力量来传承和保护，这个过程本身也是二者共生共谐的表现形式。概言之，学校教育与校外“文化心理场”共生共谐形式是由政府、学校、社区、家庭、学生、教师、村落民众等力量协调互动参与下构造良好文化认同教育生态环境的组合优化，其形式是灵活机动的。

三、民族文化认同教育“共生共谐”的实现策略

（一）确立民族地区学校教育“以人为本”的价值导向

时下民族地区中小学校基本上都以主流文化知识为其教育内容，并以分数、成绩作为评判其教育教学质量的标准，而这样的教育无疑是一种“忘本”的教育，是一种无视民族传统文化的教育，它强化着民族地区中小学生对所谓现代主流文化价值的崇拜心理和无尽追求，使得学生越来越远离乡土和民族文化生活。无疑，当前民族地区为了摆脱自己贫穷落后的形象，事事以“经

济建设为中心”，反映在学校教育上则以“改变命运或经济回报”作为其发展的价值导向，造成学生接受教育后反而脱离了乡土根基的结果。此外，广大的民族社会成员虽长期生活在乡土之中，但大部分人只履行生活却未反思生活，缺乏对民族文化价值意义的自觉。在他们眼里孩子读书就是要“出人头地”“找个好工作”，至于心灵自由、文化生活都可有可无。因此，民族文化认同教育过程中很有必要树立“以人为本”的价值取向，把具有健全人格的社会成员培养作为学校教育的根本出点，让其学会以反思批判的眼界来面对“人、事、物”，从而过一种有思考的生活，其意义在于，无论是民族地区学校教育要发挥传承民族传统文化的功能，培养社会成员对本民族文化的积极认同，还是民族地区学校教育促进社会经济的发展，都需要具有独立自决精神的社会主体来参与构建和完成。

（二）增强“文化心理场”对民族地区学校教育的基础意义

毋庸讳言，现实生活中民族地区学校教育走的是一条以“应试升学”为目的的办学道路，其教育教学呈现出“非交往性”和“无民族文化性格”的僵化特征，如教育过程的“灌输性”、教育内容的“单一性”、教育主体的“权威性”、教育管理的“封闭性”等。与之相反，民族传统“文化心理场”的运行实践却体现出丰满的教育个性，和制度化学校教育形成鲜明对比。可以说，文化心理场“无论是其形式还是内容，都呈现出一种人性化的特点，蕴涵着人与人之间的融洽、尊重与爱护。人性、人情、对历史的尊重、对古老传统的热爱、对家族、血缘亲情的重视、对自然的亲近，始终贯穿在少数民族社区教育的全过程中。”[1]教育是“活”的，与学校教育相比，民族“文化心理场”是一个由自然和人文构成的“活”的生态系统，它为学生及社会成员提供了生命交往的场域和资源，使其在实践中将民族传统文化转化成自我生命的一部分，而非仅仅是外在于己的东西，从而使得本民族传统文化传承下来，并在其中培育了自我的民族精神。因此，民族地区学校教育应该积极吸取“文

[1] 刘薇琳，侯丽萍. 关于少数民族社区教育的思考［J］. 云南民族大学学报（哲学社会科学版），2004（2）：50.

化心理场”在教育内容、过程、方法等方面的优点，使学校教育回归教育本质，转变为一种“交往的教育”而非制度、规范之下的指令性教育，通过师生之间的心灵沟通和自由开放的教育环境的提供而促进学生文化生命发展的自觉。

（三）营建利于“文化心理场”生长的学校和社区联动环境

学校教育和校外“文化心理场”是教育“同心圆”上的扇面组合，它们共同指向民族地区中小学生及社会成员的文化认同，二者缺一不可。因此，现代化、全球化时代背景下要使中小学生及社会成员文化认同得以良性发展，民族地区学校教育和校外“文化心理场”双方要能各安其位，认真构建和维护好它们内部传统文化孕育生长的环境风气，比如学校自觉变革课程结构，结合校内外资源促使民族文化个性在学生身上延续；村落社区及成员则要积极践行民族传统文化活动，过一种有意义的民族文化生活，在实践中延续民族传统文化的血脉。在此基础上，它们之间也需要进行联动整合，培育利于二者双向互动互促的环境氛围，如社区向学校教育开放，积极配合学校教育的“第二课堂”，扶助教师和学生的民族文化教育活动；以学校的文化辐射功能来带动民族社会成员热爱民族传统文化的情感，以及形成保护和传承民族传统文化的意识，从而使民族传统文化保护有了最坚实和广泛的群众基础。人类学家林耀华先生指出：“人类学始终是以宽广的含义看待教育的，然而现代的人们总是把眼光对准学校，以为学校就是教育，学校的改革就是教育的改革，这显然是不全面的。”[1]总之，一定的教育从属于一定的文化，学校和社区之间只有构建起积极的整合联动关系，才能为民族地区中小学生及社会成员文化认同良性发展奠定丰润充实的教育文化土壤。

综上所述，学校教育和校外“文化心理场”是教育系统的组成部分，它们各自有着促进民族地区中小学生及社会成员文化认同的教育意义和特征，只有二者形成共生共谐的互补关系，才能确保教育对象文化认同发展的辩证统一，使其积极认同主流文化的同时，又能保持本民族文化的个性。

---

[1] 庄孔韶.教育人类学［M］.哈尔滨：黑龙江教育出版社，1988：18.

第十二章　人性提升：少数民族传统文化精神定位

文化是人类与环境长期适应、调节作用下的产物，是一整套揭示人与自然、人与社会、人与自我关系的应对系统，包括物质工具技术、典章制度规范、价值精神等层面或隐或显的人化之果，并在主体与之互动的过程中实现化人之效，也即“人创造了文化，文化亦创造了人”。人在文化发展中不断提升自我，使得人性本身得到丰富，实现了人化与化人的动态良性统一，这是文化所具有的重要价值意义，也是定位文化精神的重要尺度。

一、少数民族传统文化精神定位的人性提升缺失表现

随着少数民族传统文化在现代化、经济全球化进程中经济效益的凸显，各地纷纷倡导传承、弘扬本民族传统文化，甚至不惜巨大人财物力来打造种种文化品牌，并试图对自我民族文化精神进行定位，提出了各具特色的符号称谓，其共同特征是割裂了文化精神的统一性，缺失了对文化精神主体人性提升的关注，形成见物不见人的现象，具体表现在以下几方面。

（一）少数民族传统文化精神定位的本质化。

少数民族传统文化是一个结构系统，其内容形式在时空环境中有着众多的别样呈现，诸如因“时”而动的音乐、舞蹈、人生礼俗、宗教信仰，也有在空间中存在的服饰、建筑等，它们共同构成一个文化心理场并影响着社会成员的思维心理，也即人们在与文化结构系统相互作用的过程中受到了教育或影响，使得他们有了一种精神价值，以此能够积极应对社会生产生活中的矛盾问题，不断促进自身的发展。然而，当下少数民族传统文化精神定位却

明显抽离了人性，使其蜕化为一种本质化的概念或文字表达，最常见是将民族文化精神标榜为“世界第一或独有”等。诚然，每一民族文化皆在人们与不同的地域、气候、土壤等先在自然生态条件的长期互动中形成了不同于其他民族文化的个性色彩，但这更多反映在外显的文化器物层面，而非作为文化主体人性的本质区别。可事实上，不少少数民族传统文化精神定位是模糊不清的，人们提出的如“开放、包容、多元、和谐”等或是文化特征的描述，或是文化要素关系的状态，绝非凝聚人类思维心理或价值意识的文化精神阐述，但是，当前为了在文化旅游市场中有所发展，似乎每一个少数民族传统文化精神都须进行本质化提炼方显其宝贵。

（二）少数民族传统文化精神定位的实体化。

少数民族传统文化精神贵在主体与环境之间的“位育”关系，用潘光旦先生的话说即是“安其所，遂其生”，人与周围世界之间保持着动态的平衡，并以人为中心来推动“天地人”系统的和谐发展，“安其所”是主体和环境之间适应（即“位”），“遂其生”是主体对环境刺激做出的调节和自我能力的更新（即“育”）。[1] 换言之，少数民族传统文化精神实质是人性的不断精进，其定位应当立足于主体身心发展的阐释，而不是对之做出实体化诠释。那么，何谓少数民族传统文化精神定位的实体化？这里指的是人们以偏概全地用某一特色文化事项及其活动所具有的精神属性来代表整个民族传统文化精神，人为或有意识地呈现出“只要树木不要森林”之怪象。以白族为例，不论是政府宣传还是学术文章，在白族传统文化精神定位上时常以“本主崇拜”“绕三灵”“三月街”等文化现象及其活动来印证其“包容、开放”精神，甚至将其视为白族传统文化的特质。显然，这种论点是经不住推敲的，包容、开放是不同民族文化共有的特征，拿既定概念加之以填充文化事例的做法本身就有“拉郎配”之嫌，因为上述提及的白族传统文化内容无法承担作为主体的白族社会成员应对鲜活的复杂系统环境问题时所淬炼的不可分割之融身心一

[1] 潘乃谷. 潘光旦释“位育”[J]. 西北民族研究，2000（1）：3-15.

体的素质能力。无疑，此类将少数民族传统文化精神实体化之举无异于戕害了传统文化及其内聚在主体身上的文化精神的活力或灵性，对之须慎思。

（三）少数民族传统文化精神定位的双面化

少数民族传统文化是中华民族文化的组成部分，是不同少数民族基于特定时空环境下形成的符号系统，它们共同构成了多元一体的中华民族文化体系，当中凝聚着不同民族社会成员的智慧心力，是人类的类特征或人性丰富进程中必不可少的力量。换言之，每一种文化或者说多元文化的存在为人性复杂性提供了资源，能够使得人类有了认识、理解世界的多向度和行动实践策略的综合性，在不断遭遇和解决新问题的过程中提升自我，正如文化人类学学者卡西尔所言，“一个原始的人类学与一个原始的宇宙学比肩而立。”[1]既然如此，少数民族传统文化精神定位就不能否定少数民族文化在培育社会成员感知、情感、意志、智慧等方面的积极作用，否则就会丧失对少数民族文化发展的自觉。当然，之所以有此情状，其背后透露出的是人性中物欲本能的放大，民族文化精神也被人们当作贩卖的什物，尤其是当前整个社会在物质经济丰裕、科学技术发达背景下，包括少数民族文化在内的文化生态系统日益萎缩，人性也被捆绑在现代化高科技产品、项目或设计之中而失去自主性，完整的生命被异化或分割为单向度的存在。

二、少数民族传统文化精神定位的人性提升内涵目标

为了使人类与宇宙能够比肩而立，并在两者持续和谐互动中激发、扩充和存养人性的饱满圆融，当下有必要积极保护、传承和创新少数民族传统文化，构建起多元共生的文化生态系统，让社会主体整体生命能力在适应和调节复杂文化环境刺激中获得提升，以促进人类社会的文明发展和社会成员生活的幸福，这是少数民族传统文化精神定位过程中所必须回应的，不能仅仅

[1] 恩斯特·卡西尔.人论［M］.上海：上海译文出版社，2004：6.

为了得出一个概念定义而漠视了人自身的发展。那么，着眼于人性提升的少数民族传统文化精神定位的内涵目标是什么？这是接下来需要厘清的。前文述及，文化作用或影响着人的身心发展，而人的发展则可促进文化的创新，双方辩证关系决定和统一于人身上，所以围绕人发展中普遍面临的三大矛盾（人与自然、人与社会、人与自我）问题如何解决，来阐释少数民族传统文化精神定位的人性提升内涵是较为全面的，因为人性不是一个扇面，而是一个圆周，只有通过人“与天地参”的生命系统演绎才能更好地呈现人性之整体。

（一）人与自然：亲自然，齐和美

人类是自然宇宙系统的一部分，其起源、进化、发展都是在自然宇宙时空环境中展开的。可以说，自然宇宙时空环境于人类而言具有先在性，且并不因人类认知能力、自然科学知识及技术进步而有所倒转，毕竟人类理性无法穷尽自然宇宙的规律和奥秘，人类能做得到和需要做的是在不断探索中拓宽对自然宇宙的知识经验，并借此确立起一种复杂系统性思维，将人类命运发展放置在宇宙时空环境之中来考量。然而，现实中我们能看到人与自然宇宙环境之间不断呈现出一种紧张的关系，土壤、空气、水体、食品等污染以及自然灾害、各种疾病疫情严重影响着人类的生命健康，加之现代技术产品等对人的异化，人类社会成员人性中的自然智力大大退化。因此，在党和国家积极倡导传承中华优秀传统文化之际，少数民族传统文化保护理应受到人们的重视，但不应大搞文化旅游经济创收项目，相反要将视野投向依然活在民间被社会成员践行的“小文化内容”上，特别是反映了人们对待自然宇宙、社会交往等价值信仰的活态文化组织及其活动内容等，其中能明显反映出人们的自然宇宙和世界观等。所以，现如今少数民族传统文化精神的定位，以人与自然矛盾关系层面来看，其重心是凸显人们生产生活中亲近自然、敬畏自然的文化习惯，有意识地对相应的文化组织活动加以培育引导，使人们逐渐养成与自然和谐相处的思维意识和行动实践。如大理白族地区民间至今依然盛行的“插柳节”，每年立春前整个村落中的人们沿河岸插栽杨柳，其背后潜藏的是白族人民认识和尊重自然生生不息之理。此外，无论贫富，白族人家里都要在庭院内栽花种草，如经济条件允许都要在自家房屋山墙等处绘上花鸟鱼虫及诗词歌赋等，类似种种将自然与人类生活融为一体的文化现象在不同少数民族地区人们生产生活中依然存在，它们应该在文化保护、传承和发展过程中受到人们的重视，使这些文化现象背后“亲自然，求和美”的精神得以绵延。

（二）人与社会：扬仁善，达道治

如果说自然宇宙是人类赖以生存的时空环境，人在与其互动的过程中更多凸显的是生态的系统性，也即人类作为自然宇宙组成部分其身上具有自然属性。但不可否认，人类在融入自然宇宙系统之后，构建了一整套人类社会系统规范来协调人与人之间的交往关系。于此，每一个少数民族都有着自我的社会交往文化体系，通过各种村规民约、宗法家风、社会组织等或明文规定或约定俗成的方式来维系少数民族地区村落社会的运转，其价值在于这些文化事项能够起到两大层面的作用：一是让村落社会成员能够凝聚同心，并在其交往过程中散发出仁善之人性光辉，使人们友善和睦地投入生产生活之中，身心发展有了秩序保障；二是让背离社会文化规范、对村落或他人造成危害的社会个体行为受到惩治，对人性中的欲望、私心、攻击、破坏等非建设性的部分加以遏制，使村落的社会生活能够和谐安定。当然，我们也应该看到，从比较视角而言，少数民族传统文化中有着不少需要更新的内容，如社会主义核心价值观中自由、民主、法治等在少数民族地区的建设发展有待加强，但前提或基础要以少数民族传统文化为背景，只有将现代文明精神和传统文化价值融合共生，不断激发原有少数民族传统文化中的“现代基因”，才能实现少数民族传统文化在继承中发展。如大理白族地区存在着莲池会、十姊妹、打老友等各种性别结社组织，这些性别结社组织随着社会时代的发展在活动规模、内容形式等方面会有所变化，但较为关键和重要的是其互助友爱精神的继续绵延。人们在交往过程中从之前的物质帮扶馈赠向心灵情感沟通激励转变，即是说，这些性别结社组织活动有助于贯彻现代文明价值观念。只要仁善品质在少数民族地区社会成员中得以存养，现代文明中的民主、自由、法治等就有了坚实的人性基础，少数民族传统文化才能在人们发展物质经济的同时实现可持续发展。

（三）人与自我：存意志，重化育

人类作为天地系统的组成部分，其在与外在环境相互作用的过程中面对两大物类：一是自然物质世界，人类在与之交往的基础上能够建立起相应的适应系统；二是人为物质世界，人类通过工具的发明、进步及使用而创造了一个复杂的人文世界。可以说，在与上述两大物类相互作用的过程中，人类理性发挥了强大的作用，人类在自然面前不再渺小无力，能够利用科学知识及技术来获取、使用各种自然资源。同时，人类也不断将理性外化为各种组织、制度、生产关系等来管理社会，使得人们的生活变得更加便利化。但在与自然、社会环境作用中显出理性优势之余，并不见得人们在这样的物质世界中能找到心灵或精神的真正归宿，人们日益经受着来自自然灾害、疾病、暴力、资本异化、留守等问题的困扰，这些使人类反思自我在宇宙系统中处于什么样的位置，把人自身作为认识的对象加以审视。毫无疑问，假使人与自我关系没有得到恰当处理，人类一味把眼光投向外部而忽视自我内心的检视，在欲望、名利、科技异化之下将会作茧自缚。因此，当前少数民族传统文化精神定位中很重要的一个内容是要关注人与自我关系的和谐，保护传承对人性加以规约激励的文化事项，使少数民族地区及社会成员在加速发展物质经济的同时，能够正确摆正它与生命生活意义之联系，实现物质手段和生命目的的统一。如大理白族地区同许多少数民族地区一样，人们通过旅游、外出打工等在赚取了钱财的基础上盖房购车，其物质生活条件日益改善，可我们能够明显看到较多社会成员自身的生命质量并未同步提升，其眼界和思维都定格于外在的资本条件上，不惜以牺牲健康、生活割裂、教育冷落等为代价。同时，一些不正之风在民族村落的蔓延严重侵蚀着人们的心灵，人们的精神世界有所荒芜。对此，少数民族传统文化传承创新要有选择性，要将勤俭持家、尊师重教等文化精神加以发扬，使人类的意志品质不被绚烂的现代化科学技术及其物质所销蚀，而应借助现代科学技术对优秀传统文化资源进行收集、组合和重构，使其能够化育人性。

三、少数民族传统文化精神定位的人性提升策略

文化是人类在适应外在世界时的适应和调节系统，不同少数民族在特定的时空环境下创造了多元的文化生态，其意义不仅在于文化的多元个性呈现，更重要的是多元文化生态背后隐藏的多元一体人性潜能。换句话说，不同民族文化都是人性应对复杂多元环境刺激的表现，多元的文化生态使人性充分发展有了可能。因此，当前少数民族传统文化精神定位理当着眼于人自身发展的角度来展开，其宗旨在于人性得以提升，而非以人性的萎缩为代价来换取经济物质的片面发展。具体来说，可从如下方面来展开。

（一）提升民族教育服务质量，注重社会成员身心和谐

教育既是文化的组成部分，又承担着传承和创新文化的重任。因此，教育事关民族文化发展的走向，正如已故历史学家汤因比所言，“教育和灾难之间进行着激烈的赛跑”，[1]教育应该做好应对未来社会发展的挑战。就少数民族传统文化的传承、发展来看，其有所变化是肯定的，但作为文化核心精神的人性能力必须得到存养而非减缩，以确保文化发展的可持续性。因此，民族教育在少数民族文化发展中具有举足轻重的地位，它应该得到优先发展。然而，在现实的少数民族教育中我们可以看到，部分人的教育热情有所降低，民族教育被当成一种工具，一种能够换来工作或金钱的工具，如果其手段价值并未得到有效转化，人们往往不会重视。由此可见，民族教育尚未真正成为影响人的心灵或生命价值的活动，在人们身心并未得到和谐发展的情况下，要使少数民族优秀传统文化精神得以绵延，这显然是不可能的。所以，当下要加大民族教育发展力度，在对其优先发展中提高其服务质量，注重对人自

[1] 张诗亚．化若集［M］．南京：南京师范大学出版社，2010：43.

身能力的培养发展，让少数民族成员不再将教育仅仅当成孩子考试升学的手段，使包括幼儿、儿童、青少年、中老年人在内的社会成员都能在终身教育体系中获益，让其在接受教育过程中获得身心的和谐统一、生命智慧的增进。只有少数的少数民族地区社会成员生命自身的能力得到提升，人们才能自如自觉地应对自我民族文化取舍、更新、发展问题。

（二）构建主体交往合作平台，凸显民族文化创新发展

文化是集体智慧的结晶，是人类共同交往合作形成的处理人与自然、社会、自我关系的反应系统，也即文化中内含人性的类特征。要使这种类特征得以较好地存养，就须借助一个活的文化生态，让社会主体融入其中，进而使文化精神借助人们之间的交往得以激活生长。也就是说，少数民族传统文化精神能够绵延传承，一方面要有相应的文化心理场为依托，在婚丧嫁娶、节日歌舞、语言建筑等文化事项构成的场域中获得文化认同；另一方面要有交往合作的时空环境，除有场地设施等有形的物质条件外，还须人们有开放的心理世界。而这两个方面又往往是交织在一起的，如果构成少数民族文化心理场的内容不断消逝，加之人们被物质经济的赚取遮盖了心灵宽度，那么少数民族传统文化精神也难逃萎靡的厄运。针对这种情况，当前少数民族传统文化传承发展中，要加大少数民族地区尤其是村落社会中的公共设施投入，丰富老百姓的精神文化活动。然而，不少少数民族地区村落虽然建设了诸如老年人协会或村落集体活动的公共场所，但往往变成打麻将的场馆或者吃喝聚会的饭馆，而且，其中并未有着能增长见识和智慧的图书室、网络电脑等，让社会成员包括老年人和青少年儿童之间建立起共同学习成长的教育平台。如果全体社会成员没有一个学习教育的风气，文化的有效传承则难以实现。所以，当前少数民族传统文化精神定位于人性提升，最重要的是让人们的思维活跃起来，通过硬件和软件兼备的公共交往平台创建，让其有更开阔的眼界来审视包括自我文化在内的周围世界，形成促进民族文化和谐发展的思维心理及行动实践。所以，当前少数民族地区要通过硬件和软件兼备的公共交往平台创建，为社会成员搭建容纳各种文化活动的公共空间场所，形成集传

统文化节日习俗展演、体育健身运动、科学技术普及学习等多种功能价值于一体的社会成员交往学习载体，让他们能够借助于这些资源而培育传承与创新传统文化的良好身心基础。一方面，少数民族社会成员可以运用集体自由意志进行交流协商，决定本族的文化活动内容，让凝聚着民族文化精神的传统文化事项借助于公共空间平台得以连续性组织实施，从而确保民族优秀传统文化得以绵延生长。另一方面，少数民族社会成员在利用公共空间中的诸如图书或电子阅览室等资源不断学习的基础上，提升自我理性自觉能力，使之用更开放的眼光来审视包括本族文化在内的周遭世界，形成促进民族文化和谐发展的思维心理及其行动自觉。

（三）夯实基层文明执政能力，引导民间文化组织生长

随着少数民族地区经济社会发展，一些地方政府往往以GDP来考核政绩，也有一些民众以金钱来衡量成功，在这种工具主义价值取向之下，进行文化建设尤为艰难。就个人或家庭层面而言，部分少数民族地区村落的人急于摆脱长期以来的物质贫困局面，他们有强烈的意志克服各种困难来赢得财富的积累，这是他们的最大心愿目标。与此同时，少数民族地区基层政府往往将重心放在招商引资、国家扶贫开发、社区道路交通等大型项目活动的组织实施，这些项目实施的实体效果也往往让乡村显露出都市雏形。于是，在政府和民间双方共同的努力下，少数民族地区村落发展在房舍、村道、交通、衣着、用具越来越表现出现代化趋向。可是，细细观察可以发现，很多经济繁荣背后出现了人的缺位和文化的枯萎，村落社会成员精神文明生活基本是空位的，如果有也仅仅集中于歌舞娱乐活动上，其身心发展并未与时俱进地跟随时代精神，如在少数民族地区社会主义核心价值观尚未内化于社会成员生产生活之中。因此，在当前少数民族传统文化精神定位过程中，作为治理少数民族地区村落社会发展的基层政府，在继续推动村落物质经济发展之外，更应该注重引导少数民族地区精神文明建设，将社会主义核心价值观精神融入民间文化组织活动之中，逐渐把少数民族社会成员培养成凝聚传统文化气息和时代精神的现代公民。少数民族地区民间组织发展过程中须要加以引导

建设，一方面，通过县乡镇及村委会等行政部门的宣传教育和行政力量的组织指导下，逐渐遏制少数民族地区乡村社会中盛行的不正之风，让社会成员在劳作之余将心思更多地投向于文娱健身、学习阅读等活动上，从而不断孕育民间组织及其活动的文明有益性。另一方面，民间组织在具体实施各种活动过程中建立组织活动的规范程序，在以村委会为主的行政领导下形成公开透明、平等公正的民间组织活动运行机制，确保民间组织生长及其活动在法治轨道下有序进行，从而使得社会成员在活动交往中形成友爱合作、自由平等的价值意识和行为实践。

第三编

乡村治理与全民化终身教育

引　言

乡村社会发展的动力在于教育，健康有质量的教育会积极促进乡村社会发展的文明和谐。如何构建和落实遵循教育规律，并与传统文化精神、时代精神相符合的乡村教育结构体系和实践活动，形成教育需求与教育供给、教育价值与教育地位、教育形式与教育本质三个层面关系的统一，从而切实推动乡村社会的可持续发展，促使社会成员过上美好幸福的生活，此乃乡村治理与乡村社会发展所须要关切的。

从教育需求与供给的关系看，不少乡村社会主体在参与生产实践的过程中由于缺乏相应的知识、技术和受不良价值意识的影响，往往导致他们“有心却无力”参与和融入市场竞争与发展中，其在现代化意识心理、价值观念和综合素质能力等方面有待得到较好的提升。这就要求乡村教育着眼现实，切实满足乡村社会成员的教育需求，实现乡村教育服务供给对象的全员性、内容的多元性、目的的针对性、效果的实效性，让乡村社会成员在享受优质教育服务的过程中为其适应、融入和推动乡村社会现代化发展打下良好的素质基础。从教育价值与教育地位关系看，当下教育地位在部分乡村社会成员眼里和心中有了变化，从过去改变身份或阶层的重要途径而备受推崇，到当下滑向唯有读了“重点学校”才被认可有教育价值的极化之中，教育理应有的作为一项增进人类文明发展的事业和促进生命主体身心协调的实践的价值意义在实践中的“地位”在一定程度上被弱化，乡村社会成员更注重的是追逐教育的工具功能而相对漠视其育人的本体价值，导致教育价值与教育地位之间的非统一。从教育形式与教育本质来看，众多乡村社会成员一说到教育他们往往将其视同为学校教育，很多人没有将教育视为人生社会生活中的重要组成部分，在其眼里学校、学生、老师才与教育相关，没有把自身当成一个“教育者”和“学习者”来对待，其社会生活中也缺乏有组织和稳定的针对他们的教育媒介和服务，他们往往沿袭着传统来构建自我的社会人生，而一旦遭遇新的刺激则往往或无力应对或轻易同化，陷入感官物质的追求之中难以协调身心。

总之，乡村社会要融入现代化、全球化发展之中，从“边缘”走向“中心”，最为基础的在于要办好乡村教育，通过培养综合素质全面、身心和谐的社会主体，为推动乡村社会未来发展打下坚实的人力资源基础，而要形成这样的走向和结果，当前乡村教育要积极构建全民和终身学习的教育形式与之对应，形成家庭、学校、社会教育在乡村社会成员身心发展上的合力作用，真正形成乡村教育实践的自觉和个性，并逐渐发挥其对乡村社会发展的推动和引领作用。

第一章　城镇化进程中家庭、学校与社会关系失序与消解

农村城镇化是城乡一体化的重要手段和内容，其宗旨应促成以人的发展为中心之农村经济、政治、文化的全面转型，不断消除和缩减城乡之间发展差距，让农村社会成员过上幸福和谐生活。为此农村教育需要系统地发挥对农村社会成员的启蒙价值，通过家庭教育、学校教育、社会教育的各安其位和协调整合来推进农村城镇化的健康发展。然而，当下农村城镇化进程中家庭、学校和社会教育却处于一种失序状态，给农村社会成员的生命生活发展带来了许多危害，有必要采取有效策略措施，对其加以消解。

一、农村城镇化进程中家庭、学校与社会教育关系失序表现

城镇化进程中农村教育转型是全方位的，不仅仅是所谓质量和水平向城市学校教育的看齐更重要的是农村教育系统的整体超越，包括家庭教育、学校教育、社会教育发展之间的有序共谐而非目前失序混乱之态。

（一）农村家庭、学校与社会教育结构功能之萎缩

农村教育的形式和内涵是丰富多元的，绝不仅仅是由学校教育所“代表”。家庭教育、社会教育在农村学生和社会成员健康发展上都有着各自的教育任务和价值，不可将自我责任进行相互推诿或转嫁。然而，现实中，农村教育系统结构及功能是萎缩的，学校、家庭及社会、教育三者在做着同一件事情，即不无一致地以提高农村中小学生“学科分数成绩”为共同价值认同，家庭主要扮演着监督孩子完成作业的角色，而且，随着外出打工者的增多，不少

家庭衍变成为仅给孩子身体提供住房的场所，留守的老人往往只预防其身体的安全而无暇其他；而学校教育一如既往地在分数上冲锋陷阵，它似乎已经习惯或无力去改变自我，为努力提升本校升学率、重点率、尖子率而展开劝退、分班、开小灶等特色方式；社会教育则给农村青少年儿童一幅虚假繁荣的景象，房屋不断盖大建新、衣食用行越来越好；同时也存在着温暖亲情生活的隔离、丰富多彩传统文化活动的消失、清澈洁净河流的变污、农田荒芜扩大等不良现象。可以说，城镇化进程中农村青少年目睹或经历了一场追赶经济大潮的运动，农村传统社会中宁静平和、仁爱和睦的风气不断受到充满了金钱、权力的欲望竞争所冲击侵蚀。[1]而基于此，农村家庭、学校、社会教育在结构功能上又是同质的，使得农村青少年所接受的教育充满了物质化色彩，其身心不断被分数、升学、就业所捆绑而从小失去享有主动选择的权利和行动表现。

（二）农村家庭、学校及社会教育目的意识之非自觉

农村家庭、学校、社会教育各自的价值和使命何在？这是农村教育发展所必须解决好的先导性观念问题，否则，其实践运行会陷入误区。这可从当下三者在目的意识的非自觉上反映出来。目前，不少农村社会成员依然持有教育是只属于学校的事情的想法，家庭和社会教育价值在其意识中或阙如或扭曲。为满足孩子物质生活需要，这一点伴随着农村城镇化发展而尤为明显，那些外出的父母通过寄钱的方式让其子女购买最好的物品来获得自我心灵上的慰藉。而学校教育作为一种有目的、有计划、有系统的社会教育机构，它身不由己地表现出对应试的顺从，其教育教学一切以升学为导向，至于所肩负的农村中小学生的文化和精神生命被弃置一边。此外，农村中小学生接受的社会教育则被成人逻辑价值和意志所掏空，较少存在着满足其兴趣、好奇而自由生长的教育世界，他们的学习和生活围绕着由成人所预设的“美好理

[1] 单士兵. 野蛮的乡村［EB/OL］.（2014-04-08）［2014-08-29］. http://shanshibing. blog. 21ccom. net/?p=323

想”而旋转。[1]可以说，城镇化进程中农村家庭、学校、社会教育在目的意识上是非自觉的，也即没有自觉践行教育之本质，它们缺乏积极将农村社会成员的周全生命纳入其分立和整合的视野，如家庭、学校、社会教育各自都没有履行好自我应承担的职责。同时，它们也没形成连贯一致的教育力量作用于农村社会成员的发展，相互之间是分裂无涉的，不能较好地促成教育对象个性化和社会化发展的统一，反而让其自流地在家庭、学校、社会教育轮换之间延缓或异化着生命和谐发展。

二、农村城镇化进程中家庭、学校与社会教育关系失序的危害

农村城镇化进程中家庭、学校、社会教育关系失序的影响是巨大的，它危及了农村社会成员精神生命的健康发展和农村社会的文明进程，也使得农村教育不断远离了培养人的发展之本质。

（一）农村中小学生学习过程的“压迫”

现实中，农村学校教育无论是教师的“教”还是学生的“学”往往成为一种知识训练或记忆，目的是产出一个高分。而事实情况是，只有少部分的农村中小学生能通过考核而成为优秀生，其余大部分人不得不经受因学业失败所遭受的身心压力。主要表现为：

其一，由于积极的家庭教育与社会教育缺位，农村中小学生的学校学习变得孤军奋战，特别是当他们遇到学习成绩或人际关系挫折时，家庭教育没有成为给予鼓励、宽容的疗伤港湾，往往带着焦虑、批评来指责学生或向其提出严格的奋斗目标和学习计划，使得其身心俱疲地面对学习成绩的炼狱煎熬；而不断被城镇化所裹挟的农村社会则呈现出一切让位于经济增长的价值氛围，它以潜在的方式强化着学生将接受教育是为了改变自我和家庭命运的目的，并为此目的而忍辱负重地攀爬着应试升学的“天梯”。

[1] 马克·贝磊. 比较教育学：传统、挑战和新范式［M］. 彭正梅译. 上海：华东师范大学出版社，2007：243.

其二，农村中小学校实施的是一种“数字至上”的管理模式，分数、升学率、重点率等是其生命线，影响着这些“数字”下降的各种活动都被视为无效，学校教育教学内容、方法及评价等环节都服务于一个最好的分数而呈单一化、封闭化。虽然这种管理模式迎合了城镇化进程中农村家长、社会成员集中力量追求经济任务而让孩子安静地独守校园的需求，结果可能导致中小学生正常健康的性别交往、必要的社会生活体验等被尘封了，让他们成为知识拥有者的同时却也缺乏时代发展的创新精神和远离了故土的“文化乡愁”，正如有学者所描述的“很多村落家庭从小更是对子弟们灌注‘要好好读书、否则就只有回家种地’这样的人生奋斗信条，他们对学校教育的唯一希冀就是帮助子弟实现阶层上升流动，这几乎是其最大的实用主义小农生存理性精神的折射。乡村子弟们希望能够到城镇学校就读，一方面是希望能够接受城镇新鲜事物刺激，从而满足自己‘城镇化’的身份认同想象；另一方面则是提前为将来在城市生活作经验性贮备。他们在漫长的学校教育中，在文化认同上已经成了回不了乡土的准城市人。在这样的现实社会生态下，学校布局重心越往上集中，则越有利于乡村子弟逃离乡土的内在精神诉求，也更满足于农村家庭阶层上升流动的想象，尽管这种上升流动的想象最终大多数要被底层阶级再生产的代际循环逻辑所击碎”。[1]

（二）农村社会成员生命生活的“物化”

毋庸置疑，一个人或家庭生活的幸福除了经济收入之外，还在于自我身心的和谐与家庭成员之间互敬互爱的和睦关系。然而，当下的农村家庭、学校、社会教育都有着急功近利的倾向，其发展明显存在着远离人的事物化倾向，农村社会成员的生命生活被降格为“物质存在”。时下，虽然城镇化带动了众多农村家庭经济收入增长之后，也随之引发了村落家庭或农村社会成员之间物质经济角逐之战，人们的安全感和自豪感都建立在了物质实体上，房

[1] 李涛. 乡村教育路在何方［EB/OL］.（2014-08-22）［2014-10-01］. http://www.aisixiang.com/data/77204.html.

屋的阔气、车辆的拥有成为农村社会成员心目中的财富象征和显摆自身价值的重要载体，而这些资本的获得，当下似乎难以通过教育或农业生产来实现，于是越来越多农村家庭成员通过外出打工来创收，这无疑会破坏家庭教育开展所需要的亲情土壤条件，“留守”“空巢”“老弱病残”日益成为城镇化进程中农村社会表现出的病症。换言之，农村城镇化进程中家庭教育或社会教育不断围绕着“物质价值”而催促着人们过一种忙碌的学习工作，而真正忘却了生活本身；没有提供给人们心灵得以安顿的精神之家。农村社会成员包括中小学生的学习工作都着眼于物质当下，而其生命发展的时空无限性被缩窄了，缺乏了传统的延续和未来的想象之间自由畅想的可能性。所以，才有了目前人们生活中到处可感的精神空洞和空虚、道德滑坡和沉沦、文化的失传和失守之状，人们都在相互隔离中把自我生命内卷化为坚硬的“原子”而难以化合互动。

（三）农村传统文化精神价值的“颓废”

农村城镇化并不意味着农村的消失，它包括农村的城镇化和城镇化中的农村两方面统一，最终实现城乡一体化发展。因此，不管是农村的城镇化还是城镇化之外的农村发展都得考虑农村传统文化的承续，不能让农村社会成员单纯为了经济发展而成为“融不进城市，回不去故乡”的无根者。可现实中农村传统文化精神价值不断显示出“颓废”之态，农村传统文化中“亲仁、善邻、谦和、知足”等内在价值已经被“金钱、名望、权力”所侵蚀而消逝。例如，农村城镇化进程中，家庭和社会文化结构不断受到破坏。随着青年人外出打工成为农村家庭或村落经济增长的主要力量之后，中老年人参与村落事务决断的社会地位日益降低，越来越多人的角色向照看留守儿童的保姆转变，这种情况不断加剧了农村传统文化发展面临传承主体、活动组织、心理认同等方面的危机。再者，农村城镇化进程中人们的价值取向存在着明显的工具化倾向。以经济收入增长和物质需求满足作为他们生活的重中之重，许多农村传统“文化心理场”中的内容被视为是有碍于农村社会经济发展而被删减、伪化，如传统人生礼俗、建筑、服饰等不断地“现代化”，而有些传统文化在作为旅游资本输出的旗帜下被任意肢解或拼装成为“假文化”，“一些农村地区大拆大建，照搬城市小区模式建设新农村，简单用城市元素与风格取代传统民居和田园风光，导致乡土特色和民俗文化流失。”[1]

总之，城镇化进程中农村传统文化不断失传或异化之下，农村社会成员如无头苍蝇似的追逐着现代化的香味，却没有真正吸取了诸如市场经济、法治意识、民主政治等精神品质，反而丧失了自我原有文化之精神或个性。

三、农村城镇化进程中家校、学校及社会教育关系失序的消解策略

农村城镇化是城乡一体化发展的重要力量，农村教育要通过结构系统的优化来促进农村城镇化的和谐发展，在农村家庭、学校及社会教育协调作用下确保农村社会成员精神生命的自觉和农村文化个性的保持。

（一）分合位育：注重农村家庭、学校、社会教育结构的互补性

农村家庭、学校、社会教育是农村教育的结构体系内容，它们之间只有处理好“分”与“合”的关系，才能发挥出其积极促进农村城镇化的功能。著名人文学者潘光旦先生曾提出教育的“位育”观，意为事物是以整体系统而存在，各种事物之间只有“安其所”，方能“遂其生”。[2]同理，农村家庭、学校、社会教育要能让其“生”，发挥三者有序互补共促的功能，必先得各自“安其所”，也即农村家庭教育、学校教育、社会教育都有着各自的教育价值和特点需要它们独自履行好自己的职责，方能相互作用形成积极的教育功效，这就是它们之间“分”的要求。就农村家庭教育而言，要将亲子关系培育作为一个重要任务来落实，并在这基础上关注孩子的良好生活习惯养成，让他们尽可能地建立起对周围世界的“信任感、主动感、自主感”，而学校教育要尽可能让每一个学生都能在学校中获得成功体验，让他们能够确立起积极的

[1] 新华社.国家新型城镇化规划（2014-2022年）[EB/OL].（2014-03-16）[2014-04-11].

[2] 潘乃谷，潘乃和.潘光旦教育文存[M].北京：人民教育出版社，2002：52.

勤奋感和自我认同感，而非不断令其挫败以致学习目的迷茫和兴趣丧失；社会教育则要能够为学生或社会成员提供正义的榜样力量，让其在一种美的社会环境中形成对民主、法治、和谐、友善的自觉追寻。有了“分”的前提，农村家庭、学校、社会教育之间才能考虑“合”的要求，从教育内容、教育方法等方面进行整合，遵从连续性、互补性、全面性的原则，促进包括中小学生在内的农村社会成员能够进行终身学习和发展，使其自我生命随着时空环境的扩展而能得以不断丰盈。

（二）以人为本：凸显农村家庭、学校、社会教育实践的人性化

众所周知，教育的对象是人，可实践中的教育往往将人当成一个“物质客体”而加以设计或捏塑，尤其是中小学生被视为父母、老师或社会需要加以改造的对象。例如，农村家庭、学校、社会教育都一致性地持有受教育的目的是将来较好的工作或收入，至于受教育过程中牺牲了学生的情感和社会生活体验等完整生命发展所需营养都是没有什么问题的，且认为这是必要的代付出。于是，长达十几年的学习过程中学生真实的生命被遮蔽了，他们之间的唯一区别是以分数的高低来界定，学生及师生之间都没有了真正教育情感交流。因此，教育有必要回归它的本质，关注教育对象的复杂和鲜活的人性特征，使教育真正发挥促使人性在“求真、向善、逐美”上的不断提升作用。所以，城镇化进程中农村家庭、学校、社会教育实践中要树立以人为本的价值取向，农村家庭教育要尊重孩子的天性，有必要让学生参与进家庭生活的发展中去，积极尊重他们的“参与表达、行动”等，并给予耐心的扶助和真切的宽容，以让他们天性中的主动性得以培育；社会教育则要洁净村落风气，不要让赌博、吸毒、攀比等不良风气和价值侵袭青少年学生心灵，防止其人性中“恶”的滋生；学校教育则要能在教学内容和教学形式上形成多元化，让学生有更多自由选择以满足其学习兴趣和发挥潜能的可能性，并将教育尽可能变为一种帮助而不是知识的灌输。

（三）上下结合：加强农村家庭、学校、社会教育改革的草根化

农村城镇化进程中家庭、学校、社会教育要能得以和谐发展，需要对其当下的失序发展进行改革，而改革的路径得通过两个方面的结合，即“自上而下”的宏观教育改革和“自下而上”的微观改革相结合，而且要着重加强“自下而上”的草根化改革，原因在于这种教育改革是灵活个性化的，且可以是即时进行展开的；相反，“自上而下”的教育改革往往缺乏弹性和针对性，常使教育改革沦为一种应付。当然，“自上而下”的教育改革依然必要，特别是城乡教育不公平、教育考核评价制度的僵化等是未来需要教育行政部门不断加以推进变革的。而就“自下而上”的改革来说，要以农村学校教育为中心或纽带，通过一个个教师对诸如农村留守儿童学习生活的关注，给予学生真正的教育帮助，将他们的思想、态度或心灵加以导引转向，在其自我的教育教学活动及管理过程中让学生和教师平等起来，以便使学生将他们的学习生活中所经历的外在和内在之“真”呈现给老师。如此，教师自然明了学生学习问题的症结所在，并能对症下药，而正是长期以来学校教育教学中缺少真情流露，才使得中小学领域中教学相长效果难以真正生成。因为，在一种“非真”的教育交往中是不可能有教育意义生发的。除此之外，一个校长或当地的教育行政部门也要本着一颗“教育之心”来面对学校或当地教育事业的发展，使得本校或本地教育发展是充满了正义的事业，而非是当下城镇化发展中各种不良现象或问题之“平庸恶”的助推者。

综上所述，农村城镇化是社会发展的趋势，而人的城镇化是农村城镇化的核心，这一核心离不开农村教育的系统实践改革，特别是要重视农村家庭、学校、社会教育三者的和谐共生，让其成为横向互补和纵向连续的有序结构体系，方能积极促进农村城镇化的和谐发展。

第二章　学校、家庭与社会整合的重要性及实践路向

家庭、学校和社会是一个人生命的铺展、波折过程中的教育环境、形式，它们之间的和谐统一对其生活的幸福、生命的质量有极其重要的价值，无论是家庭、学校、社会教育中的任何一个破裂或失败，都将造成特定生命阶段的摧残以致其危害的无法弥补。

一、人的时空发展：学校、家庭与社会教育整合的必要性

人的发展不是一时一地的片段发展，而是连续的周全性发展，这种发展对于任何一个人而言都是相同的，也即每一个人一生的教育都离不开家庭、学校和社会的介入，它们虽然在目的、内容、形式上有所区别，甚至家庭、学校、社会对不同人发展的重要性表现各异，但不能取缔三者在一个人一生发展中的统一性，因为人的发展的时空延伸在性质上是同一的，其差异仅仅表现在内容和形式上而已。因此，在人的培养过程中需要将学校、家庭、社会统一起来，仅仅依靠其中任何一种形式都不能满足人们的教育需求，而且每一种形式的教育只有遵循了教育的本质，并通过其他教育形式的补充，才能促进教育对象的健全发展。

（一）人的发展在空间上的拓展性

人从出生到死亡，其生命展开的空间呈现出拓展性，每一个人的生命空间至少从家庭延伸至村落、邻村、乡镇、县城、省城、省际……以致全球，而这种空间的拓展性是源于人的社会属性，即如马克思所说的人是一切社会关系的总和，人需要通过与周遭环境的交往建立起自我生命的依托，这就决

定了人接受教育会随着空间的改变而有着不同形式的要求，从出生到6岁左右主要集中在村落里接受家庭教育的熏陶，不断将本民族、本村落、本地区的传统文化及习俗濡化在其生命中；6岁以后开始接受逐级升学的学校教育，或连续性从小学一直进入大学学习，或中途分流走向社会，通过学校教育获取人类社会积淀的人文社会科学知识和体现与时俱进的自然科学知识；最后在某一阶段学校教育结束后，其所获得的知识或能力还将面临社会化过程，必须接受社会环境的锤炼方可完成知识的转化而成为生命经验。所以，学校、家庭与社会教育是人的交往发展随着空间的拓展而必然在教育形式上的变化要求。

（二）人的发展在时间上的终身性

“活到老，学到老”。人的发展就是一个不断学习的过程，直至生命的终结，人的连续性发展是终身的，不同的阶段其发展或学习对应于不同的教育形式。生命早年，人的发展是在家庭或村落、社区里面进行，父母、家人或村落、社区成员及其生活内容是主要的教育因素、方式，即家庭教育是儿童最初的社会化场所，主要是身心发展的自然展开及逐渐适应周遭的文化生活；到了入学年龄，大部分儿童开始接受国家办的学校教育，历经小学、中学、大学的学校教育学习，掌握整个人类社会发展中积淀的社会人文科学知识及最新的自然科学知识，并成为国家、社会所期望的人才；而从离开学校进入社会参与工作，一直到生命的尽头，人的发展随着时间的推移而不断实践社会化的过程，其之前在学校甚至在家庭中接受教育获得的知识与能力最终要经过社会化的转化。

总之，人的发展在时间上的终身性，必然决定了人所接受的教育不独是学校里的知识与能力教育，还需经过之前家庭教育的习惯、文化等方面的熏陶，以及学校之后社会教育的不断历练和淘洗的过程。

二、人的文化存在：学校、家庭与社会整合的教育学属性

学校、家庭与社会作为影响人的发展的教育形式，其在实际运行中的功

能都有可能会发生偏差，而且这种偏差如果得不到三者之间的相互弥补则会陷入恶性循环，而如此的教育远离了教育的本质，将对教育对象的发展造成伤害。因此，学校、家庭、社会要起到“育人”作用方能称之为教育，它们三者在本质上是一致的，其共同内涵是促进人的健全和谐发展，而这一宗旨的实现单独依靠其中任何一种教育形式都不可能实现，必须三者之间的互补共促。

教育是一种以人为中心的活动，教育的宗旨是促进人的发展，它借助于语言等符号系统完成对人的培养。我们不排除教育中有许多“物性”的东西存在，比如知识的获得、技术的运用等，但这些毕竟是教育的衍生产物和手段，教育最终要达到的目的是教育主体的生命发展，是集语言、情感、思想、价值于一体的人的完整生命的提升。台湾学者贾馥茗指出，教育所教的人是物质和精神的结合，物质是维持有机生命的需要，而精神则是生活意义所在，“没有精神，不能欣赏生活的情趣，生活便失去意义。……生活的绵延是精神性的，也是唯人所独有的，只有人才需要这种教育，教育教人到如此地步，才是适合人的教育。”[1]无疑，在人的成长或发展过程中，对其身心产生作用的方面是众多的，且更多的是作为生命主体的人在与物质环境和社会环境进行互动的过程中完成对生命的塑造。因此，我们对教育的理解应有更宽阔的视野，而不仅仅局限于学校教育之中。言下之意，教育并非只是学校教育一种，学校之外也存在着教育活动。“一般说到教育，都很容易使人联想学校，其实学校的教育只是教育过程的一部分。……教育是一个社会把他们的文化传递给下一代的过程，传递的目的主要是要使他们的儿童成为社会中正常的成员，因此传递的内容包括文化传统的全部，而技术知识的传递知识其中一部分而已”[2]。早在二十世纪三十年代，教育家雷沛鸿先生就提出：“教育 = 非

[1] 贾馥茗. 教育的本质——什么事真正的教育［M］. 北京：世界图书出版公司，2006：204-205.

[2] 李亦园. 人类的视野［M］. 上海：上海文艺出版社，1996：33.

定式教育＋定式教育”，[1]“通常以教育与学校对称,形成的‘教育＝学校’的固有公式是完全错误的，因为教育大于学校，教育不等于学校，所以准确的定义应该是‘教育＝学校教育＋非学校教育’”。[2]

总之，教育就其广义而言，应该囊括人类的一切教育实践活动，应该包括传承人类文化、创造科学知识、提高人类素质以增强人类顺应环境和改造环境的能力等。教育作为一种社会实践活动无处不在，无时不在，它贯穿和表现于人的生命展开过程中的家庭、学校、社会之中。

三、人的全面发展：学校、家庭与社会整合的内容选择

从上述案例中，我们可以看出一个人的发展应该是多方面的，如果人的发展是片面化、零碎化的，那么就很难适应未来复杂、多元的社会生活。因此，无论是学校、家庭还是社会教育都应注重人的发展的全面性、基础性，使人的物质生命和精神生命在社会生活中得以协调发展。

（一）学校、家庭与社会整合的宗旨

学校、家庭与社会教育的对象是人，教育的实施必须了解教育对象人的特性，即人性问题，教育不能与之相违背。可以说，共同的人性是学校、家庭与社会教育进行整合的基础，它们之间的各种配合互补都是为了使得人性朝着“求真、向善、逐美”的目标靠拢。

著名教育家陶行知先生曾说：“千教万教教人求真，千学万学学做真人。”每个人的人生应该持有一种平实认真的态度，不虚伪、不做作、不妄执，通过辛勤的劳作生产创造财富，并在这种态度之下不断开创美好幸福的人生。此外，人是一种群居的动物，人是交往的存在，人的生活离不开与他人互动，而互动的过程中需要保持公平、公正，需要持仁爱之心，以“己所不欲，勿

[1] 雷沛鸿. 国民基础教育的简单解释［A］. 韦善美等主编. 雷沛鸿文集［M］. 南宁：广西教育出版社，1993：270.

[2] 吴桂就. 雷沛鸿与民族教育体系［M］. 桂林：广西师范大学出版社，2002：127.

施于人”的原则行事，这是众多教育家、思想家所强调的“美德即知识”的体现。当然，人类社会生活的公平、正义或一个人的幸福生活在许多时候不是普遍化的，相反是特殊化的。换言之，“求真、向善”最终要落实在“美”的个性化之中，将“真、善”统一于“美”中。

“求真、向善、逐美”是人性的一种境界，也是人性去动物性而区别于动物的很重要的反映，而这三者往往是交织或融为一体的，它们之间的割裂本身就是一种人性的破碎。因此，学校、家庭与社会教育整合的基础就在于其对象是人，对象身上有共同的人性，人性当中有朝向真善美相统一的潜质，而这种潜质的导引需要学校、家庭与社会遵循着教育的本质、规律而进行，并相互之间进行配合弥补而形成教育合力，最大化、最优化地促进人性朝着真善美相统一的方向发展。

（二）学校、家庭与社会整合的内容

学校、家庭与社会整合的基础在于促进人性“求真、向善、逐美”，而这三者的统一不是一个“完成时”或“实体”，是一个正在进行的“将来时”，其发展是丰富和开放的，这是因为人性“求真、向善、逐美”的统一目标是在人解决各种矛盾的过程中逐渐趋近的。可以说，任何人发展过程中都面临三大矛盾，学校、家庭与社会整合在内容上的要求，就是展开教育过程中使得受教育对象较好地处理这三大矛盾。

1. 自然科学知识。人发展过程中需要解决的一大矛盾是人与自然的关系。任何身处不同时代的个人，他都需要掌握属于特定时代或环境中人类利用自然而有利于自我生存与发展的自然知识，这种自然知识包括气候、土壤、地形、水源等天地系统的物理特性，以及各种自然物质之间的化学特性，人们通过自然物质、自然现象背后规律的探寻，科学地指导自己的日常生活，这些日常科学知识是不同职业、不同人生阶段都必须具备的，否则就会造成一些“日常科学事故”。

2. 社会科学知识。人发展过程中需要解决的第二大矛盾是人与社会的关系。人是社会交往的存在，首先他是作为一个特定文化环境中的个体，需要

掌握特定文化环境下的各种规范、习俗、价值等，同时他又是特定国度或民族的一员，需要遵守整个民族或国家的法律制度，其道德、价值思维要符合这一民族的传统。此外，他也是一个时代中的人，他需要与时俱进，不断融入全球化之中，提升自我的素质能力。而且，任何一个人都是过去、现在、未来的历史存在，所以他还必须传承与创新民族传统文化，其前提是明了、掌握各种传统文化知识。

3. 人文科学知识。人发展过程中需要解决的第三大矛盾是人与自我的关系。人的发展如同一个舞台，每一个人最终要找到自我的角色，演好自己。而在寻找自我、建立自我的过程中，许多人被外在的物质、名利困扰而被异化，遗忘自我健全发展的目的，把自我之外的各种工具手段当成目的。因此，在人发展的过程中需要我们不断反思，人生活的意义是什么？什么样的人生是值得过的？而对这些问题的回答已存在于各种经典的文史哲著作中，既需要人们从经典中汲取营养，更需要自己在生活世界中不断学习、反思和提升自我。

（三）幼儿园课程应注重体现幼儿完整生活的意蕴

生活世界为幼儿成长提供了全部共同的、基本的要素。幼儿园课程设计必须适应幼儿的生活，并逐步指导、引领幼儿从现实生活迈向可能生活。幼儿生活是完整的，不仅包括园内生活，还包括园外广阔天地中丰富多彩的生活。幼儿教育不是禁锢，幼儿园课程应走出幼儿园，在宽松与平等的环境中，在参与广大范围的社区、社会生活的过程中，使幼儿沐浴生活的阳光，能够享受生活的快乐。这正好符合生活教育哲学的两个特征，即民主性和开放性。幼儿园课程应是连接幼儿个人生活和社会生活的桥梁，是幼儿个人生活与其他社会生活的契合点。杜威相信个体应该被当作社会人来教育，因为社会人有能力参与并主导自己的社会事务。这意味着社会群体之间更为自由的相互影响，也意味着关注个体进一步成长所需要的全部潜能的发展。这样看来，注重幼儿社会生活其实是解放个体的一种途径。所以，幼儿园课程既要合乎幼儿的发展需要，又要合乎社会的发展需要，把两种需要有机结合起来，不仅是回归生活、面向生活，而是要超越生活。回归生活、面向生活，是希望幼儿能学得自在、学得自由、学得幸福，做自己学习的主人；超越生活，是期望幼儿获得更广阔的成长天地，充分开发其潜能。

综上所述，学校、家庭与社会教育内容要整合自然科学、社会科学、人文科学知识，教育对象不是单一片面的工具人，是集知识、技术、情感、价值等于一体的个体，在其发展过程中教育应提供融合自然、社会、人文知识的全面知识系统，使其成为一个独立自主的生命主体。

第三章　城镇化进程中农村家庭教育的危机化解

人的城镇化是农村城镇化的核心，这一核心的实现离不开农村教育的积极培育，并得依靠整个农村教育系统的优化保障。因此，作为农村教育系统重要组成部分的家庭教育需行动起来，积极发挥其促进农村社会成员生命健全发展和家庭生活幸福美好的价值作用，不能被动受政治、经济等因变量左右而丧失自我个性，甚至成为社会主义新农村建设的阻碍力量。

一、城镇化进程中农村家庭教育危机的表现

农村城镇化的关键在于农村社会成员价值理念、生产生活方式的现代化，以及其各种社会权益的公平、公正享有和自觉践行。基于此，农村家庭教育要主动担当起调节城镇化和谐发展的重任，避免成为异化农村社会成员生命和生活的实践活动，甚至沦为恶化农村社会文明发展的助推力量。

（一）农村家庭教育意识的“淡漠化”

毋庸置疑，家庭教育有着自己的优势和特点，其在“活”的互动生境里以潜移默化的方式作用于人们价值观念和思维心理，在推心置腹的情感交流和身体力行的榜样模仿中来完成教育过程，其外显形式虽不留痕迹，但效果却深入人心。无疑，农村城镇化进程中家庭教育对社会成员身心发展也起着巨大的影响作用，如果受到人们的普遍重视，且又有着合理的价值取向，那么，农村城镇化就不至于变为一种独立于农村社会成员生活之外的客体，使得人们将其纯粹当成经济增收的工具而非生命生活的组成部分或存在方式，造成当下有外形的“城镇化景观”空间而缺失有质量的“城镇化生活”的状

况。换言之，城镇化进程中农村社会成员的家庭教育意识是非自觉的，他们在面对城镇化发展时缺乏合理的价值判断和理性审慎反思。[1] 例如，在教育价值或意义上，他们往往持两种极端错误观念：或砸锅卖铁也要让子女读大学以满足心理上的虚荣自负；或主张读书无用而让子女小学未毕业就辍学打工，这两者都显示农村家庭在子女接受教育问题上的盲目或非理性。又如，教育对象——儿童，其生命是脆弱的，需要用爱细心呵护，尤其是家庭教育离不开亲情的滋润，可城镇化进程中存在着众多农村家庭教育结构处于分离状态，儿童或老人在留守过程中承受着巨大的心灵痛苦和煎熬。再如，在城市或主流文化影响下，农村社会成员价值思维扭曲，农村家庭教育价值取向呈现出明显的工具化倾向，“金钱至上”“权力第一”不断侵蚀着人们的心灵。总之，城镇化进程中农村家庭教育意识是淡漠化的，农村社会成员表现出对教育重要性和意义的忽视与误解，没有将教育当成启蒙生命精神觉悟、提升生活质量品质并与生命生活内嵌的组成部分来对待，以致形成目前农村村落家庭教育的缺失及扭曲。

（二）农村家庭教育目的的“安全化”

如果说农村家庭教育意识的淡漠化反映出社会成员对教育重要性和必要性缺乏深思，那么，城镇化进程中农村家庭教育目的的“安全化”则是他们的一种明确行为选择。这集中体现在以下三方面：

1. 农村儿童和农村中小学生在家庭教育中往往成为需要看守的对象，农村社会成员对子女的教导常常以遵守学校纪律为方针，假使子女在校招惹事端或身体受伤而被老师家访，家长则会有着比子女学习成绩不理想更为强烈的焦虑，他们会严厉对孩子加以斥责惩罚或“哀其不争”，至于问询、沟通、倾听的情感化育是稀缺的，这种情况尤其凸显于留守儿童家庭教育之中，原因在于作为儿童监护人的留守爷爷奶奶秉持这样一个理念，即把身体健康无

[1] 段成荣，吕利丹，王宗萍. 城市化背景下农村留守儿童家庭教育与学校教育［J］. 北京大学教育评论，2014（3）：13-15.

恙的孩子移交给其父母作为自己的最大责任，至于其学习成绩、品行如何都是次要的，这是城镇化进程中农村家庭教育普遍存在的现象。

2. 农村城镇化不断造成大量留守儿童、老人的增多。作为一个群体，他们在村落公共生活中相对处于弱势地位，在社会交往中常采取恭维、忍让的方式来维持与他人或家庭的和谐关系。对此，外出打工者也常以“不要得罪人”的话语来告诫留守老人和儿童。显然，孩子在这样的风气环境中接受熏陶，极易形成世故圆滑的处事行为或隐忍暴躁的乖戾心理。

3. 城镇化进程中农村正在进行着一场乡村建设运动。农村社会成员外出打工回来之后最热衷于开展修房盖屋活动，且以豪华为尺度以尽显自己的实力。也就是说，当下农村社会成员乡村身份地位的获得不再靠以往的教育身份、品德威望等，而往往以“贫穷还是富有”论“英雄”。无疑，在如此氛围中成长的孩子耳濡目染了成人世界的价值标准，他们从小就谙熟了“只有金钱才是最有用、安全和保险”的“道理”。总之，城镇化进程中农村家庭教育目的更多指向物欲的安全选择，而儿童或学生的自由生命在朝着精神灯塔迈进的路上总是被追求“安全感”的成人逻辑所吞没。

（三）农村家庭教育方式的“封闭化”

为确保农村家庭教育目的安全化的达成，城镇化进程中农村社会成员往往采取了“封闭化”的儿童教育和管理方式，主要表现为对其学习生活时空环境的控制。

1. 农村中小学生大部分时间是在学校里度过，主要进行与考试升学相关的课程知识学习，学业负担沉重。然而，中小学生回到家后，成人总是将其学校学习时间延长，督促孩子要完成家庭作业或多看点书，而这种监督又常常是一种缺乏与孩子进行学业辅导或心理交流的远观，纯粹变为一种监视。可以说，家庭教育和学校教育都共同压迫着学生的时间权利，家庭生活中学生也没有享受到时间的自由。

2. 从学生活动空间而言，城镇化进程中不少家庭的农业生产活动缩减，加之农村生态环境的恶化，如湿地、河流、湖泊面积的减少和污染，农村中小学生较之过去减少了很多与成人共同劳作和亲近大自然的实践活动，转而追逐或沉迷于网络、电子游戏、影视等，而于此农村家长又缺乏相应的知识经验基础和鉴别能力，因而只能采取堵防的非疏导举措来应对，这又无形中加剧了学生不良学习生活习惯的养成。

3. 对许多尚未入学的留守儿童来说，城镇化进程中家庭教育是一种割裂了父爱母爱的隔代教育。这一趋势已经有了幼儿化趋势，即以往言说的留守儿童主要针对的是中小学生，但随着城镇化进程加快和推进，留守婴幼儿越来越多，本应由父母抚育子女的责任转嫁到了祖父母这一辈人身上，这显然会阻滞了年轻父母与孩子亲子关系的培养以及缺乏对幼儿良好生活习惯的培育。可以说，城镇化进程中，农村家庭教育方式是封闭的，农村社会成员将其子女的学习生活时空封闭起来，成人在努力促成家庭的兴旺发达的同时，却逐渐牺牲了孩子自由宽阔的生活时空和发展潜能。

二、城镇化进程中农村家庭教育危机的成因

城镇化进程中农村家庭教育存在着发展危机，表现为意识的淡漠化、目的的安全化、方式的封闭化。那么，是什么原因造成农村家庭教育发展危机呢？除了农村家庭教育自身的内部因素之外，农村社会政治、经济、文化等外在因素与其又有何关系？

（一）农村社会政治文明的缺失和退避

国家倡导的农村城镇化是一种“绿色生态”的城镇化，主张让“城市融入乡村，让人们望得到山，看得见水，记得住乡愁”。[1]不可否认，农村城镇化理当要走一条政治、经济、文化等全面和谐发展之路，然而现实中我们可以看到农村社会已不再尽是留在人们记忆中充满了温情和环境优美之所，其发展伴随着城镇化而存在着“丰裕中倒退”的“野蛮和荒芜”景象，尤其反

[1] 新华社. 2013年中央城镇化工作会议公报［EB/OL］.（2013-12-23）［2014-01-24］. http://www. cqmjsw. org. cn/newsdisplay. aspx?nid=2758.

映在乡村社会生活政治文明的缺位和退避上。

1. 当前城镇化进程中，农村社会有一股不正之风在悄然蔓延。例如，赌博日益变成了一项不可或缺的生活方式在侵蚀着农村的肌体，不少农村社会成员忙完“活路”之后首选去打麻将度日，而且是迫不及待地去抢位，因为当下很多农村村落都有专门的家庭提供赌博服务来谋利，并安置在农村家庭之中。因此，农村村落中经常上演因赌博导致的“夫妻离异、父子成仇”的人间悲剧，其导致的后果不仅仅在于当事者生活的破碎，更严重的是农村儿童、青少年经其模仿熏陶后，时不时三五成群用打麻将来耗散他们的假期或周末时间，并逐渐形成好逸恶劳或不劳而获的习性。

2. 过往在农村社会成员生活中很少存在的吸毒现象也有了“气候”。一部分年轻人随着经济收入的增多，抵挡不住现代物欲生活的诱惑而染上毒品，而棋盘交错的农村村落布局又使得贩毒点和吸毒者的违法行为难以抓控，这一现象或趋势若不及时控制，将给未来农村社会安定和谐埋下严重隐患。概言之，时下农村村落发展存在危机，比起城镇化引发的农田荒种、生态破坏更严重的是道德和精神文明的坍塌。从日常生活中故意点火煽风和拉帮结派孤立、伤及他人家庭安危的言行，到触犯国家法律的实践举动，都表明乡村社会处在一个不稳定的变局中。

（二）农村传统文化精神的失传和失守

农村传统文化精神的失传和失守对农村家庭教育的影响更为严重和久远，因为，城镇化进程中农村文化丧失了个性，也就意味着农村社会发展没有精神土壤可依托，从而无力抵抗现代化不良价值的蛊惑而失去发展方向。如前所述，农村城镇化的理想是绿色生态的城镇化，而不是以城镇化来“取代、消灭、破坏”农村社会的发展。所以，农村社会在积极追赶现代化的经济、科技发展步伐的同时，也要能保持自我的文化特色，方可在未来时代发展中彰显个性而不被同化。然而，城镇化进程中农村青少年儿童越来越面临着传统文化及精神失传与失守的危险。原因在于：一方面，农村学校以主流文化价值和考试升学的知识教育为主，农村传统文化没有得到学校教育教学的自觉传承与保护，农村中小学生虽获得了各种理论知识却不再适应故土生活；另一方面，农村传统“文化心理场”不断松散和消逝，农村传统文化生活无论是从仪式过程还是组织次数，都较之过去有了伪化和缩减，农村社会成员对传统文化的心理认同日益降低，农村社会生活中现代化元素通过着装、建筑、舞蹈、音乐等内容吸引着人们的视野和占据着人们的心灵。换言之，城镇化或现代化发展在调动了人们的创业斗志和竞争意识之余，也将部分农村社会成员引向了“金钱至上”的信仰之途，“勤俭、平淡、踏实、宽容”等农村传统文化精神不再支撑和滋润人们的价值世界。总之，城镇化进程中，随着农村传统文化的萎缩和现代文化的勃兴，农村社会成员的精神价值正经历着游离和阵痛的过程，包括家庭教育在内的教育系统，要尽早做好应对准备。

（三）农村教育价值功能的“负效应”凸显和加剧

城镇化进程中农村家庭教育的偏误或缺失，其中一个重要的原因还在于农村教育的抗风险性较低。农村社会成员经过长时间、高数额的教育投资后，并未见得有高效益的教育回报，反而随着农村教育功能不断凸显出其“负效应”，[1] 以致农村社会成员对教育失去信心而选择逃避，造成当下农村学校教育、家庭教育、社会教育较之过去都受到了不同程度的冷落待遇。

1. 农村学校教育不断远离了育人的本质。很多农村中小学生在单纯的应试教育下过着沉重而被歧视的学习生活，他们没有在学校中培养起热爱知识、探索自然宇宙奥秘的激情、主动的方法，以及合作、宽容、仁爱的良好品质，因为这些价值、态度、情感的培育需要在爱的滋养下生长，可当下的学校教育却让学生围绕着分数不断进行“知识的记忆和考试的训练”，让学生逐渐丧失学习兴趣。

2. 农村家庭对教育投以热情的动力，主要是能起到增进他们经济收益或社会地位改变的作用，可在应试教育之下，学生从小学一直到大学经过了很

[1] 田夏彪. 农村教育与经济发展负效应的成因及消解策略［J］. 昆明理工大学学报：社会科学版，2013（6）：100.

长的“圈养教育”，他们适应社会、引领社会发展的能力并未因逐级升学而递增；加之，当下社会阶层日益固化，通过升学教育最终能谋取较好回报的职业可能性较少，好多学生大学毕业后就业的时间不断被延长，家庭为之付出的教育投入与回报之间的不对称性更加明显。

农村社会教育常常以成败、胜负为尺度来论“英雄”，评价一个人成功与否往往以身份、地位、资本来衡量，而漠视其权力来源在方法上的合法和道德上的合理等价值反思，助推着人们对潜规则的默认和随从。

总之，城镇化进程中农村教育功能负效应的凸显和加剧，使得人们对教育重要性的认识不断被置于次要地位，以前寄托于教育增加经济收入的愿望现在可通过外出打工而实现，于是，农村越来越多的小学生早早选择辍学，农村教育包括家庭教育在内都不再受到人们的重视，其发展陷入“冰冻期”。

三、城镇化进程中农村家庭教育危机的应对策略

城镇化进程中农村家庭教育危机的形成原因是多元的，既有着农村家庭教育自身方面的因素，也与农村家庭教育的社会环境相关。因此，当前农村家庭教育危机的有效破解需综合治理，通过采取标本兼治的策略，方可促成其与农村城镇化的和谐共进。

（一）提升农村人口生活质量，凸显农村城镇化发展的全面性

农村城镇化发展不单是“物”的城镇化，其重心是“人”的城镇化，目的是让人们过上更好的生活。为此，农村城镇化发展要不断检视其出现的矛盾与问题，不能让城镇化变成“圈地造楼”“亲情分离”“同城不同酬”的分裂化发展，如此只会让农村社会陷入“变异”之中，以致农村社会成员虽然努力地让自己家庭富裕起来，但却在牺牲乡愁的情况下变得忙碌不安，使其忘却了比起金钱更宝贵的是身心健康，比起住宅建设更重要的是精神充实，比起一辆车更安全便捷的是内心平和。然而，不可否认的是，现实中社会成员因劳累成疾且恶化而失去生命，以及新式住宅林立却终成“空巢”的现象

在农村已成燎原之势，所以当下农村城镇化发展无疑在一定程度上降低了人们的生活品质。比较明显的诸如农村儿童、青少年、老人等的家庭生活完整性被阻断，以及村落社会成员生活交往的等级序列分化色彩加剧等。因此，农村城镇化发展需要建立起以人为本的价值取向，将提升农村社会成员的物质和精神生活水平统一作为目的，在积极为农村社会成员拓宽就业渠道而增加经济收入的同时，也要关注农村政治、文化的全面和谐，通过建立优先和公平正义的制度政策环境，[1]让人们在农村城镇化进程中的身心获得健康发展，确保其对经济增长的追求是服务于并以人的生命生活的质量为基础，只有在“物质宽裕、精神充实”的生活条件之下，人们才能发自内心地去营造有利于人们身心和谐的家庭教育环境。

（二）注重农村传统文化保护，加强社会主义核心价值观建设

农村城镇化发展必然会引发农村人口流动、生产结构和生活方式的转变，但这并不意味着农村城镇化要以彻底或全盘的现代化而丧失个性，相反需要在追赶现代化的过程中使农村传统文化精神得以继承发扬，以确保以人为本的新型城镇化发展的实现。所以，在当下城镇化进程中追求经济增长依然成为农村社会成员共识情况下，要使物质经济膨胀不蛊惑人心，让人们重视生命生活的完整性和质量性，有必要积极弘扬农村优秀传统文化内容，并用社会主义核心价值观加以导引，以树立起社会主义新农村文化风貌。

1. 城镇化进程中农村各种传统人生节日礼俗、性别结社组织、音乐歌舞、建筑服饰等集视听形象和时空结构而存在的“文化心理场”要加以有意识地保护，而非任其肢解、破坏，以避免农村传统文化精神没有了生长延续的土壤。

2. 城镇化进程中农村传统文化的保护绝非是一种因循守旧的复古，在继承的过程中也需要进行扬弃改造，特别是对落后封闭的思想观念进行革新，让自由、平等、公正、法治等观念扎根在农村社会成员价值意识中并自觉践

[1] 杨东平. 新型城镇化道路对教育的挑战［N］. 中国教育报，2013-06-21（06）.

行，如此方能保证农村城镇化有着良好的社会环境。概言之，农村传统文化及精神的传承和坚守是农村城镇化发展必须关注的，并让其在社会主义核心价值观引导下得以创新或与时俱进。唯其如此，农村家庭及社会成员才能确立起正确的生活观和人生价值观，并通过积极的文化活动来净化人们的心灵，使农村青少年儿童在“生产发展、生活富裕、乡风文明、村容整洁、管理民主”的村落环境中健康成长。

（三）发挥农村教育的效益性，构建农村社会成员终身教育体系

城镇化进程中农村教育要受到农村社会成员的青睐，需农村教育自身发挥出效益性，且这种效益性是以人的综合发展为基础的，而非仅体现为单一的物质经济增长的需求满足。因此，在当下农村教育对家庭经济增长的贡献呈下降趋势，以及人们对教育的热情不断减弱的情况下，农村教育有必要积极进行改革和突破，使其自身回归到促进人的发展之教育本质上，而不能为了改变所谓的“命运”而牺牲和捆绑了教育对象生命的自然和自由发展。就农村学校教育而言，要能让学生感受到教育过程的力量所在，通过知识的获取、思想的启迪、情感的陶冶而开启其生命发展的自觉，为其走向社会奠定良好的综合素质基础。所以，城镇化进程中农村学校教育导向要从“应试升学”朝“快乐学习”转变，让学生在学校中自由地学习成长起来。学校的教育教学要不断激发和保护学生的求知欲、好奇心，注重培养学生主动、激情和宽容等品质，并在学生遭遇学习生活困难时给予有效的帮助，而非仅训练其应试的能力，将其生命活力桎梏于分数的角逐中。而除了农村中小学生之外，所有的农村社会成员也要能享受到社会提供的教育实惠和助益，例如，务农者能够得到现代农业耕种生产技术的指导和知识信息提供，外出打工者可获得有针对性的实用技能的培训，留守农村的儿童老人则可得到心理健康辅导等。[1] 换言之，农村教育不是只面对中小学生或一部分社会成员，而是为所有农村社会成员提供服务的，只有他们都感受和体验到教育的益处和作

[1] 周晔.城镇化背景下农村教育新探［J］.河北师范大学学报：教育科学版，2013（7）：20.

用时，才能够真正重视教育，自觉地将其当成生命生活的组成部分或存在方式，而不是作为纯粹改变命运或实现谋利的工具或桥梁。如此，人们才会以具有启蒙生命的意识去关注儿童青少年的成长，积极为其生命的健康发展提供良好的教育环境。

第四章　城镇化进程中农村中小学生辍学现象及应对策略

城镇化进程中农村经济社会发展有了很大的提升，然而农村教育中的辍学问题却依然严峻，而且辍学现象较之过去有了一些新的变化。那么，当前社会背景下如何认识农村中小学的辍学现象，应采取怎样的消解策略呢？这是城镇化进程中农村教育发展所必须正视的。

一、从被动转向主动：农村中小学生的辍学行为表现

随着城镇化进程中农村社会经济的发展、九年免费义务教育的实施、高等教育的大众化，农村中小学生的辍学行为逐渐由被动转向主动，也即他们的辍学较少受到所谓家庭经济负担、家庭劳力缺乏等外在条件的影响，而是学生、家长一致的意愿选择和主动退却，其辍学行为表现大致可以概括为三大类：其一是没有“未来设想”的主动选择辍学，这一类型的学生缺乏退学后的明确人生选择，更多停留于一种想当然的即时性决定，如在家务农、外出打工等，且这些决定往往受到父母、他人意见的左右。换言之，这一类的辍学生自己并不明了或没有思考辍学与自己后续人生之间的影响关系，他们是在一种蒙昧的状态之下做出辍学的抉择。其二是有“未来预想”的主动选择辍学，这一类型的学生自我及家长已经定位好了辍学后所应从事的工作内容，他们选择辍学一种有目的的“理性行为”，在他们看来选择辍学较之继续上学更有着趋向成功的可能性。其三是“有理想”的主动选择辍学，这一类型的学生及家长认为学校不是适宜学生学习的地方，学生可能会在学校教育中受到伤害，因此宁可在家上学，通过家庭教育、聘请家庭教师来完成对学

生相应年龄段的教育，这种教育是根据家长自己的教育理想而展开的，但此类型辍学表现相对较少。总之城镇化背景下农村中小学生的辍学行为表现出由被动辍学向主动辍学的选择，大多数学生的辍学行为不是受到家庭经济压力的影响，更多是城镇化背景下对人生价值、教育价值认识和判断之后的一种主动选择。

二、从“经济压力”向“价值观念”变化：农村中小学生的辍学原因

当下农村中小学生辍学的原因已不再单纯受制于经济负担的压力，而更多掺杂了社会价值观念、教育体制等综合因素的影响。首先，不良社会价值观念对农村中小学生辍学影响严重。农村城镇化进程中家庭、个人在村落有无地位，人们主要是从其外在的“硬实力”，诸如经济收入的多寡、住宅的规模、车子的档次等来评价，而不是依据一个人接受了怎样的良好教育或有着高尚的道德品质，如此功利思维逻辑下，与名利、金钱收益无关的活动在农村社会成员眼中是无效的。受此社会风气的影响，再加之同村打工者对外面世界多彩生活的“渲染”，当农村中小学生在学校的学习生活受阻受挫的时候，很容易滋生辍学而“另谋他路、勇闯一番事业”的幻想，而这种念头经其学校生活挫败感的不断积累，包括教师的批评嘲讽、同伴关系的紧张等，终致学生辍学意志的坚定而击败父母要求其复学的坚持，因为父母价值观念中也存在着“读书无用不如早点挣钱”的功利心理，从而最终和子女达成一致的辍学选择。当然，负面的社会力量还存在于农村成人的不良生活习惯上，如赌博成风、贪图安逸的生活习气容易消磨孩子对苦难、挫折的体验和承受能力，助长了其不愿为学校学习努力付出的意向，为辍学的发生提供了“温床”。其次，非人本的学校教育也是农村中小学生辍学的重要原因。一方面，农村学校教育因缺少公平的教育环境而难以保证其教学质量，如优秀的师资、大量的经费都流向城市或重点学校，这使得农村中小学生一定程度上没有享受到平等的教育机会和条件，人为造成了其学习质量的差距；另一方面，农村

学校教育在以应试教育为导向的办学过程中，老师眼中只有成绩、分数，成绩和分数高者成为老师喜欢、关爱的对象，而那些“调皮且成绩又差”的学生则成为老师的“眼中钉”，这部分学生在紧张的师生关系、高压的考试和成绩比较面前过着痛苦煎熬的生活，加之其中有些学生父母外出打工缺失对其的监督和关爱，他们终究会毫无留恋地选择逃离学校而辍学。

三、从“积极防控”向“消极协定”转换：农村中小学生辍学的应对举措

毋庸置疑，农村城镇化发展进程加快而出现了中小学生辍学反弹现象，然学校却没有积极采取措施加以预防，而是任由其自然发展，缘由在于当前教育与工作或经济收入之间充满了未知性，学校、教师、家长较之以往少了以“好工作、高收入”为由来对辍学生进行沟通说服，以让其尽可能地返校直至毕业。并且，因为当前城乡二元体制壁垒的存在，使得一部分学生辍学成为潜伏状态，而学校却对其漠视或无能为力，如农村城镇化过程中不少孩子随同父母外出打工流入城市，需要在流入地上学，可因城乡二元体制壁垒存在，这些孩子很难进入城市公立学校就学，在他们身上出现“进不去城，回不去故乡”的教育尴尬。而对此，包括学校在内的教育系统却无所作为，没有为这部分学生的求学提供公平便利的教育服务。又如，一部分未随父母外出而成为留守儿童的学生，他们因缺少监督或亲子关系的疏远，难免会出现一些不良的学习、生活习惯和心理问题，这些问题只要教师加以及时引导或关爱就可缓解而不会积重难返。然而，有的教师、学校“看在眼里、想在心里”，却不付诸实践加以关注教导，反而将这些学生视为一种“累赘”而淡漠处之。总之，城镇化背景下学生选择辍学时，不少农村中小学校、教师表现出与以往积极防控行为不同的是，他们“不提倡、不反对”，往往采取一种默认的态度。

四、从“经济领域”向“文明层面”蔓延：农村中小学生辍学的危害

众所周知，长期以来我国社会发展的重心是加快经济建设，农村教育的经济功能受到农村学生、家长、教师的不断推崇。无疑，在以经济发展为中心的指导思想引领下，农村教育的目的在于培养能为社会主义经济建设添砖加瓦的劳动者，所以，当整个社会生产以第一、二产业为主的阶段，对劳动者素质的要求相对较低，他们常常通过接受基础教育就能适应社会生产力及其结构对劳动者素质的要求。在这种情况之下，众多农村中小学生的辍学必然会影响到国民受教育的整体水平，且会危及社会经济的增速问题。然20世纪末以来，随着全球经济、信息、技术、文化一体化发展，以及我国高等教育扩招和大众化发展、农村城镇化、社会主义新农村建设背景下，社会对各行各业劳动者素质的要求与过去不可同日而语，且时下社会生产结构有了新的变化，第三产业在国民经济中所占的比重越来越大，未来和谐社会的构建与发展需要更多的具有集政治、经济、文化素质于一体的劳动者，他们有着良好的阅读、写作、算术能力，具有创造、沟通、合作的品质，以及自我鞭策、激励、管理的自觉意识，方能适应充满非规律性和复杂性的未来社会生活。在如此社会背景下，农村中小学生辍学对其个人与国家社会发展都有着巨大的危害性，它会延缓或阻滞社会产业结构调整与升级的步伐，会影响到社会体制改革的进程，进而关系到中华民族和每一个社会民众能否实现“富强、民主、文明”的中国梦。之所以如此说，原因在于人既是社会发展的主体，又是社会发展的归宿，如果人的综合素质不与世界平均水平看齐或朝国际化方向迈进，结果只能被时代所淘汰。因而，当下农村中小学生的辍学现象潜伏着一种危机：如果与辍学现象相关的如学校教育质量问题、教育结构均衡问题、城乡教育公平问题等得不到解决，那么势必引发各种负面连锁反应而阻碍社会的和谐健康发展。

五、结论：解决农村中小学生辍学问题的路向

农村中小学生辍学问题的存在是社会和教育发展弊病的一种折射，农村城镇化进程中家庭、学校和社会应高度重视辍学现象的新变化及背后潜藏的危害，通过社会和教育的有效改革以化解这一危机。

首先，加快社会和教育制度改革，重新激发人们对教育的热情。农村中小学生辍学现象的存在，并非仅仅是农村学校教育自身的问题，它与整个社会和教育制度的不健全是相关的，需要对其进行深化改革。如城乡教育一体化过程中的“同城化”如何保障，那些流入城镇的农民工及子女如何在医疗、教育等方面享有与城镇居民平等的福利保障和政策条件；如何保证社会用人单位尤其是政府、事业单位招聘的透明性，给每一个学生一个公平竞争的机会；如何加快我国产业结构的调整，加快第三产业的发展，为包括大学生在内的社会成员提供较宽泛的就业可能；如何改变一考定终身、以狭窄的理论知识为测试内容的教育招考评价制度，使学生、教师、学校为了分数而煎熬。可以说，这些根本性的制度问题解决好了，人们自然会对教育重新燃起热情，因为教育是培养和提高人的各种素质的最根本途径，它本身就是一种人类生活和发展的存在方式，人们自然不会主动放弃受教育的机会。

其次，健全农村教育服务体系和水平，满足人们终身教育的需求。不可否认，因种种原因农村中小学生辍学无法保证零发生，因而我们不得不思考的是，学生辍学以后是否有着继续接受教育的可能性，这一问题如果得不到有效解决，将严重影响到我国城镇化发展的质量。所以，国家和政府要优先发展农村教育，加大对农村教育经费的投入和帮扶力度，为农村构建一个合理全面的教育服务体系，并不断提高其质量。具体而言，农村教育体系必须涵盖为所有农村人口发展服务，从类型上有幼儿教育、基础教育、职业教育、成人教育，从内容上有农业生产技术教育、市场经济教育、政治民主教育、文化生活教育、信息技术教育，从形式上有成人和职业技校、专题培训、影像观摩、试验指导等。农村教育只有建立了涵盖所有农村人口和终身学习的教育体系，才能避免因辍学而造成其未来素质提升无望的僵局，才能使农村

社会成员有着可持续发展的良好教育环境。当然，除了加强教育体系和机构在实践的配套设置之外，更应该突出它们的质量水平，以确保名副其实地为农村社会成员发展服务。比如，农村基础教育能让学生感受到知识的力量和教师人格的魅力，激发其科学探索的兴趣，启迪其向善求真的灵性，让其在学校中过一种充满仁爱、理性、激情的学习生活，如此学生对学校、教师、学习喜好而无厌倦，自然也不会选择辍学。

第五章　城镇化进程中农村老年人教育服务缺失的危害及应对策略

农村城镇化的关键是人的城镇化，而人的城镇化是面向所有农村社会成员的，并非仅是外出的务工者或中青年劳动者，理应包括儿童和老人在内的所有社会成员，他们都应是城镇化的受益者，而绝非沦为城镇化发展负效应转嫁的承受者。然而，现实中农村城镇化发展对于不少老年人而言是一种实实在在的不幸，他们以牺牲了自我的幸福来推动着城镇化的发展，其原因很重要的方面在于城镇化进程中农村老年人教育的缺失，以致他们在身体和精神上呈现出集体走向衰老的趋向，严重影响着农村社会主义现代化建设的质量水平。[1]

一、城镇化进程中农村老年人教育服务缺失的危害

当前农村教育发展过程中其价值目的和结构内容是异化、单一的，主要表现为农村学校以应试升学教育为尊，而除此之外的面向社会成员的社会教育、成人教育都是阙如的，诸如老年人教育则从名称、形式到内容、方法上在农村社会成员意识观念中是不存在的，当然在学术研究者视野中也是淡漠的，但这恰恰能表明由于其缺失而引发的城镇化进程中农村老年人身心发展存在危机及影响的严重性，有必要正视之。

（一）农村老年人生活时空的家庭化

实践中的农村城镇化发展是否是良性的，衡量的一个重要指标就是农村

[1] 吴燕.教育养老：一条提升老年人精神生活质量的新路[J].兰州学刊，2014（4）：117.

老年人能幸福祥和地安度晚年，对此，人们不会有着太大的分歧争议。然而，事实胜于雄辩，不少农村地区虽然加快了城镇化发展的步伐，并且农村社会成员也在家庭经济收入、物质生活水平等方面有了较为明显的改善，但这些是“数据化或抽象性”的，它无法回避具体的诸如老年人生活发生较大波动的事实。众所周知，传统农村社会里有着“父母在，不远游”的文化意识，农耕时代，“一家子人围在饭桌、火塘边或堂屋中”的情景是常态化的生活表象，无疑这是特定时代之下农村社会人们生活中的一个事实性描述，并无褒贬之义；可到了当下，农村的城镇化无疑日益割裂了这种关系，很多农村中青年人外出务工，使得留守的老人、儿童不断增多，而且“父母子女儿孙”三代分离，在时空上是漫长的，留守老人的生活环境被家庭化了。所谓的家庭化指的是很多老人“拿着钱”去照看小孩或成为房屋建设的监工，他们的生活几乎全被家庭事务所占据，无暇也无力再去进行所谓的修身诚心之功，当然于此有些老年人是心甘情愿的，为了帮助子女义不容辞，或视子女能够赚钱盖房是件好事或出息的表现，自己再苦再累也是应该的，但这反而能够显露出城镇化进程中农村老年人是被动的，缺乏相应的能够发挥或提升自我主体性的能力。

（二）农村老年人组织的性别分离化

不可否认，当前农村城镇化发展给农村社会成员的生活带来了诸多方面的影响，如居住环境、道路设施、生活方式等都有了较大的改善，这些方面可以说是因经济增长而出现的水涨船高的反映，且在很大程度上是一种积极的影响或进步。然而，针对农村老年人的具体生活内容或形式而言，农村城镇化的负面影响并没有受到人们的重视，也未能对之及时解决，使其累积的危机日益增多或明显。诸如当下不少农村地区，中老年妇女生活中时兴的所谓现代广场舞现象，农闲时节或晚上几乎全村妇女都参与到舞蹈的排练，甚至时常伴随着抢排中的“相互争吵、结成小团体、孤立某人”等事件的发生；而与农村老年妇女娱乐生活的“繁荣”不同，农村老年男性群体的文娱活动却是“凋零”的，最多的是他们有钱的时候去打几桌麻将，除此之外别无选择，如果还有其余活动形式的话那就只剩看电视。[1] 从此情况可折射出这样一个问题：城镇化进程中农村的公共生活空间及内容是不健全的。所谓的公共生活空间应该在对象上是面向不同性别群体的，以及人们所参与的公共生活内容应是利益普及化的，而非类同于上述的“钩心斗角或不劳而获”的唯一选择上。城镇化进程中农村老年人性别组织及其活动的分离化隐藏着农村老年人群体生活内容或形式的“无选择性”和“自然性”。显然，有效的教育内容和形式的缺失使得农村老年人热衷的娱乐活动变为了一种恶性的竞争、攀比，有损于其身心的健康。

（三）农村老年人公共事务的绝缘化

常言道：“夕阳无限好”。老年人带给社会的是一份宝贵的人生经验和智慧财富，无论这种财富是人生的挫折的经历还是成功的经验，都需要下一代认真地对待，而不是将老年人的“思想青春”随同岁月流逝而埋没。回顾过往，不少人应该还有着“有问题找老人评理或解决”的历史记忆，也即在传统农村社会中老年人是公共事务的重要参与者，从家庭重大事务的处理以至村落里的重大事件决定都离不开老年人的“拍板”。之所以如此，是老年人在人们心中德高望重，其意见是可听的。然而，当下随着城镇化发展，农村老年人转接或承担了儿童的监护人和照料者责任，以及前所述及的房屋建设的监工者角色，他们无更多的时间或精力来参与公共生活，仅有的就是参加所谓的“广场舞排练或打麻将”活动。此外，农村老年人参与公共事务绝缘化更为深层的原因，在于其社会地位由过去的权威变为了当下的无足轻重。由于如今贡献一个家庭经济收入或一个村落经济增长的主要依靠是中青年人的非农经营所得，他们通过外出打工来提升和改善整个家庭的物质生活水平。所以，城镇化进程中农村老年人不断地被边缘化，并随着中青年人“能挣钱”的自负心理不断强化。现在农村社会里老年人习以为常的传统文化生活内容已被年轻人视为落后，他们难以也不愿意担负起传承传统文化的重任，导致

[1] 苏建国，卓永栋. 农村老年人精神文化生活状况调查与思考［J］. 农村经济与科技，2014（1）：126.

农村传统文化后继无人的现象。总之，当前农村老年人因经济地位、社会地位的弱化，使得其参与公共事务的时间、内容及决定权被阻滞，他们自身失去了参与完整村落生活事务的权利，无形中给农村社会的发展造成了损失。

二、城镇化进程中农村老年人教育服务缺失的原因

城镇化进程中农村老年人教育缺失所存在的隐患是众多的，其危害不仅是农村老年人群体自身的伤害问题，它危及农村文化的传承、农村儿童的成长、农村社会的和谐等，假使农村老年人在农村社会结构中依然处于目前的状态并任其自流，那么，农村城镇化发展是不健全的或依然任重道远。因此，探寻影响城镇化进程中农村老年人教育缺失的根源，以便进行及时“诊治”显得极其重要。

（一）农村城镇化实践取向的经济高楼热

不可否认，农村城镇化是农村社会走向现代化发展的重要内容和手段，只有让农村社会成员和农业生产流通起来，农村社会发展才能有活力和转换潜力的机会，所以，农村城镇化是必要的，其发展中存在的问题并不是否定或排斥城镇化自身的理由，而是应该反思农村城镇化进程中发生了哪些偏误，以及如何去纠偏，这才是关键。可以说，城镇化进程中农村老年人教育缺失，很重要的原因在于农村城镇化实践取向的经济高楼热，人们偏重于以经济增长数据和造城上楼的可视化思维来进行城镇化建设，但忽略了城镇化发展是综合的，其对象是包括所有的农村社会成员在内，他们皆应成为城镇化实践的权益享有者；其发展的动力是内外动因的共同作用，外因是政府在投资、规划、设计等方面的扶持，而内因是农村社会成员要能认清自我文化精神且加以积极保持，并能够重视参与教育的发展，以自觉之态来面对城镇化带来的现代化冲击。然而，当前农村城镇化以经济建设为中心，农村社会成员的思维价值收缩或聚焦于单一的金钱层面，人们无心思虑留守老人身心健康或农村优秀传统文化传承问题，在不少人眼中唯有金钱才是真实的。

（二）农村传统文化的功名道德观念

关于农村城镇化发展弊端的指责，人们常常以其破坏了农村传统文化生态为缘由。的确，当前随着城镇化的推进，农村传统文化在人们有意无意中遭受了严重破坏，尤其是仁爱、宽容、互助等精神价值不断淡漠，但这并不意味着农村传统文化的影响在农村社会的减弱，反而农村城镇化的发展深受农村传统文化思维的桎梏，诸如功名道德观念就与农村城镇化的经济高楼热不无关系。众所周知，中国传统文化中有立德立功立言的“三不朽”，它异化在社会民众思维中的反映是义务观。所谓的义务观就是生活中的人们努力奋斗要为子女留下一份财产或要为他们安排好后路方能安心，作为子女则要完成父母的遗愿或理想去学习拼搏，而此二者往往又通过功名利禄或权力、金钱来兑现。可以说，作为中国传统文化的“学而优则仕”“光宗耀祖”思维的延续，当下城镇化进程中的农村社会成员都尽其最大努力地在资本上为家庭攒足一笔财富，唯其如此，方显其生命是有价值意义的，或才对得起父母、子女，否则无脸面立足于他人之前，这可从时下农村社会大兴土木或铺张浪费的奢靡之风有所体现。换言之，城镇化进程中农村社会成员受传统文化功名道德观念影响，其生命生活变为了一种手段与义务，借此去完成功成名就的目的。这是当前农村城镇化发展异化包括老年人教育缺失的重要原因，人们忽略了人的身心和谐统一的根本目的。

（三）农村学校教育的应试事物导向

城镇化进程中农村老年人教育的缺失或不受重视，很重要的一个原因是人们对教育的错误认识。在传统农村社会里，教育是人们改变命运或阶层流动的重要渠道，“朝为田舍郎，暮登天子堂”是很多农家子弟学习的动力。也就是说，很长时期以来教育受到农村社会成员的重视或青睐是它能带来最终出人头地的结果。而当下人们有了教育之外创造财富的更多机会和选择，教育逐渐受到了人们的冷落，但无论当下教育受人们重视与否，作为农村教育代表的学校教育在目的、方法、过程等方面是没有太大变化的，主要体现出一种应试事物导向，也即教育过程走的是应试升学的道路，人们的终极目的是要能通过教育获得金钱、权力等事物性的换取。因此，虽然农村城镇化发展引发了教育条件设施的变化和人们对教育态度、热情的变动，可农村学校教育自身却依然故我，应试事物导向在学校内部愈演愈烈，农村社会成员或子弟也逐渐认同只有考上“985、211、一本”等大学才是有用的，其余的大学“读了也白读”的观念意识。总之，农村学校教育一直以来是在培养人才而非“完人”为目的，于是乎生活教育、生命教育、道德教育、生存教育等都被忽略了，“不要输在起跑线上”的畸形教育也最终导致“输在终点线上”的结局，众多受教育者通过学校教育没有形成“独立自决和反思内省”等品质，其自身缺乏终身学习教育的意识和能力，而此种状况最直接的印证就是来自农村社会老年人教育的严重缺乏。接受过学校教育的一代又一代人，无意识真正走进什么是“好教育、真教育”的门径之中，所谓的老年人教育在其看来是不可思议的。

三、城镇化进程中农村老年人教育服务缺失的应对策略

既然城镇化进程中农村老年人教育是重要的，只有老年人群体能在城镇化发展中身心健康、生活自由自主，并能积极参与到农村的建设发展中来，农村的城镇化发展才是可持续性的，而非仅依靠中青年人的外流务工来发展农村。那么，城镇化进程中农村老年人教育应采取怎样的应对策略呢？

（一）加大投入，构建满足老年人参与的多元健康公共娱乐场所

俗话说“巧妇难为无米之炊”，城镇化进程中农村老年人生活时空的单调或萎靡，尤其是男性老年人群体的文化娱乐生活似乎只集中于“打麻将”活动上。这不只说明的是农村老年人自身存在的问题，也与其缺乏多元可选择的活动内容空间有着密切关系。[1] 众所周知，农村老年人虽然上了年纪，但并没有失去其作为人的主动性、意识性的类特征，只要身体条件允许，“动起来”依然是其所愿的，但问题就在于除了“打麻将”之外，村落里边缺乏其

[1] 蒋位哲，龙艺. 老年教育视野下提升老年人身心健康探析［J］. 新西部，2014（4）：122.

他可选择的公共娱乐活动。基于此，政府应加大投入，在实施了农村新型医疗合作、农业税减免、义务教育减免补贴等政策的基础上，着重关注诸如老年人的身心健康问题。通过建立乡村图书馆、村民就近参与的公共空间设施（包括健身、文娱等内容），让农村老年人走出家门，过一种健康充实的社会生活，而非孤独终老。更重要意义在于农村老年人的文明生活方式能起到濡化儿童或下一代身心健康的重要价值，正所谓“上行下效”，只有老一辈的生活是和谐有度的，作为下一代的社会成员才能有着良好的榜样可效，整个农村社会才能形成蔚然风气。[1] 因而，政府要加大财政投入力度，不断构建满足老年人参与的多元健康公共娱乐场所，逐渐让健康文明之风化为一种风俗，代代可传。

（二）注重引导，确立农村老年人为组织者的传统文化保护组织

农村城镇化发展最令人担忧的是农村传统文化的消逝。这的确是个难题，但解决这一问题的重心不在于保留住了多少传统文化内容。这虽有必要，可比此更重要的是人们要有保护传统文化的意识，以及要有着愿意过传统文化生活的自觉，否则，徒留的文化之形也迟早会被商品经济大潮所冲垮。只有作为文化主体之社会成员能够心中有爱，传统文化精神才会得以绵延生长而不绝，所以，如何使得农村传统文化精神得以化育，是城镇化进程中必须思考的一个话题。按理来说，传承农村传统文化主体的应该是中青年人，然而事实又并非如此，他们中的很多人是以所谓的经济或物质现代化为鹄的，其对传统文化是嗤之以鼻的。在这种情况之下，还得依靠农村老年人为这一艰巨任务贡献力量，其可能性在于不少老年人有时间和有意愿来做这一事情，毕竟传统文化在其身上是根深蒂固的。为此，政府部门要注重引导，积极鼓励并给予人力、财力支持村落老年人参与到传统文化的保护传承之中来，[2] 通过成立“传统文化保护组织机构”等组织，吸收固定的老年人来进行对农村

[1] 陶裕春，申昱. 社会支持对农村老年人身心健康的影响［J］. 人口与经济，2014（3）：13.

[2] 刘芳. 农村留守老人精神赡养困境与对策［J］. 湖南科技学院学报，2014（1）：71.

传统文化的收集整理以及汇编成文字，并结合党和政府的方针政策和文化精神组织一些有儿童青少年、中青年人参与的既体现时代风貌，又能将传统文化精神融为一体的活动事项，促进农村传统文化与时俱进地发展。

（三）凸显人本精神，形成以生命、生活、生存合一的终身教育体系

前已述及，教育是培养人的活动，其宗旨在于使人成为人，也即教育要使人的生命变得有意义，能够突破人性中的动物本能，不断使得自我生命能够创造提升，这一点对于城镇化进程中的农村社会发展极其重要。因为，当前农村城镇化发展放大了人们的动物性，使得人们的生活变为了生存，即只满足于对物质的不停追求，并将生存的本能演化为一种虚荣，人们的生存及生活不再是为了需要而展开，往往被现代化的商品裹挟而去，没有思考的余地。因此，当前教育的重要使命在于要让人回归，让人过上一种属于人的生活，这种生活已经不再是温饱尚未解决的上代人们所寄望的幸福生活，而是能够将自我身上人性的“真善美”普遍法则得以贯穿于生命、生活、生存当中的有意义的存在。[1] 为此，城镇化进程中农村教育包括学校教育在内要凸显以人为本的价值取向，使其面向所有的农村社会成员，让他们能够在人生的不同阶段得以获得教育的启蒙觉悟，让自我成为生命的主宰，将反思、超越等品质灌注在追求现代化的追求过程中，以确保农村社会的和谐可持续发展。

[1] 孔凡俊. 关于我国农村老年教育的几点思考［J］. 成人教育，2010（7）：14.

第六章　城镇化进程中农村幼儿教育发展危机及应对策略

城镇化是一个长期的过程，其核心是人的城镇化，它要通过包括幼儿教育在内的整个农村教育系统优化来实现。然当下农村幼儿教育发展整体处于一种薄弱状态，且在城镇化进程加快催生了人们对农村幼儿教育需求增强的情况下，农村幼儿教育在不断“繁荣”中走向了误区，存在着诸多实践问题和发展危机。

一、城镇化进程中农村幼儿教育发展危机的表现

毋庸置疑，城镇化的内涵并非仅为人口城镇化率的数字统计和空间上的圈地造城，更重要的是人们生产生活方式的转变，以及形成相应的价值理念和能力品质。因此，基于城镇化的可持续和长期发展，有必要高度重视给予农村幼儿群体良好教育，为其成为未来和谐城镇化建设主体打下综合发展的素质基础。

（一）农村幼儿教育过程的“成人逻辑”

随着农村城镇化进程的加快，越来越多农村幼儿因父母外出打工而被送进幼儿教育机构，可较少有农村父母将幼儿教育看成是其子女良好发展的重要组成部分，而仅仅是为了便利他们的外出打工活动，以确保幼儿的看管有保障。可以说，绝大多数农村幼儿家长意识上缺乏幼儿教育的价值理念，往往以一种不自觉的方式随从他人将自己的孩子送进幼儿教育机构，别人孩子如此选择则自己孩子也理当跟从，否则自己良心难安。换言之，农村社会成

员选择幼儿教育是将其当成一种任务，而非一种自觉的主动关怀，他们对农村幼儿教育的关注是一种成人抚育幼儿的责任转嫁。而与之相应的是，农村幼儿教育机构对幼儿展开的教育过程以“智育”或“知识”为中心，呈现出明显的“小学化”痕迹。[1]如力图通过识字、算术、背诵等内容让幼儿变得“聪明起来”，以便他们能“像模像样”地向成人展示其学习成果，而成人们包括教师和家长对此则引以为傲。然而，需要我们反思的是上述农村幼儿教育实践是在“成人逻辑”价值指导下展开的，从让孩子“选择入园”“接受教育”等各环节都表达着农村成人的意志或价值，幼儿父母和老师为了各自的“财富梦”而以牺牲幼儿的健康发展为代价，他们没有给其提供属于自己的生活世界，快乐游戏、自由创造的权利往往被“成人世界或逻辑价值”所裹挟，这对农村幼儿们来说的确是一种“灾难”而非希望。[2]

（二）农村幼儿教育管理的“非人本”

教育是一种培养人的活动，真正的教育是用爱滋润受教育者心灵，促使其好奇、主动、宽容、激情等品质的形成。然而，城镇化进程中农村幼儿教育管理却“劣迹斑斑”，成为一时的“教育重灾区”，频繁发生在各地的“幼儿教育事件”即为印证，如幼儿园园长为抢生源往饮料瓶中注射毒药以致幼童死亡；幼儿园为提高幼儿出园率而让其服用处方药“病毒灵”；幼儿食物中毒而集体入医院等，不一而足。虽然这些事件不能直接说是城镇化带来的农村幼儿教育问题，但至少能够引发人们对农村幼儿教育管理混乱现实的重视和反思，特别是将幼儿当成一种工具来处置或换取利益筹码的“非人本”管理。可以说，当下城镇化进程中农村幼儿教育管理的确存在着不少乱象，导致了农村幼儿教育不断远离“善性品质”的发展趋势。当然，农村幼儿教育管理的“非人本”更多表现在幼儿具体的日常学习生活，幼儿进入幼儿园之后是被动地按照机构或老师的要求来完成一整天的学习任务，并且出于安全

[1] 于淑珍.农村幼儿教育“小学化”现象探析[J].教育探索，2013（12）：151-152.

[2] 梁丽珂，谌颖娟.农村幼儿教育——是希望还是失望[J].科教导刊，2012（32）：226-227.

考虑，幼儿基本上被束缚于房间进行学习和活动。此外，为了避免增加负担，教师往往让学生少喝水、少追逐嬉戏，以减少其照看和料理幼儿排泄、损伤带来的额外事务。此外，农村幼儿教育机构师资及条件较差，不少村落存在着“一师一校”的状况，只要老师遇有“人际关系、农事活动”即可宣布“放假”或让某一“优秀生”代为教学，使得教育活动“无章可循”。

（三）农村幼儿教育需求的“被压制”

农村城镇化发展是综合的，其影响扩及农村社会成员传统生活结构的变革上，而变革当中深受心灵或精神煎熬的社会主体无疑是众多的留守老人和幼儿。因为城镇化进程中越来越多的中青年人外出打工，留下老人和儿童守望家庭和乡村，这对留守幼儿来说尤其是一种“痛楚和不幸”，他们从小就失去了父母在其身边朝夕相处的教导，没有任何选择地被送进了幼教机构中接受教育，而同时农村社会成员根深蒂固的观念中认为小孩最好的选择就是“背上书包上学堂”，过一种学校的生活，于是幼儿的命运早早就被现实教育所“捆绑”。并且，农村社会成员对教育价值的认识是悖谬的，一方面认为学校是幼儿或青少年学生生活的理想场所，另一方面却对大学生毕业“失业”持有“白读了或白供了”的懊悔或讥笑心态。也就是说，农村家长或社会成员并非真的对教育持有一种认可态度。显然，在如此的教育观念之下，农村家长将幼儿送往幼儿教育机构接受教育并非出于对教育的自觉重视，只因城镇化进程中成人外出打工后家庭缺乏更多的精力或时间来照管孩子，于是只能无选择地跟随他人将孩子送进幼教机构，无论是家庭中的外出打工者还是留守老人对幼儿教育机构都表现出“不可抗拒性”的被迫接受。至于对农村幼儿而言，幼儿园教育是“飘在空中的肥皂泡”，看上去有花有草有玩具很有吸引力，且这些“优势”还不断受到农村社会成员的有意“强化”去诱导孩子，希望他们喜欢上幼儿园，可实践中这些美好都被“教室或安全”隔离开来，他们被迫接受着自己不喜欢的“静坐”或“知识任务”。

二、城镇化进程中农村幼儿教育发展危机的成因

城镇化进程中的农村幼儿教育是整个教育系统中的短板，虽然农村社会成员日益熟悉幼儿教育概念，而且幼儿教育机构迅速在乡镇或村落蔓延开来，但其“繁荣”的背后却潜藏着许多问题，如上述教育过程的“成人逻辑”、教育管理的“非人本”性、教育需求的“被压制”等，那么是什么原因造成这些困境的存在呢？

（一）农村幼儿教育供给结构的“非均衡性”

不可否认，城镇化进程中农村幼儿教育有了快速发展，但形式上的存在和数量上的增长并不意味着质量的保证，如果仅停留于此的话，也就无所谓留守幼儿教育问题的存在。毋庸置疑，教育是一项系统性的事业，其宗旨是面向所有教育对象的健全发展，而非只为了少部分人获益。然而城镇化进程中农村幼儿教育最优的资源集中于乡镇或县城，只有较少农村家庭子女能获得相对优质的幼教服务，绝大多数家庭孩子只能在村落里由能读会写的村民所办幼儿园中接受“一对多”的“自由教育”，在目的、内容、方法上缺乏科学有序的计划性、系统性设计安排。可以说，城镇化进程带来了农村幼儿教育需求的兴旺，不管这种需求是被迫还是主动，越来越多的农村父母都不自觉地将孩子早早送往幼儿教育机构已成事实和风气，但他们所能享有的幼儿教育资源却是不可选择的，只能将孩子交给自己村落村民所办的幼儿教育机构，然而这类幼儿园更多是为了营利目的而运作，缺乏真正的育人价值追求。所以，城镇化进程中出现了“村村有幼儿园”的“盛景”，却又都是质量低劣的“一师一校复式教学点”，由此能表明的是农村幼儿教育供给结构的严重失衡。农村城镇化进程中政府或教育行政部门没有为农村幼儿教育提供良好的环境条件以及布局规划，以致大部分农村幼儿教育都步入了低水平发展状态，甚或仅仅成为一种应景之作。换言之，农村幼儿教育并未随着城镇化的发展而有着同步的质量提升，农村幼儿教育供给结构单一而低劣，大部分农村幼儿难以从中获得良好的发展。

（二）农村幼儿教育师资来源的“随意性”

城镇化进程中农村幼儿教育结构是单一的，主要表现为村落社会成员个体为营利目的而私设幼儿教育机构，没有相应的法律或审批程序，在一种“熟人认可”环境下将幼儿召集起来进行所谓的“幼儿园教育”，其所存在的核心问题是在有形的农村幼儿教育背后缺少了至关重要的“魂”，即综合素质良好的幼儿教育师资。众所周知，当下教育教学理念倡导探究和合作，将学生看成是学习的主体，注重学生宽容和激情等品质的培养。这一点对于幼儿教师来说是必须重视的，因为其所面对的对象是涉世之始的生命个体，自我不良的教育内容和方法极易造成幼儿对知识、学习、生活的错误认识和价值定位。因此，农村幼儿教师有必要用心去组织和带动幼儿的行动，通过积极的榜样教育力量去滋润他们心灵的健康。然而，城镇化进程中散落于乡村的幼儿教育机构的教师大多来自民间，其自身受教育水平较低，他们也没有接受过幼儿教育的专门培训，其所进行的幼教方法大多是自我的设想加上电视节目或视频材料的仿制。也就是说，农村幼儿教师在幼儿身心发展规律、幼儿教育目的和方法等方面都缺乏科学合理的认识，他们仅凭自己的主观经验来演绎当下的幼儿教育过程，所以才会有传统的“教师中心、教材中心、课堂中心”在幼儿教育中的复活，或将“智育”的培养提前到幼儿阶段来实施。正如有学者指出的：“目前农村民办幼儿园教学极不规范，课程与活动计划具有很大的主观随意性：要么‘重教轻保’，无视幼儿的身心发展规律，采用‘小学化’的教学形式，布置较多的以书写为主的家庭作业；要么‘只保不教’，采取‘保姆式’的管理。”[1] 总之，城镇化进程中农村幼儿教育的师资来源是随意的，许多教师缺乏对“什么是幼儿教育”的正确认识，往往以成人逻辑而非幼儿逻辑来展开教育实践，其后果是危险的。

（三）农村幼儿教育社会环境的“功利化”

城镇化进程中农村幼儿教育办学物质条件、师资水平等方面存在着明显

[1] 高相凯. 当前农村幼儿教育存在的问题及思考［J］. 现代教育科学（普教版），2008（2）：10-11.

的不足，严重影响幼儿教育质量的是整个农村社会环境的功利化倾向。首先，从幼儿的父母或家庭而言，他们将孩子送进幼儿教育机构，主要是为了解除外出打工的后顾之忧，以便其“幼有所教”而安心置外。其次，农村城镇化进程在不断改变着人们的物质生活水平的同时，也将农村社会成员卷入到“金钱、攀比”的竞争之中，以往平静恬淡的日子被无人居住的豪华房屋建设和隔离亲情并不顾生命健康的工作打拚所代替。换言之，随着城镇化活跃了农村经济收入增长渠道的同时，也使得新成长起来的幼儿一代的生活“土壤和风气”没有了“乡愁”可记忆。更重要的是人与人之间的信任、互助等价值意识日益淡漠，幼儿从小在这样的环境中耳濡目染了功利文化，再加之农村幼儿教育机构教师不当的强化引导，使得农村幼儿发展不断趋向名利漩涡之中。

三、城镇化进程中农村幼儿教育发展危机的应对策略

城镇化进程中农村幼儿教育发展存在着危机，其背后的原因是多方面的，有必要运用复杂性思维来采取应对策略，从教育投入、教育观念、教育环境等方面加以变革，夯实农村幼儿教育的基础，为幼儿的健康发展提供良好的运行机制，以便培养出身心和谐的农村幼儿生命主体，并成为未来和谐城镇化建设的主力。

（一）加大教育投入，确保农村幼教的基础

农村城镇化是社会主义现代化建设的组成部分，是城乡一体化的重要途径，其发展包括了政治、经济、文化、教育、医疗、住房等方面的和谐，而教育作为城镇化和谐发展的基础则承担着培养人的城镇化的重任。为此，城镇化进程中农村教育有必要作为重中之重获得优先发展，特别是政府的发展投入或扶持要向农村教育倾斜，以确保农村教育有着一个良好的结构体系。就农村幼儿教育而言，它与城镇化进程中农村社会的健康发展有着十分密切的关系，缘由在于良好的幼儿教育有利于一个人积极学习兴趣的激发和培养，

有助于幼儿保持和孕育积极探索世界的好奇心，以及主动发现和解决问题的激情等，这些品质是个体进行终身学习的动力基础，它们的缺乏将影响到人一生后续学习发展的可持续性。这可从时下应试教育之中各级各类学校学生学习兴趣低下和学习怠倦严重及其创造力缺乏等教育现实问题的存在得以反衬或折射。而要改变这种状况，农村教育的发展必须从优质的幼儿教育发展入手，政府或有关部门要积极改善农村幼儿教育机构的办学条件，提升管理的科学化，加强师资的培训或专业化发展，使得农村幼儿能够在城镇化进程中真正享受到有质量保证的教育服务，从而开启人生学习的良好开端，为其未来生命的广阔发展奠定基础。

（二）转变教育观念，强化农村幼教的生活化

任何教育活动的实践都离不开教育观念的导引，错误的教育观念必然导致错误的教育实践。城镇化进程中农村教育发展存在着明显的功利化价值取向，农村社会成员关注教育往往是出于对其工具功能的期待，如若它给人带来了经济收入的增加或社会地位的改变，则教育会受到人们的积极重视或青睐，否则就会沦为一种谈资来加以讽刺。如那些未能获得“一个铁饭碗”而待业在家的大学毕业生常被村民视为“书呆子”。换言之，在他们的心目中，读书或接受教育如果不能改变一个人的命运则其价值为零，在此工具价值指导下农村各级各类学校都把教育变为一条“分数——升学——就业”的产业链条，至于教育改变一个人的本体价值则不被人们所尊重，家长和老师为了让子女获得“高分”和“将来的美好”而可以牺牲“幼年、童年、青少年”的时光，让其过一种不属于自我兴趣和选择所想要和所应过的生活。可以说，如此教育实践所暴露的弊端日益显现，而幼儿教育在农村城镇化进程中不断普及化情境下，要不要使农村幼儿重蹈以往从基础教育开始的教育之路呢？答案显然是否定的。未来城镇化进程中农村幼儿教育发展要转变观念，必须树立以人为本的价值观念，通过自然生长环境提供、良好榜样的师资培训，让幼儿在游戏化、生活化的教育教学时空中健康快乐地成长，而不再被成人世界吞没了属于幼儿自身的生活世界。“农村幼儿教育中广大的幼儿教育工作

者应该充分利用农村地区特有的优势教育资源，扩展幼儿生活和学习空间，有效促进幼儿全面发展，促进农村幼儿教育自身活力的释放”，[1]也即农村幼儿教育应该充分利用农村广阔的自然资源、“有情”的社会资源和丰富的民间资源，让幼儿在良好的自然、社会、文化、生活体验中孕育求真的好奇、向善的良心、逐美的个性。

（三）净化教育环境，凸显农村幼教的文明性

教育虽然有价值理想和追求，但从来不可能在真空中运行，它必然会受到教育之外的社会环境影响。同样，城镇化进程中农村幼儿教育发展也受到诸多不良社会环境的负面影响。首先，城镇化进程中农村文化精神不断受到冲击，处于一种失传和失守的状态，以往较少存在的吸毒现象也悄然在农村滋生，且因村落众多分散及政府警力有限等原因而呈蔓延之势，如若得不到有效的预防，将严重影响到未来农村社会的安定和谐。其次，城镇化进程中农村的教育环境还有诸如疾病卫生保健意识薄弱、自然生态环境日益破坏恶化以及各种不健康的思想观念、生活方式等。因此，农村幼儿教育要良性发展，不让当下城镇化带来的某些不文明行为所侵蚀，须得净化农村教育社会环境中的不正之风，让农村幼儿教育在“谦和宽容、互助友爱”的淳朴民风中运行，使农村幼儿沐浴“民主法治、自由平等、公正文明、富强和谐、诚信友爱”的社会主义核心价值观，确保以人的城镇化为核心的和谐、绿色城镇化发展真正能在他们身上得以实现。

[1] 宋燕. 农村幼儿教育优势资源开发［J］. 辽宁教育，2013（7）：28-30.

第七章　民族地区有质量的学前教育发展的问题与对策

相信教育就是相信未来，只有通过教育来改变人、发展人，才是民族地区不断提升自我经济、政治、文化发展水平的正道，其中最为基础和根本的是加强、完善、提高学前教育发展的质量水平，以为培养身心人格健全和综合素质能力较强的社会成员打下基础，从而能更好地将民族地区社会发展导向和谐。

一、当前民族地区学前教育发展存在的问题

民族地区的教育发展基础是脆弱的，诸如人们的教育观念淡薄，教育到底在一个人、一个家庭发展中具有何种价值，于此社会成员往往是不自觉的，没有将教育视为提升素质能力和滋养身心和谐的生命存在方式，而往往把其当为一种任务、手段，这种状况在民族地区学前教育发展中表现得尤为突出。虽然近年来国家和各级政府在政策和资金上给予了大力扶持，但有质量的学前教育并未真正扎根于民族地区，成为一种积极的基础性力量影响着民族地区儿童一代的成长。

（一）学前教育发展的内部层面问题

民族地区学前教育发展呈现出“喜忧参半”的局面，“喜者”是幼儿办学机构数量增多，且办学条件随着当地物质经济的发展而不断有了改善，幼儿教育日益进入了村落社会成员视野或引发了他们的积极关注等；“忧者”在于人们对幼儿教育的认识是偏误的，常常在社会成员身上有着将其当成“可有

可无”“得不偿失”甚或是一种抵触躲避等不良反应。

1. 公立幼儿园覆盖面狭窄，难以满足学前儿童教育需求

民族地区学前教育发展在形式上经历着“从无到有、从有到多、从多到优”的变化，特别是较之以往办学点数量有了明显增多，乡镇一级公立幼儿园在国家和各级政府的政策及资金支持下，从建园和办学质量上有了实质性保障和改善，这是值得肯定和可喜的。但存在的矛盾是公立乡镇幼儿园无法满足民族地区大多数家庭对学前教育的实际需求，毕竟受特殊地理环境、人口居住分散及家庭经济贫困等因素制约，很多人无法将子女送达乡镇幼儿园就读，况且乡镇幼儿园也容纳不了民族地区大部分家庭的幼儿。因此，当前民族地区学前教育发展遭遇的一大困境在于优质公立幼儿园的严重匮乏，很多家庭只能将孩子送往村落及周边的非正规的、私立幼儿教育“办学点”，甚至一定程度上而言民族地区不少幼儿是没有机会或条件享受学前教育服务。[1]

2. 社会成员学前教育意识非自觉，教育教学偏离幼儿身心特征

民族地区除了诸如优质公立幼儿园稀缺之外，更为普遍地影响学前教育普及和深入发展的是人们对学前教育意识上的非自觉，反映在家庭和村落幼儿教育办学点两个层面。就家庭教育而言，民族地区不少家庭中家长思想观念是陈旧保守的，他们并不认为学前教育于孩子成长发展上有着十分重要的作用，固守孩子到了六七岁去读小学的观念，因此不少人将幼儿“放养”在家中，很多家长的意识中没有幼儿教育之说，更有甚者还会有意拒绝各种来自政府部门提供的学前教育服务。另则，民族地区有些村落有着私人设立的幼儿教育办学点，为本村落里的幼儿提供教育服务，可事实上这种办学点的教育教学明显有着小学化和成人思维倾向，主要对幼儿进行识字、算术方面的训练，而且往往用成人价值思维来管理幼儿。[2]

---

[1] 陆晓燕. 边疆民族地区学前教育的现状与思考：以文山壮族苗族自治州为例［J］. 文山学院学报，2013（2）：117-120.

[2] 田夏彪. 城镇化进程中农村幼儿教育发展危机论略［J］. 山西师大学报（社会科学版），2014（6）：157-160.

3. 学前教育经费不足，师资队伍数量质量问题突出

当前民族地区学前教育发展面临的一个严峻问题仍是经费不足，这既反映在乡镇公立幼儿园由于缺乏资金的支持，园内很多设施是陈旧、简陋的，幼儿的教（玩）具、活动场地是残缺和局促的。同时，经费不足更反映在那些规模或大或小的私立办学点上，他们往往将幼儿教育缩减为仅仅是一种知识训练，游戏、户外活动、保育等环节呈现出不系统和非科学化特点。此外，民族地区学前教育师资在数量、质量上问题突出，村落里的私人办学点往往是“单兵作战”，一个教师面对年龄不等的幼儿进行教育教学，其过程和形式十分随意，甚至沦变为一种“保姆式”的照看和照管，且他们大多不具备学前教育的基础知识和基本技能，没有专业的幼师资格证，不能按照幼儿身心发展规律展开引导启发。[1]

（二）学前教育发展存在的外部层面问题

民族地区学前教育发展除了幼儿办学机构结构体系、设施和师资条件等方面需要进一步改善和提升之外，良好的人文社会环境也是影响学前教育质量的重要因素，只有学前教育自身内部的主客观条件和外部的人文社会环境是协调统一的，方能保证其发展的质量。

1. 自然物质经济基础与学前教育结构失衡矛盾

民族地区物质经济相对落后是其社会发展所呈现出来的明显特征，加之不少山区村落居住较为分散，使得大多数村寨的幼儿无法获得正规学前教育机构的专业服务，这与当前民族地区学前教育结构处于一种缺失性的失衡状态相关，从形态而言民族地区学前教育主要有两大类型，分别为公立乡镇中心幼儿园、村落私人幼儿办学点，由于民族地区村寨家庭居住较为分散，距离乡镇较远，大部分家庭不可能将孩子送往乡镇中心幼儿园。而针对这种情况，要在自然村寨建幼儿园目前也不现实，毕竟经费无法保障，即便有政府

[1] 谭恒. 边境民族地区农村幼儿教育现状分析：以河口县南溪镇Z幼儿园为个案［J］. 中国校外教育，2014（21）：150-151.

支持在村寨设立幼儿园，但由于村民居住较为分散，幼儿园的生源和师资编制待遇很难得以保障。因此，当前民族地区学前教育面临缺失性的结构失衡问题，“缺失”是因为很多幼儿没有在专业化的学前教育服务机构接受教育，结构失衡使他们只能退而求其次地在私人设立的办学点中接受教育，前提还得是村落中有人在经营此事。

2. 人文社会环境与学前教育内容目的之不衔接

民族地区社会成员因所身处地理环境的特殊性，他们的生产生活和价值观念一定程度上会受到他文化的影响，以致引发所谓的“非传统安全问题”，这是客观存在的，特别是民族地区一些社会民众跨境而居，他们必须时常在民族之间进行经济贸易交往，加之地理环境的封闭性造成其缺乏对国家和主流文化价值的深入了解，以致出现所谓“边境线上的教育竞争”现象。[1] 此外，民族地区学前教育发展中还存在“即使是免费，家长却不愿意让子女去学校上学”的现象，产生这种现象很重要的原因可能与幼儿或家长原有的语言、思维心理、价值信仰与幼儿园所展开的教育目的、内容、形式要求等有所冲突不无关系，因为从语言表达到价值内容都和自己的民族文化有距离，不少幼儿感觉进入学前教育机构学习是一种“遭罪”，如此尽管免费却也不愿意去接受与自我思想心灵有隔膜的教育活动。

3. 社会转型与学前教育发展关系的时代困惑

学前教育作为整个教育系统的基础部分和环节，它有着教育的所有属性特征，也就是说整个教育系统存在的发展问题也能在学前教育身上有所体现，诸如留守儿童的教育问题，这已成为社会转型过程中波及包括民族地区在内的教育社会发展问题。因此，在民族地区越来越多的人出于致富目的而不断外流趋势下，学前教育必须做好系统的应对机制，以确保幼儿的健全发展，这才是问题的根本所在，而要实现这一育人宗旨不可能仅凭幼儿园办学机构、类型、条件的增多变化来实现。换言之，学前教育不等同于幼儿园教育，幼儿园教育只是学前教育的组成部分，这就意味着民族地区学前教育发展要思

[1] 尹鸿伟. 边境线上的教育竞争［J］. 南风窗，2003（11）：50-52.

考其逻辑起点是什么？学前教育能不能独立而离开家庭教育？如果学前教育不能离开家庭教育，则意味着学前教育发展的政策和资金扶持不能只盯在公立幼儿园的扩展上，还应向下深入家庭教育之中。此外，如果学前教育的逻辑起点是幼儿个体，则意味着学前教育机构办学应注重家庭、文化在幼儿成长中的重要作用，而不能一味地以统一的标准化内容价值为依据，切实做到以幼儿个体的健康发展为导向。只有真正解决了这些方面存在的问题，民族地区学前教育发展才能有一个良好的社会文化结构系统的滋养。

二、民族地区有质量的学前教育的构建策略

基于民族地区学前教育内外发展的现实困境，吸收国内外学前教育的实践经验，以办好有质量的学前教育服务体系为目的导向，有必要积极地从以下几方面加以改进。

（一）转变家长思想观念，实践有趣有效益的学前教育活动

民族地区学前教育要有效发展，离不开作为当事人的家长及幼儿的积极配合，只有家长认同了学前教育的重要性和必要性，才会送其子女去幼儿园学习，并为其成长提供良好的物质和精神保障。同时，也只有儿童喜爱上幼儿园，在幼儿园里动起来，无拘无束、自由自在、欢天喜地进行学习生活，方能言学前教育发展的基础和质量是良性的。基于此，其一，民族地区学前教育要充分利用自然文化资源，让幼儿教育变得有特色起来，教学内容、教学资源方面我们可以就地取材，选择幼儿喜欢的活动作为教学主要内容，这样让幼儿感到亲切，有探索欲望。其二，家庭教育在学生健全人格发展上有着不可替代的作用，所以为了保证幼儿家庭教育的有效性，要加大宣传力度，让民族地区家长关注孩子的教育问题，并逐渐形成教育选择意识，从而孕育重视幼儿教育的社会风气。同时，政府可通过设立专项资金，建设村落幼儿活动中心，购置一定的幼儿玩具、图书等，让他们尽可能多地接受一些有益的学习刺激，同时也为家庭能主动选择让幼儿进入幼儿园接受教育奠定良好

的基础。其三，无论作为公立、私立幼儿园，还是个体作坊式办学点，要尽可能避免当前为应试升学做准备的“小学化”倾向在幼儿教育中发生，办园主体的教师、行政部门只有站在幼儿健康发展的视角来展开教育实践，方能促进民族地区学前教育事业的发展。

（二）注重师资素质提升，加强学前教育队伍建设

民族地区学前教育的发展要从国家或社会未来发展战略的高度加以重视，因为作为具有奠基性的学前教育对人的发展起着基础性作用，只有民族地区幼儿接受了良好的学前教育、基础教育，那么他们未来的成长才有了更多的可能性，也方可靠他们不断促进民族地区社会的繁荣稳定发展，并为社会主义现代化建设和中华民族的伟大复兴做出贡献。因此，从长远的民族地区经济社会和文化发展考虑，很有必要贯彻教育优先发展方向，而且将学前教育作为“第一个扣子”扣好，这就得加大民族地区学前教育发展的持续性投入，而不仅仅停留于在乡镇建立示范性的一所公立幼儿园，须得将学前教育在对象上面向民族地区每一个家庭和幼儿，在继续鼓励幼儿园或幼儿教育机构的兴建办学和加强其办学的物质设施条件的投入之外，还应加强师资的准入、培训等工作，改变以往最为严重的办园质量问题，无论是在公立幼儿园还是众多的办学点，都共同存在着幼儿教育的非专业化特点，造成幼儿教育质量的低劣。所以，当前必须重视民族地区学前教育师资素质的提升，一方面通过培训学习方式来对既有师资队伍的教育观念、方法、管理等进行引导转变，一方面通过政府从经济待遇、特岗设置等方面制定相关政策来吸引一部分大中专学前教育专业毕业生，只有切实提高学前教育师资队伍的整体水平，才能真正确保民族地区学前教育发展的质量。

（三）净化教育的环境风气，推促学前教育过程生活化和育人性

民族地区社会成员深受传统文化影响，在一定程度上他们固守于原有的价值意识和思维心理，不利于其思想的解放和文化交往的开放性，使得包括学前教育在内的“外植”文化力量在本土生长受到阻滞。当然，这一文化惯

习更多指向于那些保守的、惰性的消极成分，如人们将教育当成一种额外的负担，认为教育特别是学前教育更是无稽之谈，他们常常将幼儿“放养”于家中，与家中饲养的小动物等为伴，这本不可指责民族地区家庭父母，但须得改变的是他们对教育的漠然。此外，民族地区不少社会成员对赌博、吸毒、嗜酒等不良风气见怪不怪，严重影响了民族地区幼儿身心的健康成长。所以，当前民族地区学前教育发展，必须净化不利于其生长的环境风气，让幼儿教育有一片“乐土”得以绵延生长，使得其中的幼儿能够快乐自由地展现生命的本性，而不再被成人世界吞没了属于幼儿自身的生活世界，让他们在“谦和宽容、互助友爱”的淳朴民风中借助于良好的师资引导，通过“游戏化、生活化”的教育教学来接近“民主法治、自由平等、公正文明、富强和谐、诚信友爱”的社会主义核心价值观，在其幼小的心灵中种下真善美的种子。

（四）强化教育的合力效应，凸显社会、家庭、幼儿园互补整合

民族地区学前教育是一个系统工程，非学前教育自身所能支撑起来，要使得学前教育在民族地区有效运转，真正在幼儿身上产生积极影响，并得到家长的认可支持，形成尊教重师的风尚，离不开整个社会的参与，最为基本的是家庭、幼儿园和社会三者之间要形成合力。具体而言，民族地区学前教育发展除了按照国家和省政府提出的规划要求，及在其政策资金的支持落实之外，更多地需要当地的基层社会行动起来，在转变观念的基础上真正把学前教育当成是一项事业来对待，家庭、幼儿园、社会都倾注热情，真正以“百年大计、教育为本”的精神来实施学前教育，不急躁、不虚浮，脚踏实地地为幼儿的健康成长“让路”，家庭教育中父母要花时间、精力来陪伴幼儿成长，要做到“育而教”；[1]幼儿园教育教学中要以生为本，关爱每一个学生，要让其感受到教育教学的美妙，让幼儿的好奇天性得以呵护；社会教育则需要政府认真治理不利于幼儿身心健康的各种社会乱象，让幼儿生活成长于充满互助、善良、正直的环境之中，只有上述三者“各守其职、各安其位”，方有民

[1] 潘乃谷，潘乃和.潘光旦教育文存［M］.北京：人民教育出版社，2002：52.

族地区学前教育发展的美好明天。

（五）探索学前教育实践模式，丰富学前教育内涵及结构形式

民族地区学前教育发展有着自己的特殊性，如对象的多民族性和其文化的多元化，这就使得学前教育在实施过程中必然与主流文化价值或学前教育统一规范之间有着矛盾冲突的可能，毕竟幼儿在语言、习惯、文化价值、思维心理等方面都可能与学前教育主体力量的幼儿园教育规范化之间有抵触，这也是为什么会存在某些家庭或幼儿不愿意接受免费入园的机会，而这并非民族地区家长缺乏理性所致，最主要的原因还在于幼儿教育自身可能存在问题，它和民族地区社会成员对幼儿教育的想象和期待是有出入的。可以说，这是民族地区学前教育发展实践中存在的问题，同时也是对学前教育理论自身发展的一种检视：即原有的以建设幼儿园为主要载体的学前教育理论、观点、思路是不是需要进一步拓展完善，除了按照国家和省政府的帮扶政策加大学前教育经费投入幼儿园建设、相应师资的培训之外，能不能找到更有针对性的学前教育帮扶对策和形式，而不仅仅是增加幼儿园办学点的拓展上，因为学前教育之“学前”是不是意味着按照现有的教育体系将之划定在 6 岁或 7 岁的小学教育之前，那么这一阶段的幼儿发展要不要“学”，以及对其的“教育”意味着一种不是“学”的教育？所以，如果将“学前教育”界定为“6、7 岁之前幼儿的教育”的话，也就不会出现人们将幼儿园教育当成学前教育全部的误解和实践。当然，还须进一步思考的是基于民族地区地理、文化的特殊性，针对幼儿的教育在内容、形式、方法上如何保证质量效益，不仅仅为其进入小学做好知识储备，而是将他们身上的潜力得以充分地激发出来，这样的学前教育才是奠基性的。因此，当前民族地区学前教育发展要将理论与实践结合起来，注重二者之间的互动统一性，并不断在行动实践中丰富完善学前教育的内涵及结构形式。

第八章　城镇化进程中农村教育功能弱化的成因及对策

农村教育是农村社会的重要组成部分，二者之间理应是相辅相成的关系，即农村教育要积极发挥促进农村政治、经济、文化发展的功能。然而，城镇化进程中农村教育功能呈现出弱化的倾向，与农村社会经济发展之间存在着负效应关系。

一、城镇化进程中农村教育功能弱化的表现

城镇化发展是综合的，绝非是空间格局上的“造城上楼”或是单一的经济总量增长。优质的城镇化理应关注全体农村社会成员生活质量的整体提高，包括经济收入的增长、精神品质的饱满和良好的受教育水平等。

（一）农村教育的经济收益弱化

长期以来，农村民众对教育的热情和动力很大程度上来自于其产生的经济价值。当教育成为农村民众改变命运、提高经济收入的主要渠道时，就会受到农村民众的重视和青睐，农村民众以上学读书为荣。可是，随着城镇化进程的推进，农村民众有了更多的致富途径，而且这些致富途经的经济回报是及时的。在这种情况下，农村教育经济价值的实现似乎投入的金钱、时间资本过大，而且未来还充满了就业的不确定性，这无疑会造成农村民众对教育附加价值认可的不确定性。加之农村学生从入学到各级各类学校教育分流之后，他们身上表现出缺乏良好的实践能力，不能将学校所学知识转化为对实践的有效助益，这就更容易加深人们对农村教育“只消利，不生利”的评

定。总之，从现实农村社会经济与农村教育的关系来看，农村教育的经济价值呈弱化趋势，农村教育的经济回报低于其他行业的劳动收入，农村教育的投入与经济收益也存在着背离。

（二）农村教育的文化精神失守

农村教育是农村文化的精神家园，农村文化的发展离开了农村教育的有效支撑将会变得荒芜。当前，农村教育没有很好地承担起传承和创新农村文化的重任，使得农村传统文化淹没于城市文化主流的洪流中。因为农村教育办学以城市教育为取向，没有扎根于农村文化土壤中，农村学校教育是一种逐级升学的“离农化”教育，这样的教育使得大部分受教育者在受教育过程中没有得到有意识的农村传统文化培养，导致他们既没有适应农村社会生活的心理和能力，也缺乏进入城市适应现代化生活的品质和素质。此外，农村教育的办学环境充满了世俗化和工具化，许多人对教育的品评不是从人的精神品质出发，而是看教育能够带来多少名利。如果这种功用得不到满足，“义务教育的免费及补助”或“高等教育的大众化”都难以吸引农村民众的关注。可以说，在城镇化进程中，农村教育文化精神面临着失传和失守的危险。

（三）农村教育水平落后

农村教育的对象是全体农村社会成员，其宗旨在于以每一个农村社会成员的整体生命发展为导向，然而，以城市教育为模板的农村教育水平呈现出明显的落后之势。其一，由于教育城乡二元经济结构的长期存在，与城市教育相比，农村教育的资源条件、师资水平都有着很大的落差，直接表现为在农村教育的应试升学质量难与城市教育相比，如就读重点大学的农村学生比例较低、农村基础教育辍学依然严重等。总之，农村教育在升学考试的知识教育方面一直处于劣势。其二，如果说农村教育的功能之一是使受教育对象适应现代化的社会发展，为在经济、科学技术发展方面奠定良好的素质基础，那么农村教育的文化功能则是让受教育者能够具有良好的自我认同感和归属感。而农村教育因过于偏重对知识、经济价值的追求使农村教育纯粹变成一种技术手段或工具。可以说，农村教育的水平在城镇化进程中不断背离了教育本质，呈现出落后之势。

二、城镇化进程中农村教育功能弱化的成因

农村城镇化发展过程中农村教育功能弱化已然是一种事实，它的发生反映出的是农村教育系统的病态。那么，城镇化进程中农村教育功能弱化的病因是什么呢?

（一）农村教育价值取向本末倒置

教育价值取向是教育发展的基础性导向，是教育实践运行的方向性选择，如果教育价值取向发生了偏差，必然会在教育功能上呈现出来。著者认为，城镇化进程中农村教育的经济、文化功能是有偏差的，其根本原因在于农村教育发展确立的是“以物易人”的价值取向。当前，农村教育很大程度上围绕经济、名利等外在的“物”来展开，基于此，一切与“物”的增长、扩展无关的教育行为都是无益的，这种价值观念在城镇化背景下已成为农村学校、教师、家长、学生共同信奉的准则，并且落实在他们的各种具体教育行动之中。然而，只要反思“什么是教育”这一根本问题，自然会明了现实中农村教育价值取向出现了本末倒置的现象。因为只有教育对象——“人”得到了全面、和谐发展，其物质生命与精神生命得到统一，他们才能自觉地成为促进农村社会良性发展的积极力量。

（二）农村教育结构、目的混乱

农村教育并非由单一的基础教育系统构成，还包括职业教育、成人教育等。农村教育是一个综合的概念，其内涵和外延非常丰富，理想的农村教育应当涵盖农村民众所有的教育需求。然而，当前的农村教育却是单调、僵化的，其结构及目的较为混乱。其一，目前大部分农村地区的教育结构表现为基础教育、职业教育、成人教育三大类型，其更多指向的是小学、初中、高

中的适龄入学儿童、青少年以及参与农村社会生产的青壮年劳动力。换言之，农村教育在结构上不能为所有农村社会成员提供终身教育服务，这就容易造成农村教育对人的发展的连续性作用的中断。其二，实践中的农村教育没有确立起合理的目的，即农村基础教育、职业教育、成人教育各自的目的重心是不一样的。农村基础教育的目的是为人的后续发展打下良好的素质基础，这种素质基础是不分城市或农村的，是义务教育阶段每一个学生无论能否进一步升学都需具备的发展基础，所以其目的重心是“学会学习、学会生活、学会生存”的“成人”教育；而农村职业教育目的重心就是根据学生的兴趣和市场发展对人才的需求，以一种实践导向的办学方式培养学生而非重理论化教学或走基础教育发展的模式；至于农村成人教育，更应在农村社会成员的心理和现实需求基础上来展开，绝非是“自上而下”的拯救思路。但现实中的农村教育发展总体上以经济发展为目的，基础教育、职业教育、成人教育都呈现出工具化倾向，失去了其作为自变量的发展属性。

（三）农村教育文化心理场缺失

农村“三教”是针对机构化教育类型而言的，从形式上看，农村教育还包括自发的、自然的、鲜活的教育形态，它存在于农村社会的日常生活之中，以潜移默化的方式使人们的价值观念和思维方式趋同，其主要载体为农村文化心理场。但是，当下农村文化心理场不断被压缩甚至“空心化”，农村民众自身的文化归属无所依托，而且随着农村文化传承主要力量的农村老年人经济社会地位的降低，农村文化心理场在他们身上塑造的文化性格逐渐内向化。换言之，活的农村教育载体处于不断消逝的过程中，这种消逝是从外显的文化心理场（如礼俗、音乐、建筑）形式趋向现代化而日益简化以致消逝。更为严重的是，由于农村社会成员已经在心理和价值上被主流文化所“同化”，在鲜活的文化心理场的“形”与“神”皆没落的情况下，农村教育的文化精神失守而陷入主流城市文化中，农村传统文化处境孤独。

三、城镇化进程中强化农村教育功能的策略

农村教育功能的弱化会对农村经济社会发展产生巨大的负面效应，因此，城镇化进程中强化农村教育功能就是要积极促成农村经济社会的和谐发展。

（一）凸显农村教育优先发展，实现农村社会经济和谐发展

当前，城镇化进程中的农村教育与农村社会经济发展之间发生负效应的关系呈上升趋势，而且双方都累积了许多弊病。在此情况下，要促进农村教育优先发展，除了打破长久以来城乡教育二元经济结构之外，更重要的是明确农村教育在农村经济社会发展中的地位，使农村民众确立起认同、重视教育的自觉，把受教育变成自身生活和存在的方式。农村社会有了这种教育风气，农村民众就自然会反思生命、生活的意义，在积极进取的人生态度下，对教育的期待就不会只看重它的经济利益，而是更在乎它能提升人在整个社会发展中的生活、生命品质追求，更看重农村教育对农村社会经济和谐发展的推动。

（二）健全农村教育服务体系，强化农村民众的终身教育

农村教育服务于农村社会全体成员，农村教育发展的质量也要根据能否满足农村社会成员所有的教育需求来衡量。而现实中，农村学校教育只为一部分学生提供一定阶段的教育服务，虽然这种教育服务还包括了九年义务教育，但因其没有遵循全体学生的身心发展特征和个性需求，也使得农村学校教育服务具有强迫性，因此，建立健全面向全体农村社会成员的教育服务体系是十分必要的。其一，人的发展是终其一生的，人生不应被实体化的目标所压缩、分割，而应是从出生到死亡的分阶段连续的递升过程。换言之，农村教育不应单纯为了升学或经济功能而忽略了人的发展在不同阶段的任务与矛盾。其二，农村社会成员不可能都接受相同类型或层次的教育，因而，从各级学校教育分流出来的学生还应有机会接受继续教育，而且，这种继续教育应当能够满足他们自己的兴趣和需求。可以说，农村教育只有建构起为所

有农村社会成员的终身教育服务体系，才能使他们得到持续的发展并积极为社会发展贡献力量。

（三）构建农村教育互补机制，促进农村文化的良性认同

农村教育城镇化转型是当下农村教育发展必须积极面对的，但需要明确的是：农村教育城镇化转型并非转变成“城市教育”而失去自己的个性。因此，城镇化进程中，农村教育必须具有自我的文化性格，体现出积极促进农村文化认同的良性发展。同时，农村教育并非农村经济发展的直接推动力量，而是社会文明发展的主要动力，这种教育动力不是仅仅为了经济的增长或经济的总量而无视社会的发展。对农村而言，城镇化是不断缩小农村空间的过程，但并不意味着农村内涵丰富性的缩减。非城镇化的农村自身就面临着如何现代化的问题，这个问题的解决不应再遭遇整个中国城镇化、工业化过程中华夏文化认同危机的际遇，理应发挥农村教育对农村文化认同良性发展的功能。要实现这种功能，一个必要而迫切的选择就是构建农村教育互补机制，以政府、教育行政部门、学校、教师、学生多主体共同参与，形成农村教育承担保护和发扬农村传统文化的意识自觉，并且通过农村学校教育使优秀传统文化进校园，连续、系统地对学生进行传统文化教育。政府可有计划地实施农村文化“复兴工程”，以确保通过农村文化心理场的建设而使得农村文化基因得以孕育。

综上所述，城镇化进程中农村教育功能出现弱化的倾向，人们从意识和行为上表现出对农村教育的轻视，这与农村教育自身及其社会环境有关。为改变此局面，强化农村教育对农村经济社会和谐发展的功能，须凸显农村教育为农村社会发展重中之重的地位，并从健全农村教育服务体系和构建农村教育互补机制等方面落实其功能的发挥。

第九章　城镇化进程中农村教育文化认同功能失衡及对策

农村教育作为农村社会的组成部分，一方面要积极适应和促进农村的城镇化发展，另一方面也要保存和创新农村文化，形成农村社会成员文化认同的自觉。然而，城镇化进程中农村教育文化认同功能处于一种失衡状态，农村教育在推动农村社会经济增长的过程中，农村文化的个性不断地被消解。

一、城镇化进程中农村教育文化认同功能失衡的表现

农村教育在城镇化转型中面临着“转与守”的问题，绝非是单一或直线向前的城镇化所能概括，因为它必然要考虑在城镇化过程中如何统一“传统继承与现代趋向”的关系，这一点尤其反映在对农村教育文化认同功能的要求上，但现实中农村教育似乎是一意孤行“去农化”，其文化认同功能表现出强烈的“向城化”倾向。

（一）城镇化进程中农村教育价值取向“城市化”

城镇化的发展虽然为农村社会成员拓展了增加经济收入的环境空间，但并不意味着城乡二元结构的缩减或消除，这无疑成为农村教育价值取向“城市化”的社会基础：具体而言农村教育在发展过程中以城市教育为模板，其办学理念和模式亦步亦趋于城市教育的身后，没有追求自我的价值定位：可以说，农村教育走的是一种无取向的发展之路，原因在于它没有自己的主张、选择和判断，只是尽其所能地听从和模仿城市教育的“声影”。换言之，城镇化进程中农村教育没有弄清楚“教育是什么”“教育为了什么”的本质问题，

将教育僵化为没有灵气的一潭死水：如果我们认可教育是一种文化，教育的对象是创造文化的主体，那么毫无疑问教育应孕育和生长在自我文化的土壤上，在把根扎实的基础上让枝叶向着"有光"的地方蔓延滋生：可事实相反，农村教育从头到脚都以主流面貌示人，以其漂亮的"容貌"博取主流社会的"回头率"，在追逐着"升学率和高分数"的同时却逐渐失去自我：总之，城镇化进程中农村教育缺乏真正属于农村教育的价值取向，现行的农村教育价值取向表现出畸形的"向城化"。

（二）城镇化进程中农村教育目的"工具化"

如果说农村教育价值取向城市化是一种内隐的思想、思维，对农村教育发展起着根本的导向作用，那么农村教育目的则是对这种取向的直接反映和实践诉求：作为影响城镇化发展的农村教育，其最直接的作用就在于培养促进城镇化的主体：而从现实来看，农村教育目的是"工具化"的，这可从受教育对象的培养结果得以体现，如通过逐级升学考试而分流回到农村社会的不少青少年面临着"就业无门、致富无路"和"种田养鸡不如嫂"的困局，证明农村教育没有给予受教育对象全面发展的基础性教育，以"未来的彼岸生活美好"为导向，催促着学生逐级攀爬学校教育系统的"金字塔尖"，牺牲了受教育对象当下的完整生活，将其宽广的生命时空高度压缩成片面的分数或考试，理由是"高的分数或成绩"等同于未来的好工作和好报酬：在这种功利目的指引下，农村教育内容的重心是围绕着升学考试来组织，其教学方法是高强度的知识技术训练，而评价和管理则围绕着分数来考核。显然，如此教育之下的农村社会成员是被看作为了实现"遥远、不可知的理想"的工具，而忘却了人的自身才是目的。

（三）城镇化进程中农村教育环境条件的"世俗化"

农村教育发展过程中存在着两大方面的环境条件：一是整个社会的城镇化发展趋势，农村社会发展要适应向城镇化转型；二是非城镇化的农村社会自身的发展问题。可以说，农村教育在面对这两个环境条件时有着一个共同的特征，那就是农村教育被上述两方面的环境条件所世俗化，为何这样说呢？首先，农村的城镇化发展是一种不可阻挡的社会趋势，它发展初期所构筑的以形和量为特征的“上楼化”往往容易让农村社会成员容易沉溺于所谓“五光十色、绚丽多彩”的美好物质生活幻想中。而农村教育则通过诸如校点合并，让更多的农村孩子接受所谓的“优质教育”，为其创造一个能适应未来城镇化的良好的教育环境。然而，许多时候这只是一厢情愿的想法，不少农村孩子会因交通、开支、歧视、生活习惯的差异而身心疲惫。其次非城镇化的农村也面临着“城乡一体化”的诉求，农村社会成员往往追求经济和物质生活水平的改善，人们对农村教育的选择或逃避很大程度上就是以能否实现经济价值而考虑的，甚至有些时候对农村教育经济价值寄予一种幻想而勉强支撑子女的教育学习。在这种观念下，与课程、考试无关的学习都被认为是一种浪费而被消除。总之，城镇化进程中农村教育明显受到教育之外的社会世俗化影响，使得农村教育发展随波逐流而乏坚守。

二、城镇化进程中农村教育文化认同功能失衡的原因

农村教育在城镇化发展过程中偏重于对经济、物质等外在功能的认同，而农村教育在经济、科技上积极追赶城市主流文化发展水平的同时，却丢弃或丧失了农村自我文化个性的存在，那么，造成城镇化进程中农村教育文化认同功能失衡的原因是什么呢？

（一）城镇化进程中农村文化传承主体的“无力”

众所周知，农村教育要促成人们对农村传统文化的认同，其前提是农村文化成为人们日常生活的一个组成部分，生活中有着稳定的组织，农村传统文化活动的社会成员在农村社会发展中具有一定的地位或权威。然而，长期以来城乡二元结构的存在和当下农村城镇化的发展，农村经济发展主要不再依靠单纯的农业生产，而是通过非农生产的养殖、渔业、手工作坊、旅游服务、外出打工等来增加收入，这就意味着主导农村社会经济发展的力量是青

壮年劳动力，而过去浸润在农业生产中成长起来的中老年人群体失去了农村社会发展话语权，他们的喜好或习惯化了的农村文化生活不再被年青一代所认同，随着他们社会权威身份的降低而无力发动或组织传统的农村文化活动，而这些活动在青年人看来可能是“烦琐、迷信、落后”的，并在心理和行为上加以排斥。因此，城镇化进程中农村文化实践主体力量的薄弱和农村文化传承的后继无人，不断使得人们对农村传统文化的认同感减弱。加之新生代的儿童少年在传统文化淡化的家庭和村落里成长，以及农村学校教育有意识疏远农村传统文化的背景，农村社会成员的农村文化认同将面临危机。

（二）城镇化进程中农村“文化心理场”的衰落

农村传统文化的传承还有一个很重要的方面是农村“文化心理场”，它以一种潜移默化的方式影响着人们的思维、价值及审美意识等。农村“文化心理场”中的服饰、建筑、礼俗、歌舞等融于人们的日常生活中，是一种参与式而非任务式的“身体、情感、思想”的对话活动。从小在这种“文化心理场”中生长起来的人们在血液里流淌着“文化基因”，这种“文化基因”确保主体思维方式有着浓厚的农村文化个性，自然也能保证社会成员对农村文化怀有喜爱之情。然而，随着城镇化的不断推进，农村“文化心理场”日益衰落或遭到破坏，如农村传统土木建筑也逐渐被亮丽整齐的水泥钢筋建筑取代或让人们往城镇迁徙而“上楼”；农村传统婚丧嫁娶礼俗也因耗时耗力而被简化为在城里摆一桌宴席，原先礼俗中的祝福、告诫、警示、劝导、交流的功能因活动载体的缺失而消逝，充满生命力的文化活动简化成一种单一的应酬活动。换言之，农村“文化心理场”作为一种情景化、随意性的教育活动陶冶着人们的“仁爱、亲和、敬畏”的心灵，与之相应的是农村社会成员对农村文化认同的弱化与农村“文化心理场”的减少、消亡是分不开的，这如同“鱼儿离开了水”便难以生存是一个道理。

（三）城镇化进程中农村学校的“去乡土化”

农村学校教育是一种有计划、有目的地培养人的活动，较之农村“文化心理场”而言更为系统、自觉地影响人的发展，因为农村学校教育让学生自觉地意识到农村文化的重要性，并建立起对农村文化的积极情感态度。因此农村学校教育是农村文化发展的重要载体，只要农村学校教育有意识地将农村文化传承作为自己的一种使命，农村文化的存在和弘扬就有了最为坚实的保障。然而，现实中的农村学校教育在城镇化进程中从价值、目的、内容、手段等方面都表现出“去乡土化”，使得农村学生“生”在农村却“活”在城市、“养”在农村却“长”在城市。可以说，农村学校教育是城市文化在农村的延伸和入侵，而部分作为农村学校教育主体的教育者缺少一份乡土情怀、成为去乡土化的“恶的平庸者”而危及年青一代对农村文化的认同。农村学校教育去乡土化造成的后果并不仅仅在于受教育对象所获得的知识和能力不适应农村社会生活，更关键的是一批又一批的农村学生向往城市而在意识上“漠视、敌视、背叛”了乡土文化，成为没有“乡村文化血液”的“陌生人”。

三、解决农村教育文化认同功能失衡的对策

文化认同是一个“向内”和“向外”的统一：“向外”指的是与他文化进行交流时取其长处而不排外保守；“向内”指的是与他文化进行交往时能够自省缺点却也不妄自菲薄而积极坚守自我文化个性，这才是一种良性的文化认同。那么，城镇化进程中农村教育如何解决其文化认同功能的失衡，促进农村社会成员良性文化认同的构建呢？

（一）强化农村文化建设的人文精神

农村社会经济较之过去有了很大的提升，这是农村物质文化的一种繁荣，也是一种进步，可它并不等同于农村精神文化的同步上升，原因在于农村经济的增长和物质的繁荣并没有让人的“精神灵魂”得以抚慰，不少人沉溺在经济和物质的竞争攀比中丧失了生活的意义，比较典型的是随着城镇化进程的展开，越来越多的农村青壮年外出打工留下儿童和老人独守乡村，以一种经济补偿的方式来填平三代亲子关系的疏远，更为重要的是农村的空巢化使

得有的地方的农村文化由“沉寂”走向了“死寂”。为了避免这种状况的进一步恶化，城镇化进程中的农村文化建设必须强化人文精神：一方面通过政府的引导倡导人们过一种文化的生活，过一种属于自己传统文化的生活，而非一味地钟情于现代化的物质生活。具体的方法是在乡村建立由老中青人员共同参与的乡村文化活动小组，由村委会及乡镇政府给予一定的经费和技术支持，使农村传统文化和主流文化共同存在于农村社会生活之中。另一方面，乡村所在的乡镇及县政府要积极调整本地的产业结构，创造更多的吸收当地农村人口的就业机会，使其农村人口就地城镇化，从而能够保证农村发展的“实心化”，为农村文化建设提供主导性的主体力量。再者当地政府部门要将农村传统文化的保存与发扬作为政府工作的一项重要内容，借助于大学生村官队伍将这个工作落实下去，让其积极宣传农村传统文化的价值和意义，让农村社会成员逐渐自觉到自我文化的重要性。

（二）确立“以人为本”的农村学校教育实践路向

教育的本质是一种培养人的活动，因而好的教育必然是以人为本的教育，这种教育将人的物质生命和精神生命的和谐统一作为自己的目的指向。这就需要我们进一步思考，培养人的教育活动能否是单一实体化的？显然，那种要求所有的人都变成一个标准要求下无个性的对象的教育是“非教育”，它只能算是一种教学技术，一种以知识获得、技能提升为目的的训练，而缺乏对人的心灵的化育和启迪。教育是具体、微观的“活”态存在，不能以某个教育模板来要求所有的人适应它、接受它、认同它，这是最基本的教育守则。因此，我们不能要求城市教育成为农村教育的标杆，农村教育也不应完全屈从、屈服于城市教育的“威严”之下，要走自己的路，确立一条“以人为本”的农村学校教育实践路向。农村学校教育要基于农村学生生命的完整性，这种完整性一是表现在农村学生身上皆具人类的类特性或人性，二是农村学生身心成长的文化土壤有其独特性，这种文化土壤的独特性影响着他们思维、价值的个性化。因此，农村学校教育一方面要积极挖掘每一个农村学生身上人性的潜力，另一方面也要积极延续和发扬农村学生身上文化的性格，农村学校教育目的、内容、方法、评价及管理都应围绕着农村学生的整体生命而展开，不能“非此即彼或厚此薄彼”地走片面化的实践路径。

（三）构建农村学校教育与校外“文化心理场”互补机制

农村教育是一个综合化的概念，其内涵和外延是丰富的，其形式和类型也是多元的。然而，现实中的农村教育却呈现出僵化单调的发展局面，往往以农村学校教育独尊，农村职业教育、成人教育则形同虚设，单从培养人的适应社会能力层面而进行的农村教育是残缺不全的。此外，农村校外“文化心理场”发展呈支离破碎状态，原因在于人们一味地追求经济增长，一切不利于经济建设的事物都得让位于或消逝在经济浪潮中。可以说，农村学校教育、农村各种机构化的教育形式有意识回避农村文化和校外农村“文化心理场”的生存危机使得农村传统文化发展步履维艰。因而，只有采取综合治理的方式才能较好地强化人们的传统文化认同并起到积极保护、继承和创新传统文化的作用。具体来说就是要构建农村学校教育与校外“文化心理场”互补机制：一方面通过农村学校教育有意识、有计划、系统性地将农村传统文化内容作为教育教学的组成部分，另一方面通过政府、学校、农村社会成员共同参与来保护校外“文化心理场”，从而形成意识上自觉和结构上互补的农村教育系统来促成农村社会成员的良性文化认同。

综上所述，城镇化进程中的农村教育文化认同功能存在偏差的原因是多方面的，包括农村文化传承主体的“无力”、农村学校教育的“去乡土化”和农村校外“文化心理场”的消退。纠正农村教育文化认同的偏差，需要以人的文化自觉为重心通过构建农村学校教育和校外“文化心理场”的互补教育机制来保障。

第十章　城镇化进程中农村中小学生传统文化教育困境的因与应

农村中小学生是未来农村城镇化建设的主体，他们成长过程中理应接受优秀文化传统的教育熏陶，让传统文化精神和社会主义核心价值观在其心灵中生根落地，成为引领社会主义新农村建设和城乡一体化发展的时代公民。然而，城镇化进程中农村中小学生传统文化教育呈现出颓废之态，表现出意识上的非自觉和结构上的短视特征，[1] 为农村社会健康可持续性发展埋下隐患，对此有必要给予其高度重视并采取有效应对策略来消解之。

一、城镇化进程中农村中小学生传统文化教育困境的表现

农村中小学生是正在成长中的人，教育有必要将其培养成一个文化自觉的生命主体，既能通过学校教育中各种学科知识的学习和主流文化价值的接受而成为具有现代化素质基础的公民，也能在包括学校教育、家庭教育、社会教育在内的系统教育中使得农村传统文化精神在其身上孕育生长。但不可否认的是，当下城镇化进程中培育农村中小学生优秀传统文化精神的系统教育环境不断“颓废”，从而使其陷入了一种虚无化的境地。

（一）农村学校传统文化教学的“碎片化”

众所周知，农村学校长期以来都推行着“传统文化进校园”的活动，但收效甚微，类似的传统文化教育教学活动往往沦为“零碎或失效”。首先，进

[1] 张诗亚. 华夏民族认同的教育思考［J］. 北京大学教育评论，2003（2）：103.

校园的传统文化内容常常是能够“技术化、程式化”的农村传统文化“大拼盘”，最为突出的就是“手工制作、歌舞排练、双语教学或各类民族文化知识文本阅读”等。虽不能说这些活动无意义或价值，但将学校传统文化教育仅定位于此无疑是不周全或不到位的。如此的教育教学只得传统文化之“形”而遗其“神”，因为传统文化之“神”必须得在“活”的文化环境中影响学生的身心，化为其思维或行动的自然、自觉，而非单一的记忆或训练之“获得”，也就是人们常说的濡化过程。其次，与“拼盘式”的教育内容对应的是农村学校传统文化教学的“任务化或应景性”，许多情况下农村学校的传统文化教育教学是为了执行教育行政部门的要求而开设的，并非农村学校教育的一种自觉意识和实践选择，其结果是农村学校、教师或学生都应付式地来完成传统文化教育教学活动，将其当成一种“娱乐或消遣”活动，而缺乏精心组织设计或连续性的贯彻实施。总之，城镇化进程中农村学校培养中小学生传统文化素质的教育教学活动是“碎片化”的，没有发挥出应有的“目的性、计划性、针对性”的优势。

（二）农村传统文化心理场的“消逝”

毋庸讳言，城镇化进程中农村经济增长有了明显提高，人们物质生活水平改善显著，但这并不意味着农村社会发展质量水涨船高，相反却存在着众多社会矛盾问题，其中之一即为农村传统“文化心理场”的破坏，如农村传统人生观或节日礼俗、语言、建筑、服饰、音乐歌舞及传统民间组织等不断受到主流文化价值的冲击而消逝。越来越多的农村传统文化事项在内容或形式上不断缩减、异化以至消失，而这种趋势往往一方面使农村社会成员以“文化旅游增收”为旗帜而对农村传统文化大刀阔斧地“拆卸包装”，令其“面目全非”。另一方面则存在着一种“敌视”的态度，将传统文化当作阻碍农村经济增长的“绊脚石”而踢开，视物质现代化的生活为唯一价值圭臬。[1]换言之，城镇化进程中农村中小学生通过直接参与传统文化活动，以及耳濡目染

[1] 田夏彪．农村教育与经济发展负效应的成因及消解策略［J］．昆明理工大学学报（社会科学版），2013（6）：100.

传统文化的熏陶过程日益降低，他们或者过着“半吊子”的传统文化生活而远离其精神，或者不断被充满物欲的现代化价值所裹挟。因此，农村传统文化心理场的消逝意味着一种“活”的潜移默化影响农村中小学生思维或价值认同的教育形式不复存在，代之以深受外来植入式主流文化价值的同化，且都是以牺牲农村传统文化及其精神为代价。

（三）农村家庭村落生活结构的“割裂化”

如果说农村传统文化“心理场”是影响农村中小学生思维或价值的“染缸”，农村家庭村落生活则是“染料”的制作者或设计者，以农村家庭和村落成人为主体成员组织的各种传统文化生活为农村中小学生提供观察、参与、体验、模仿的对象和时空环境，而传统文化生活内容、方式对中小学生思维或价值产生作用离不开成人榜样的教导和指引。然而城镇化进程中农村家庭村落生活结构处于“割裂化”状态：一方面为了增进家庭的经济收入，越来越多的农村青壮年外出打工挣钱，而使得农村村落的留守学生队伍日益壮大。他们双方经受着“骨肉亲情分离”的煎熬，此外还带来了承担农村传统文化精神培育的基础单位“家庭文化生活”的断裂，因为在作为家庭文化生活组织者或核心的青壮年缺位的状态下，许多留守家庭的生产生活被简化。另一方面农村传统文化公共生活逐渐远离了村落，被当下一个个家庭为了盖房、购车疲于奔命的生活所遮蔽或分割。往昔村落成员互动、互助、互爱的温情乡村集体生活不复存在，农村社会生活不断走向了家庭原子化的内敛保守而无开放性或交往性。换言之，城镇化进程中农村家庭村落社会人员、生产结构的变化冲击了传统文化生活的延续，且没有得到相应的社会保障加以维护，农村中小学生不断疏远于宁静、亲和的传统文化生活而被所谓的“攀比、名利”的观念所捆绑。

二、城镇化进程中农村中小学生传统文化教育困境的成因

城镇化进程中农村中小学生传统文化教育陷入困境，表现为孕育其传统

文化价值或精神生长的教育时空环境失序。那么，是什么原因造成这些困境的产生、存在及延续呢?

（一）农村学校价值取向的“物质性”

长期以来人们对农村学校教育持有“复制城市教育”的观念，也即认为农村学校教育走的是一条“应试升学”的道路，而这背后无疑与“学历化”社会不无关系。因为学生只有考取一个好的大学才能找到一份好工作，于是农村学校所有的活动都指向于让学生获得一个升学的“好分数”，其主旨不是为了培养人的生命质量提升，而是一个客观的目标分数。当然，农村学校价值取向的“物质性”还表现在学习内容和学习方法方面，学习内容主要集中于与升学考试相关的部分学科知识上，为了让学生获得好分数，学校往往运用“题海战术”的强化训练方法和“封闭式”管理，而与考试分数提升无关的学生“身体健康、情感交流、社会体验”等内容都不被学校重视。可以说，城镇化进程中农村学校教育价值取向的“物质性”日益强化，因为农村社会成员对“优质教育”需求不断增强，并坚定持有只有进“好学校才能找到好工作”的价值信念。而在其观念中所谓“优质教育”就是有多少考入重点的升学率，于是农村中小学为了满足社会成员的需求而更加强化学校的“分数门面”。虽然农村学校存在着“传统文化进校园”的活动，但往往是被置于墙上课程表里的装饰，即使间断性地被学校所开展也是为了完成任务，而且时常被升学考试课程所挤占。

（二）农村传统文化传承主体的“无力性”

如果说农村传统文化“心理场”的消逝化意味着外显农村传统文化事项及活动的缩减，那么农村传统文化传承的后继无人将终致农村传统文化的覆灭。因为文化的灵魂深藏于人的价值思维中，人们无心再过一种传统文化生活而对现代化生活情有独钟，则农村传统文化和现代文化在农村社会成员心理形成“冰火两重天”之态，农村传统文化及生活将不断被挤压而淡出农村社会时空环境。当然，这不是说当下农村传统文化已奄奄一息，更为严峻的问题是由于农村社会成员权力地位转换之后，以往作为农村传统文化主体的老年人虽然忧心于农村传统文化的命运走向，但其社会角色随着城镇化进程的加快而变为留守儿童或中小学生的“保姆”，以及其对农村社会和家庭经济增长贡献率的降低而导致他们身份地位的衰退，也即他们不再是过去村落和家庭事务处理的权威，他们无社会权威和经济实力去组织并号召后辈中青年人过一种有传统文化的生活，这就意味着农村传统文化活动势必被中青年人认可的现代物质文化所取代。而因老一辈人的离世而产生农村社会熟悉或继承农村传统文化及精神的社会成员越来越少的状况，则危及整个农村传统文化生境的存续问题，包括以人为中心的农村自然社会生态系统的改变，影响重大而深远。

（三）农村社会核心价值的“失序性”

农村社会成员生活中延续的精神或信仰是农村传统文化的核心，如人与自然关系中的“崇敬和效法自然”、人与社会（人）关系中的“亲仁善邻和以和为贵”、人与自我关系中的“平和坚毅”等，而这些恰恰与当下中国倡导的社会主义核心价值观是相通的，如“诚信、友善、和谐”等。换言之，社会主义核心价值观是农村传统文化发展的方向，农村社会成员只有建立起人人认可的基本价值信仰，在处理人与人之间关系时表现出“诚信、敬业、友善”，并自觉践行“自由、平等、公正、法治”的价值追求，他们的生活才有了意义目标。可是，城镇化在不断将农村社会成员推向“现代化浪潮”的同时也遮蔽了人们的心灵，农村社会成员被物欲所役使而成为追名逐利的“工具人”，把自己变成了实现某一实体目标的手段。[1] 毋庸置疑，城镇化进程中农村社会核心价值是“失序”的，发展上表现出“人与物”的倒错现象，造成农村村落及家庭生活导向分裂。许多农村社会成员为了摆脱贫穷、拥有财富的梦想而争相远走他乡，一旦他们踏出家门就会用三年五载的时间来累积或创造财富，而这种举动一致被农村村落成员视为有决心意志而大加赞扬或

[1] 刘雨.重建乡村文化：培育乡村教育的精神之根［J］.教育科学论坛，2011（7）：6.

模仿。当然不可否认农村社会成员进行如此生活行为选择是一种现实趋势使然，但这一现象如果变成一种连锁反应引致大部分农村社会成员或家庭以长期隔离亲情的代价来筑就梦想，使得农村社会的空巢村落或留守老人儿童数量不断扩张，那么农村社会成员、家庭虽增长了经济收入却因失去文化滋养而迷失方向或变得外强中干。

三、城镇化进程中农村中小学生传统文化教育困境的应对策略

影响农村中小学生传统文化教育发展的因素是多维的，且不独以农村学校教育为主，还包括了校外社会教育环境的参与作用。所以，城镇化进程中农村中小学生传统文化教育困境的消解，需采用系统性思维视野，而不能采取“头痛医头、脚痛医脚”的治标方式来围堵“漏洞”，理应通过制度和人心的同步建设进行标本兼治。

（一）改革教育管理制度，实施以人为本的农村学校教育实践观

农村学校是“村落中的国家”，让农村中小学生获得与城市学生相同的知识内容和主流价值乃其理所当然的使命，但它不能以牺牲农村传统文化为代价，否则农村学校教育就成为“文化一元化”的助推力量和“文化多元化”的扼杀摇篮。而要改变这一状况，让农村学校教育遵循教育之道，应将培养和谐健全的农村中小学生视为使命，为其后续的人生发展奠定良好的身心品质，而非把农村学校变为个别学生“学而优则仕”的桥梁而“淹没”了大部分学生。那么，如何避免这一状况呢？最为根本的是要改革现行的教育管理制度，注重教育于人发展的内在促进作用，从招生、考核、评价等方面凸显农村学校教育的人本化，确保农村中小学生在学校的学习生活能遵从自己的内心选择，让自己的兴趣、爱好、激情在学校中得以积极地培养和保护而非扼杀，并使其从小熏陶的文化性格得以延续生长而非被迫异化为割裂的双重性格。因此，以人为本的农村学校教育是一种自由教育，它关注农村中小学生文化认同自觉的培养，让他们在积极学习主流文化知识和价值的同时，也

能坚守自我传统文化的精神延续。所以，现行的教育管理制度如高考、社会就业、评价学生等应从应试教育和学历社会中摆脱出来，让学校教育变为培养人的自主独立和身心和谐的场域，而社会教育则为学生提供一个充满正气、公正、宽容的环境来施展个性或才能。

（二）凸显农村文化个性，建构农村学校和文化心理场互补机制

农村传统文化是什么？它是农村社会成员在与周遭环境互动适应、调节基础上形成的稳定反应系统，包括外显的服饰、建筑、生产工具、生活组织、歌舞音乐、节日习俗等，以及人们在这些活动中潜移默化而成的内隐的价值思维和心理活动。可以说，农村传统文化在历史形成过程中因不同地域及自然地理环境的殊异而逐渐建立起了不同的社会生活系统，也即农村文化是个性化的，这是其自然和历史属性的体现。因此农村传统文化发展过程中不宜“一刀切地现代化”，需要在城镇化程中保留住其“文化个性或精神”，这需要依靠两方面的统一协调。[1]首先，农村学校教育必须树立起弘扬农村传统文化的自觉意识，通过系统化的思想教育引导、校本教材的编写、文化生活的实践参与等方式培养农村中小学生的乡土情怀，让其成为一个有文化血脉的生命个体，而非无根的“漂浮者”。其次，学校之外的农村传统文化心理场是重要的“活”的教育资源，它以一种潜移默化的方式让中小学生在开放性、活动性、生活性的传统文化事项活动中形成价值和心理思维的趋同。因此，为了促进农村中小学生文化个性的生成，农村学校、社会、家庭要在意识上自觉地重视对传统文化的积极保护，形成有目的、有计划、有针对的农村学校教育和校外文化心理场的互补机制，发挥它们对农村中小学生传统文化精神孕育生长的统一作用。

（三）加强社会成员启蒙，形成多元和谐的农村终身教育系统

农村中小学生虽然有着“学生”的称谓和角色，但他们依然是一个社会

[1] 漆永祥. 中小学加强传统文化教育的几点建议［J］. 语文建设，2014（1）：14.

人，影响他们成长的社会主体绝非是仅为学校的教师，然而不少农村父母或社会成员理所当然地认为学校、老师是学生最为理想的学习场所和对象，而忽略了学生成长中所需要的"人类的学习"是一种交往式的社会实践经验积累内化过程。如果生活里中小学生不断地受到社会主体不良榜样的错误诱导，那么他们价值意识、思维心理则会"良莠并杂地社会化"。所以，未来城镇化进程中农村中小学生传统文化教育得以积极进行，有必要对农村社会成员进行启蒙，如同《学记》所言"建国君民，教学为先"。只有所有的农村社会成员坚信和自觉落实社会主义核心价值观，将爱国、诚信、友善作为自我行动的指南，在村落生活中贯彻自由、民主、法治的生产生活关系，农村中小学生才能通过与具有正能量的社会成员交往而获得发扬农村传统文化的积极引导力量。而要达成这一目的，农村城镇化进程中有必要建立起多元和谐的农村终身教育体系，让不同年龄阶段和不同职业的农村社会成员都能获得相应的教育支持，从包括幼儿教育、学前教育、基础教育、职业教育、成人教育、老年教育在内的教育结构体系中受到"启蒙"。[1]这样他们才能把教育当成生命的组成内容和存在方式，积极承担起保护传统文化和教育农村中小学生健康发展的使命。

[1] 周晔.城镇化背景下农村教育新探[J].河北师范大学学报：教育科学版，2013（7）：20.

参考文献

[1] 张诗亚. 强化民族认同：数码时代的文化选择［M］. 北京：现代教育出版社，2005.

[2] 潘乃谷，潘乃和. 潘光旦教育文存［M］. 北京：人民教育出版社，2002.

[3] 张诗亚.西南民族教育文化溯源［M］. 上海：上海教育出版社，1994.

[4] 杜威. 民主主义与教育［M］. 王承绪，译. 北京：人民教育出版社，1999.

[5] 庄孔韶. 教育人类学［M］. 哈尔滨：黑龙江教育出版社，1988.

[6] 恩斯特・卡西尔. 人论［M］. 上海：上海译文出版社，2004.

[7] 张诗亚. 化若集［M］. 南京：南京师范大学出版社，2010.

[8] 刘铁芳. 乡土的逃离与回归：乡村教育的人文重建［M］. 福州：福建教育出版社，2011.

[9] 郑回. 南诏德化碑［A］. 廖德广. 南诏德化碑探究［M］. 昆明：云南民族出版社，2006.

[10] C. P. 费子智. 五华楼［M］. 北京：民族出版社，2006.

[11] 周有光. 朝闻道集［M］. 北京：世界图书出版公司，2014.

[12] 资中筠. 老生常谈［M］. 桂林：广西师范大学出版社，2014.

[13] 沙垚. 新农村：一部历史［M］. 北京：清华大学出版社，2014.

[14] 吴祚来. 文化是一条河［M］. 北京：东方出版社，2008.

[15] 方李莉. 费孝通晚年思想录［M］. 长沙：岳麓书社，2005.

[16] 赫舍尔. 人是谁［M］. 贵阳：贵州人民出版社，1994.

[17] 张诗亚. 回归位育——教育行思录［M］. 重庆：西南师范大学出版社，2009.

[18] 刘铁芳. 乡土的逃离与回归：乡村教育的人文重建［M］. 福州：福建教育出版社，2011.

[19] 田夏彪. 多元一体：农村教育价值取向与实践路径［M］. 北京：九州出版社，2014.

[20] 钱理群，刘铁芳. 乡土中国与乡村教育［M］. 福州：福建教育出版社，2008.

[21] 纪伯伦. 纪伯伦论人生［M］. 李唯中，译. 上海：上海人民出版社，2013.

[22] 马克・贝磊. 比较教育学：传统、挑战和新范式［M］. 彭正梅，译. 上海：华东师范大学出版社，2007.

[23] 郑晓云. 文化认同论（序言）［M］. 北京：中国社会科学出版社，1992.

[24] 胡曾. 代高骈回云南牒［A］. 全唐文［M］. 上海：上海古籍出版社，1990.

[25] 董诰. 全唐文卷七九五・孙樵书田将军边事［M］. 上海：上海古籍出版社，1990.

[26] 李京. 云南志略［M］. 王叔武，辑校. 昆明：云南民族出版社，1986.

[27] 赵怀仁. 大理民族文化研究论丛（第2辑）［M］. 北京：民族出版社，2006.

[28] 赵寅松. 白族的文化［M］. 北京：民族出版社，2006.

[29]（清）董诰. 全唐文・报坦绰书［M］. 上海：上海古籍出版社，1990.

[30] 赵世林. 民族文化的传承场［J］. 云南民族大学学报（哲学社会科学版），1994，（1）.

[31] 朱新山. 中国治理体系现代化研究［J］. 毛泽东邓小平理论研究，2018（4）.

[32] 郑万军. 贫困、空心化与乡村治理现代化［J］. 党政视野，2016（8）.

[33] 李梦莹，吴锦城. 论社区教育服务乡村治理现代化［J］. 继续教育研究，2018（3）.

[34] 叶澜. 终身教育视界：当代中国社会教育力的聚通与提升［J］. 中国教育科学，2016（3）.

[35] 毛秀娟. 现代化视角下的乡村治理之道［J］. 中共山西省委党校学报，2016（2）.

[36] 蔡文成. 基层党组织与乡村治理现代化：基于乡村振兴战略的分析［J］. 理论与改革，2018（3）.

[37] 李梦莹，吴锦程. 论社区教育服务乡村治理现代化［J］. 继续教育研究，2018（3）：102.

[38] 熊春文. 以理性复兴中国、以学校组织社会：对梁漱溟乡村建设及乡村教育思想的社会学解读［J］社会，2007（3）.

[39] 刚察县委组织部. 凝聚村级组织推动乡村振兴［J］. 青海党的生活，2018，（11）.

[40] 徐顽强，于周旭，徐新盛. 社会组织参与乡村文化振兴：价值、困境及对策［J］. 行政管理改革，2019（1）.

[41] 任映红. 新中国成立以来村落政治精英的产生与乡村治理模式的变迁——以浙南XF村为例［J］. 江西社会科学，2011（11）.

[42] 吴重庆. 从熟人社会到“无主体熟人社会”［J］. 读书，2011（1）.

[43] 杨华. 乡村混混与村落、市场和国家的互动——深化理解乡村社会性质和乡村治理基础的新视阈［J］. 青年研究，2009（3）.

[44] 谢君君. 教育扶贫研究述评［J］. 复旦教育论坛，2012（3）.

[45] 霍永刚. 21世纪扶贫开发的战略重点［J］. 中共山西省委党校学报，2001（4）.

[46] 周丽莎. 基于阿玛蒂亚·森理论下的少数民族地区教育扶贫模式研究［J］. 民族教育研究，2011（2）.

[47] 秦瑞芳，闫翅鲲.“共生”视角下的农村教育扶贫路径探讨［J］. 教学与管理，2011（8）.

[48] 单丽卿. 教育差距与权利贫困——基于连片特困地区扶贫开发实践困境的讨论［J］. 中共福建省委党校学报，2015（3）.

[49] 吴雨荣. 城镇化进程中农村教育面临问题的分析与建议［J］. 教学与管理，2015（36）.

[50] 单丽卿，王春光. 离：农村教育发展的趋势与问题——兼论“离农”和“为农”之争［J］. 社会科学研究，2015（1）.

[51] 廖其发. 多元一体：中国农村教育的价值取向［J］. 中国农业大学学报（社会科学版），2015（1）.

[52] 官爱兰，周丽萍. 新型城镇化下的农村教育：“干涸”“贫血”及“缺土”［J］. 现代中小学教育，2015，（4）.

[53] 赵志勇. 农民教育与农民弱势处境的改善［J］. 前言，2007（2）.

[54] 邹小华. 农民的教育需求与农村教育改革 [J]. 江西科技师范学院学报，2006（1）.
[55] 陈举. 农民的教育观念和农村教育选择 [J]. 伊犁师范学院学报：社会科学版，2010（2）.
[56] 李录堂，张藕香. 农村人力资本投资收益错位效应对农村经济的影响及对策 [J]. 农业现代化研究，2006（4）.
[57] 梁丽珂，谌颖娟. 农村幼儿教育——是希望还是失望 [J]. 科教导刊，2012（32）.
[58] 高相凯. 当前农村幼儿教育存在的问题及思考 [J]. 现代教育科学（普教版），2008（2）.
[59] 宋燕. 农村幼儿教育优势资源开发 [J]. 辽宁教育，2013（4）.
[60] 于冬青，梁红梅. 中国农村幼教师资存在的主要问题及发展对策 [J]. 学前教育研究，2008（2）.
[61] 陈娟. 加强农村幼教师资队伍的后续培养 [J]. 继续教育研究，2013（12）.
[62] 陆晓燕. 边疆民族地区学前教育的现状与思考：以文山壮族苗族自治州为例 [J]. 文山学院学报，2013（2）.
[63] 谭恒. 边境民族地区农村幼儿教育现状分析：以河口县南溪镇Z幼儿园为个案 [J]. 中国校外教育，2014（21）.
[64] 尹鸿伟. 边境线上的教育竞争 [J]. 南风窗，2003（11）.
[65] 黄昊然. 当代中国乡村教育的社会学分析 [J]. 当代教育论坛，2010（10）.
[66] 容中逵. 当代中国乡村教育发展的时、空、向度——文化哲学的政策诠释 [J]. 中国教育学刊，2010（4）.
[67] 钱理群. 农村教育的理念和理想 [J]. 教育文化论坛，2010（1）.
[68] 班建武，李敏. 农村教育的外部功能及其当代使命 [J]. 中国教师，2011（6）.
[69] 刘尧. 农村教育目标的一元化与多元化 [J]. 职业技术教育（教科版），2004（4）.
[70] 杜育红. 农村教育：内涵界定及其发展趋势 [J]. 华南师范大学学报（社会科学版），2013（1）.

[71] 刘雨. 重建乡村文化：培育乡村教育的精神之根［J］. 教育科学论坛，2011（7）.

[72] 赵利侠. 回归自然：凸显农村教育"自身优势"［J］. 现代教育科学. 普教研究，2010（3）.

[73] 王建立. 现代化进程中乡村教育的迷失与转型［J］. 江苏教育学院学报：社会科学版，2010（7）.

[74] 石中英. 失落的农村文明与农村教育［J］. 青年教师，2010（1）.

[75] 庄孔韶，王媛. 评议"离农""为农"争议——教育人类学视角的农村教育［J］. 广西民族大学学报：哲学社会科学版，2011（2）.

[76] 张诗亚. 华夏民族认同的教育思考［J］. 北京大学教育评论，2003（2）.

[77] 刘雨. 重建乡村文化：培育乡村教育的精神之根［J］. 教育科学论坛，2011（7）.

[78] 漆永祥. 中小学加强传统文化教育的几点建议［J］. 语文建设，2014（1）.

[79] 周晔. 城镇化背景下农村教育新探［J］. 河北师范大学学报：教育科学版，2013（7）.

[80] 詹小美，王仕民. 论民族文化认同的基础与条件［J］哲学研究，2011（12）.

[81] 王雷，余晓慧. 民族文化认同的逻辑、机制及其建构［J］. 贵州民族研究，2014（8）.

[82] 任志宏. 少数民族文化认同与民族学校教育的发展［J］. 河北学刊，2010（6）.

[83] 管彦波. 火塘：西南民族文化的传承场［J］. 民族大家庭，1994（4）.

[84] 崔新建. 文化认同及其根源［J］. 北京师范大学学报：哲学社会科学版，2004（4）.

[85] 刘薇琳，侯丽萍. 关于少数民族社区教育的思考［J］. 云南民族大学学报：哲学社会科学版，2004（2）.

[86] 潘乃谷. 潘光旦释"位育"［J］. 西北民族研究，2000，（1）.

[87] 杜育红，梁文艳. 农村教育与农村经济发展：人力资本的视角［J］. 北京师范大学学报：社会科学版，2011（6）.

[88] 周晔. 城镇化背景下的农村教育新探［J］. 河北师范大学学报，2013（7）.

[89] 袁桂林. 中国农村教育发展问题 [J]. 社会科学论坛，2013 (3).

[90] 陈池波，韩占兵. 农村空心化、农民荒与职业农民培育 [J]. 中国地质大学学报 (社会科学版)，2013 (1).

[91] 胡俊生. 农村教育城镇化：动因、目标及策略探讨 [J]. 教育研究，2010，(2).

[92] 赵家骥. 农村教育走自己的路 [J]. 教育科学论坛，2009 (5).

[93] 薛昊. 试论汉文化在南诏和大理国社会构建中的作用 [J]. 云南开放大学学报，2016 (1).

[94] 禹驰. 南诏文化的特征 [J]. 云南社会科学，1990 (3).

[95] 何叔涛. 南诏大理国时期的民族共同体与兼收并蓄的白族文化 [J]. 云南民族学院学报，2003 (2).

[96] 王岚. 论少数民族优秀传统文化与社会主义核心价值观的契合 [J]. 西南民族大学学报 (人文社会科学版)，2015 (7).

[97] 于兰，潘忠宇. 少数民族文化与社会主义核心价值观 [J]. 云南师范大学学报 (哲学社会科学版)，2013 (6).

[98] 陈欢. 社会主义核心价值观与边疆民族地区中国梦践行机制探讨 [105]. 黑龙江史志，2015 (4).

[99] 河清. 文化个性与文化认同 [J]. 读书，1999 (9).

[100] 吴燕. 教育养老：一条提升老年人精神生活质量的新路 [J]. 兰州学刊，2014 (4).

[101] 苏建国，卓永栋. 农村老年人精神文化生活状况调查与思考 [J]. 农村经济与科技，2014 (1).

[102] 蒋位哲，龙艺. 老年教育视野下提升老年人身心健康探析 [J]. 新西部，2014 (4).

[103] 陶裕春，申昱. 社会支持对农村老年人身心健康的影响 [J]. 人口与经济，2014 (3).

[104] 刘芳. 农村留守老人精神赡养困境与对策 [J]. 湖南科技学院学报，2014 (1).

[105] 凡俊. 关于我国农村老年教育的几点思考 [J]. 成人教育，2010 (7).

[106] 于淑珍. 农村幼儿教育"小学化"现象探析［J］. 教育探索，2013，(12).

[107] 段成荣，吕利丹，王宗萍. 城市化背景下农村留守儿童家庭教育与学校教育［J］. 北京大学教育评论，2014(3).

[108] 焦荣华. 儿童与大自然的关系对儿童教育的启示［J］. 学前教育研究，2012，(11).

[109] 赵利侠. 回归自然：凸显农村教育"自身优势"［J］. 现代教育科学(普教研究)，2010(3).

[110] 王建立. 现代化进程中乡村教育的迷失与转型［J］. 江苏教育学院学报(社会科学)，2010(7).

[111] 庄孔韶，王媛. 评议"离农""为农"争议——教育人类学视角的农村教育［J］. 广西民族大学学报(哲学社会科学版)，2011(2).

[112] 郭振宇，郭研. 乡镇中学学生"流失"现象的深入剖析及对策探讨［J］. 吉林教育学院学报，2013(7).

[113] 田博文，杨小梅. 乡村城镇化下农村中小学生辍学现象分析与对策［J］. 重庆电子工程职业学院学报，2013(1).

[114] 王大磊. 义务教育阶段学生辍学原因及预防方法新探——从师生关系的角度思考［J］. 重庆教育学院学报，2012(5).

[115] 查啸虎，李敏. 城镇化进程中农村基础教育的问题与对策［J］. 教育理论与实践，2004(12).

[116] 马曜. 白族异源同流说［J］. 云南社会科学，2000(3).

[117] 蒙泽察，郝文武，洪松松，王中晓. 教育对精准扶贫的重要作用——西北连片贫困地区从村经济与教育发展关系的实证分析［J］. 华东师范大学学报(教育科学版)，2020(12).

[118] 陈晓琪. 现代性进程中的学校教育与地方知识——评《学校教育·地方知识·现代性——一项家乡人类学研究》［J］. 民族高等教育研究，2019(2).

[119] 吴翠丽. 社会主义核心价值观嵌入日常生活的困境与消解路径［J］. 思想教育研究，2014(1).

[120] 游训龙. 用社会主义核心价值观引领新农村实现政治工作［J］. 当代教育论

坛，2014（1）.

［121］谢晓娟，陈大勇. 文化多样性与社会主义核心价值观构建［J］. 辽宁师范大学学报：社会科学版，2014（1）.

［122］李菊霞. 社会主义核心价值观与少数民族文化建设［J］. 满族研究，2014（1）.

［123］吴秋林. 原始文化基因论［J］. 贵州民族学院学报，2008（4）.

［124］段超. 少数民族传统文化传承创新与社会主义核心价值观培育和实践［J］. 中南民族大学学报（人文社会科学版），2014（6）.

［125］赵寅松. 白族文化基本特色谫论［A］. 赵寅松. 白族文化研究2007［C］. 北京：民族出版社，2008.

［126］李元阳. 万历云南通志卷三 · 鹤庆府风俗［A］. 南诏史研究参考资料第一辑［C］，1981.

［127］中共中央国务院关于实施乡村振兴战略的意见［N］. 人民日报，2018-02-05（1）.

［128］张英洪. 推进乡村治理现代化必须坚持问题导向［N］. 社会科学报，2019-10-24（3）.

［129］中央党校（国家行政学院）省部级干部进修班乡村治理课题组. 推进乡村治理现代化［N］. 学习时报，2018-11-5（4）.

［130］马宗保. 少数民族传统文化与社会主义核心价值观［N］. 人民政协报，2015-09-10（004）.

［131］徐德莉. 困境与出路：少数民族传统文化视域下的社会主义核心价值观建设［N］. 中国民族报，2015-12-11（008）.

［132］中共中央关于制定国民经济和社会发展第十四个五年规划和二〇三五年远景目标的建议［EB/OL］.（2020-11-03）［2021-01-27］. http://www. gov. cn/zhengce/2020-11/03/content_5556991. htm.

［133］习近平. 农村决不能成为荒芜的农村［EB/OL］.（2013-07-22）［2016-04-15］. http://news.xinhuanet.com/politics/2013-07/22/c_116642856.htm.

［134］习近平. 美丽中国要靠美丽乡村打基础［EB/OL］.（2015-05-27）［2016-

04−15］. http://news.fjsen.com/2015−05/27/content_16144024.htm.

［135］国务院关于印发“十三五”促进民族地区和人口较少民族发展规划的通知［EB/OL］. http://www. gov. cn/zhengce/con−tent/2017−01−24/content_5162950. htm.

［136］中共十八大报告全文［EB/OL］.（2016−09−22）. http://www. cnrencai. com/zhongguomeng/895−23. html.

［137］刘道玉. 自由是教育的灵魂［EB/OL］. http://edu. qq. com/a/20121207/ 000326_2. htm.

［138］杨东平. 新型城镇化道路对教育的挑战［N］. 中国教育报，2013−06−21（06）.

［139］单士兵. 野蛮的乡村［EB/OL］.（2014−04−08）［2014−08−29］.http://shanshibing.blog. 21ccom.net/?p=323

［140］茅于轼. 教育的目的从“人才”到“人生”［EB/OL］.（2011−05−17）［2014−06−09］http://www.21ccom.et/articles/sxwh/shsc/article_20140609107368.html.

［141］李涛. 乡村教育路在何方［EB/OL］（2014−08−22）［2014−10−01］. http://www.aisixiang.com/data/77204.html.

［142］新华社. 国家新型城镇化规划（2014−2022年）［EB/OL］（2014−03−16）［2014−04−11］http://finance.21cn.com/webfocus/a/2014/0411/09/26947046.shtml.

［143］新华社. 2013年中央城镇化工作会议公报［EB/OL］（2013−12−23）［2014−01−24］. http://www.cqmjsw.org.cn/newsdisplay.aspx?nid=2758.

后 记

乡村社会是生命化的，它涉及社会主体对乡村社会发展的建构过程，其中包含着人们对周遭环境关系的认知、情感、意志和行动发生，于是才有了自我文化之创生。为了更好地说明这一问题，可以从什么是文化的回答谈起。文化是不同于自然的，言及文化必然与人相关，凡为人之生命生活实践活动及产品皆属于广义上的文化，其为人类生命力的表现，何以见得？首先，人类生命要承受来自外界环境刺激的挑战，并随着时间的推移而逐渐形成对外界环境刺激的相对稳定的反应系统，这些反应系统是为了满足人类在特定时空环境中能够生存发展而发挥作用的，此乃是由外向内的文化生成过程。其次，文化除了由外向内的生成过程之外，也有着由内向外的个性化特征，这主要体现了文化生成的殊异化，原因在于不同民族、地域下的社会主体由于遭遇的外界刺激差异而会有着不同的反应方式，久而久之积习成自我的独特文化个性，即使遇到相同的环境刺激也会因社会主体稳定的价值意识和思维心理而相互之间会存在着有区别的反应。换言之，文化是人类生命的组成部分和存在方式，乡村社会发展有必要对自我生命的存在状态进行的审思，具体包括对文化传统的清醒认识，能理性反思文化结构系统中的不良成分，既敢于正视也能自律反省，而于优秀文化传统则会将之铭记于心，把其作为传统精神而代代相传，不会因物质经济和现代技术发达而将之视为远离或与现时代不入流的旧东西，而是在此基础上结合新的时代精神来提升自我文化发展水平，如此才是乡村社会发展之正道。

乡村社会发展是渐进式、继承式的，其发展难免要遭遇“传统与现代”之困局，然而所谓的“传统与现代”并非泾渭分明的或是相互对抗的，这其实是个常识之理，毕竟文化是“活”在当下之传统和面向未来之现代的“结合”，绝非是可以脱离于当下的纯粹“传统文化”和“现代文化”之界别，如此则已经将作为人类生命存在状态之文化加以割裂，割裂为以物质形态呈现的所谓传统文化产品和现代文化产品，而这显然将文化主体生命剥离为单纯的物质性存在，而没有看到文化的精魂是内聚在主体精神生命之中的，由一个个内聚了优秀传统文化品质的社会主体来构筑起传统文化精神。此传统文化精神不会随着物质经济条件的改变而过时，反而因内化了传统文化精神的社会主体会与时俱进地协调好与周遭环境之间的关系平衡，适时地推动传统文化的更新发展，所以，乡村社会发展要立足于现实，要将传统与未来两个维度有效串接起来，以将传统文化和时代精神融入乡村社会成员生产生活之中。

当前为了更好地促进乡村社会发展，需要在乡村地区积极培育和践行社会主义核心价值观，这是由于社会主义核心价值观凝聚了中华民族优秀传统文化和时代精神，它为乡村社会发展怎样处理好传统与现代之间的矛盾关系提出了具体明确的方向和内容。比如，敬业、诚信、友善的价值原则是做人做事应该持有的基本态度方法，这是不同时期的人们为了能够可持续地进行人际交往和生产实践所必须遵循的，它具有超时空性特征，无论是传统社会还是现代社会，人们要在各行各业里获得成功或取得业绩离不开对工作的用心用情，建立起相互扶持信赖的合作关系，并通过勤奋踏实的努力付出来获得回报。又如，自由、平等、公正、法治虽说是当下和未来社会发展中人们所积极追求的价值规范，但从人类文明发展的历史角度而言，这些价值是社会主体所一直追求的，并将继续随着社会发展而被人们不断去争取和创建，并赋予其新的内涵和意义，这是因为人类作为有意识思维的能动主体，其能把自身生命生活作为反思的对象，会从人性“自利”的角度去探寻有益于自我生命生活质量水平提升的方式方法等。再者，富强、民主、文明、和谐的国家发展层面的价值取向，则是人类历史发展经验的凝缩提炼，它反映了对以往历史发展进程中人类物质经济匮乏、生活贫困、战争灾难，以及对当前自然生态环境、社会主体关系、财富资源分配、医疗教育等种种问题的反思，它将一个国家、社会、主体发展置于历史长河中来定位，着眼于人类社会的可持续发展。可以说，社会主义核心价值观为当前乡村社会发展指明和提出了历史发展方向，并使得乡村社会发展在接续传统和走向现代的关系统一上有着明确具体的价值取向、规范和原则。

当然，在社会主义核心价值观引领下的乡村社会发展，从长远来看，最为关键和基础的在于乡村教育。正所谓“百年大计，教育为本”。为了更好地推进乡村振兴和促进乡村社会的全面和谐发展，未来乡村社会发展要协同“家庭、学校、社区”“政府、企业、民间”“行业、组织、市场”等教育力量，形成和提升聚通融合的乡村社会教育力，通过培养更多的具有综合素质能力的各类人才来扎实推动和增强乡村社会文明建设，坚实铸牢中华民族共同体意识的向心力和凝聚力。新时代在党和国家的坚强领导和全体社会成员的同心协力下，社会主义核心价值观将日益在乡村大地上扎根深入，并随着全社会尊师重教风气的形成，优质的多元结构系统化的乡村教育服务供给体系的构建和夯实，乡村社会的明天将会人才集聚，乡村社会成员的生活会越发美好！

乡村社会发展是活的。乡村社会的美好不是来自现成的给予，也不可能来自抽象的思辨空想，而是在包括全体社会成员的实干、创新求变中不断生成的，这一过程中蕴含、显露着教育的重要价值和功能。唯有人们自觉地将乡村社会发展与自我发展联为一体，以己身的学习、反思、拼搏来面对教育，使之成为自身不断进步和解放的生命和生活存在动力，如此则能以充满人文精神和科学理性的主体进行创造来推动乡村社会的文明和谐的发展。这离不开良好的教育风气和聚通共谐的乡村社会教育体系来促成和滋养，此也正是本书中乡村治理的社会教育力培育研究之目的所在。

最后，本书的出版要感谢一路上给予我学术指导和影响的张诗亚教授、王凌教授、张瑞才教授、张润发老师，他们各自融入了独特人格魅力的学问品行常常震撼、开悟和启领着我进入广阔的思想领地，自己虽未有所成，但他们的教诲深入心底，成为此生宝贵的财富；感谢自己所在的工作单位大理大学及教师教育学院提供的经费支持，以及各位老师在教育教学和科研工作上的激励、关怀、厚爱，自己平日懒散随意，幸得他们的宽容和砥砺才有所志向而不至于躺平中无思无为；感谢我的学生冯志远、李娇、李雅婧、薄纯月在书稿文献注释等方面的劳心劳力付出，后生青春活力且乐学求道，甚是欢心；感谢九州出版社周红斌老师为书稿的出版所作的细心和周全筹划，她从书稿的选题、文献编排及出版的各项事宜上献良言、费周折，其声其行悦宜有当，蕙心兰质悠香可感。当然，父母的慈爱、兄嫂的和善、妻子的恩情以及一大一小两个孩子的淘气调皮时时温暖、牵动、激荡我心，因他们的存在而自我生命有了摆脱虚无、任意的侵扰，从而使得身有家、行有止、情有寄，人生有意义。

2022 年 11 月于大理大学